Fach-
buch
Klett-Cotta

Gerhard Roth und Michael Koop

Schule mit Köpfchen

Erkenntnisse aus der Hirnforschung
für den Unterricht nutzen

Mit zahlreichen Beispielen aus der
Schulpraxis

Klett-Cotta

Klett-Cotta
www.klett-cotta.de

Cover: Rothfos & Gabler, Hamburg
Gesetzt von Dörlemann Satz, Lemförde
Gedruckt und gebunden von CPI – Clausen & Bosse, Leck
ISBN 978-3-608-98651-8
E-Book ISBN 978-3-608-11892-6
PDF-E-Book ISBN 978-3-608-20581-7

Bibliografische Information der Deutschen Nationalbibliothek
Die Deutsche Nationalbibliothek verzeichnet diese Publikation in der Deutschen Nationalbibliografie; detaillierte bibliografische Daten sind im Internet über http://dnb.d-nb.de abrufbar.

Inhalt

Vorwort

Das vorliegende Buch ist das Ergebnis einer langen und intensiven Zusammenarbeit zwischen den Neuro- und Kognitionswissenschaften einerseits und der Schulpraxis andererseits. Das Projekt, diese beiden Bereiche eng zu verzahnen, nahm für den Erstautor (GR) seinen Anfang, als ihn vor fast zwanzig Jahren der damalige Bremer Schulsenator Willi Lemke bat, bei einer Veranstaltung im Bremischen Rathaus Lehrerinnen und Lehrern[1] die Erkenntnisse der Neurobiologie und pädagogischen Psychologie über Lehren und Lernen vorzustellen. Da das Vorgetragene für die meisten Zuhörer mehrheitlich neu war, entstand das Vorhaben, den Bremischen Lehrern diese Erkenntnisse in systematischer Weise nahezubringen.

Das Projekt stieß zunächst auf großes Interesse. Dieses erlahmte jedoch zusehends, da aus Sicht der »abgeordneten« Lehrer unklar blieb, wie die Erkenntnisse der Neuro- und Kognitionswissenschaften konkret für den Schulalltag nutzbar gemacht werden konnten. Entgegen der Behauptung mancher »Neuropädagogen«, die Hirnforschung könne direkt den Schulalltag revolutionieren, bestand und besteht das Problem genau darin, dass diese Erkenntnisse überhaupt erst einmal mit dem Schulalltag in Verbindung gebracht werden mussten und müssen, um dort wirksam zu werden.

In der Folge trat der glückliche Umstand ein, dass der Zweitautor (MK), Lehrkraft an der Gesamtschule Bremen-Ost (GSO), im Bremischen Brennpunkt-Stadtteil Osterholz-Tenever gelegen, mit dem Erstautor in Kontakt trat und vorschlug, gemeinsam daran zu arbeiten, dieses Defizit zu beseitigen. Unter Federführung des Zweitautors und mit tatkräftiger Unterstützung der GSO-Schulleitung sowie einem Team von Lehrkräften begannen wir im Jahr 2008 die gemeinsame Arbeit zur Verbesserung der Unterrichtsqualität. Mit dem Projekt »Reform des Schulunterrichts an der GSO« verfolgten und verfolgen wir das Ziel, den Lernerfolg unter Be-

1 Die in dieser Publikation verwendeten Personen- und Berufsbezeichnungen treten der besseren Lesbarkeit halber nur in der männlichen Form auf, sind aber natürlich gleichwertig auf alle Geschlechter bezogen.

rücksichtigung wissenschaftlicher Erkenntnisse für einen »hirngerechten« Unterricht zu optimieren.

Die Umsetzung des Projekts im Schulalltag startete an der GSO im Schuljahr 2012/13 mit dem gesamten 5. Jahrgang. In den folgenden Jahren wurden, mit Beginn eines neuen Schuljahres, jeweils die Klassen des 6. Jahrgangs mit einbezogen. Unterstützt wurden wir im Projekt durch viele Lehrer, die sich mit Begeisterung einbrachten. Nach vier Jahren der Vorbereitung bis zur ersten Umsetzung des Projekts in den Schulalltag und anschließenden weiteren vier Jahren der Durchführung, wissenschaftlichen Begleitung und Unterstützung konnte die Organisation, Leitung und Betreuung des Projekts der Schulleitung und den Funktionsträgern der GSO übergeben werden. Anerkennung fand das Projekt unter anderem im Jahr 2018 dadurch, dass die GSO Preisträger (2. Platz) beim Deutschen Schulpreis der Robert Bosch Stiftung wurde. In der Laudatio hieß es: »Lehrende investieren in Beziehung und vielfältige Lern- und Bewährungsangebote, über die sie die Kinder und Jugendlichen durch stets gegenwärtiges Vertrauen für ihre Schule in Verantwortung nehmen und zur Leistung herausfordern« (Robert Bosch Stiftung 2018, S. 28–33).

In der Zwischenzeit haben eine Reihe weiterer Schulen in Deutschland unsere Anregung aufgenommen. Insbesondere gilt dies für die private Leibniz-Schule in Elmshorn und Kaltenkirchen und deren Schulleitern Frau Barbara Manke-Boesten und Herr Egon Boesten, mit denen der Erstautor seit rund sechs Jahren erfolgreich zusammenarbeitet.

Unser Buch ist eine kurze Darstellung der Grundlagen unserer Arbeit, jeweils aus Sicht der Schulpraxis und der Neurowissenschaften bzw. der pädagogischen Psychologie. Die Erfahrungen aus der Umsetzung in die Schulpraxis erstrecken sich dabei auf einen Zeitraum von nunmehr 10 Jahren Projektarbeit.

Wir möchten mit unserem Buch alle Schulen ermutigen, ähnliche Wege zur Verbesserung der Unterrichtsqualität zu beschreiten, und sind gern bereit, Hilfestellung zu leisten. Unsere Ausführungen verstehen sich keineswegs als Heilsbotschaft, sondern als die Vermittlung dessen, was sich in bereits mehrjähriger Unterrichtspraxis bewährt hat – nicht mehr, aber auch nicht weniger. Die wichtigste Erkenntnis unserer gemeinsamen Arbeit lautet: Man kann die Schule weder von oben (d. h. auf ministeriellen Beschluss hin) verändern noch kurzfristige Erfolge erwarten, sondern nur von unten, in kleinen Schritten und mit entsprechend langem Atem vorgehen. Diese Langfristigkeit bietet zudem den Vorteil, jederzeit Korrekturen in der konkreten Umsetzung vornehmen zu können.

Wir danken der Schulleitung der Bremer Gesamtschule Ost (GSO) und insbesondere Frau Karin Peterburs für ihre unermüdliche Unterstützung und allen Kolleginnen und Kollegen für ihr tatkräftiges Mitwirken und ihre wertvollen Ratschläge. Ebenso dankt GR der Schulleitung der privaten Leibniz-Schule (LPS) in Elmshorn und Kaltenkirchen, Frau Barbara Manke-Boesten und Herrn Egon Boesten für die bereits lange und erfolgreiche Zusammenarbeit.

Lilienthal, im Mai 2022

TEIL 1

Die Bedeutung der Lehrer- und der Schülerpersönlichkeit für den Lernerfolg

A Erfahrungen aus der Schulpraxis

Michael Koop

Die nachfolgenden Beispiele beruhen auf Erfahrungen und Ereignissen aus dem Schulalltag der langjährigen Lehrtätigkeit des Zweitautors. Alle aufgeführten Personennamen wurden geändert und beziehen sich nicht auf tatsächlich existierende Personen. Zudem wurden einige Fallbeispiele leicht verfremdet, ohne deren Aussagen zu beeinträchtigen.

Erster Eindruck von der Lehrperson

Bei der ersten Begegnung mit einer neuen Lerngruppe achte ich stets auf folgende Punkte:

1. Eine stehende, aufrechte und gerade Körperhaltung, damit ich wahrgenommen werde, einen Überblick über die Lerngruppe habe und für alle Schüler sichtbar bin.
2. Ein zuvorkommendes Auftreten mit einem freundlichen Gesichtsausdruck, der mein Engagement für den Unterricht widerspiegelt.
3. Einen Blick, der durch die gesamte Lerngruppe geht, ohne stärker einzelne Schüler zu fixieren.
4. Ein ruhiges und souveränes Auftreten, das meine pädagogischen und fachlichen Fähigkeiten erkennen lässt, und eine den Schülern zugewandte Körpersprache, die mein Interesse an ihnen zeigt.
5. Den richtigen Moment, mit dem Unterricht zu beginnen: Der Unterricht sollte stets erst dann beginnen, wenn die erste Phase der Unruhe überwunden ist. Darauf gehe ich später noch genauer ein.
6. Eine ruhige Ansprache, eine deutliche Aussprache und eine dem Alter der Lerngruppe angemessene, verständliche Sprache.
7. Eine Unterrichtsatmosphäre, die Gefühle erlaubt und Konflikte, wo möglich, zu vermeiden sucht.
8. Eine vom ersten Kontakt bzw. von der ersten Stunde an klare Unterrichtsstruktur mit konkreten Zielen.

Erste Unterrichtsstunden

Den ersten Stunden in einer neuen Lerngruppe kommt eine besondere Bedeutung zu, da sie in der Regel für die Zusammenarbeit der kommenden Jahre prägend sind und die Qualität der Lehrer-Schüler-Beziehung maßgeblich beeinflussen. Dabei ist mir wichtig, die Schüler möglichst schnell kennenzulernen. Ich bemühe mich, ihre Namen auswendig zu kennen, damit ich sie mit Namen und damit persönlich ansprechen kann. Wichtig ist für mich außerdem das Austarieren des räumlichen Abstands bei einem Gespräch mit einem Schüler. Bezogen auf den Blickkontakt mit dem einzelnen Lernenden bzw. der gesamten Lerngruppe versuche ich – auch unter Berücksichtigung kultureller Unterschiede – zu erkennen, welche Dauer angemessen ist. Ich ermögliche und suche insbesondere in der Phase des ersten Kennenlernens kurze persönliche Gespräche und biete frühzeitig individuelle Hilfe und Anregungen an. Des Weiteren versuche ich, Vorlieben und Abneigungen der einzelnen Schüler herauszufinden und zu berücksichtigen, wie zum Beispiel ihr Interesse, die Lösungen der Übungs- und Hausaufgaben zu präsentieren, oder aber ihre schüchterne Zurückhaltung, ihr Wunsch, nicht gefragt zu werden. Um die Gedankengänge der Schüler nachvollziehen zu können, frage ich auch regelmäßig nach, welche Überlegungen sie zu einer bestimmten Antwort geführt haben. Um die Grundlage für ein störungsfreies Lehren und Lernen zu schaffen, sorge ich für eine für alle Beteiligten zufriedenstellende Sitzordnung.

Wie oben schon erwähnt, ist mir eine langfristige Unterrichtsvorbereitung und eine von der ersten Stunde an klare Unterrichtsstruktur, von der ich auch nicht abweiche, wichtig. So gebe ich zu Beginn jeder Unterrichtseinheit und jeder Unterrichtsstunde einen Überblick über die Lerninhalte und -ziele sowie den Unterrichtsablauf. Dabei frage ich bewusst nicht nach den Wünschen der Schüler, da sie dies als Zeichen einer willkürlichen Unterrichtsgestaltung ansehen könnten. Die Schüler können sich in den Arbeitsphasen jederzeit einbringen, indem sie mir Rückmeldung darüber geben, wie gut sie den Stoff verstehen und wie ihr Lernfortschritt ist. Verständnisfragen der Schüler, den Wunsch nach Wiederholung, nach nochmaligem Aufgreifen von bereits behandeltem Stoff sowie die Bitte um weitere Aufgabenstellungen und zusätzliches Förder- und Übungsmaterial greife ich gerne auf.

Namentliche Ansprache

Die Mühe, die Namen einer neuen Lerngruppe rasch zu lernen, lohnt sich allemal, da ich durch die persönliche Ansprache einen direkten und wertschätzenden Kontakt zu den Schülern herstellen kann. Beim Lernen der Namen hilft es mir, eine Übersicht mit Fotos zu erstellen. Meist sind die Lernenden gerne bereit, Fotos von sich machen zu lassen, insbesondere wenn sie dann eine Kopie dieser Fotogalerie bekommen können. Voraussetzung dafür ist allerdings, dass eine schriftliche Einverständniserklärung der Erziehungsberechtigten vorliegt.

Fallbeispiel 1: Eine Kollegin ärgert sich regelmäßig über die Unruhe in meiner 7. Klasse

Eine Teamkollegin hatte zu Beginn eines Schuljahres meine Klasse in einem Fach übernommen. Nach etwa vier Monaten machte sie mich auf die große Unruhe und die wiederholten Störungen in ihrem Unterricht aufmerksam. Zudem beklagte sie, dass sie von den Schülern meiner Klasse außerhalb des Unterrichts kaum noch gegrüßt werde.

In einem Gespräch mit der Lerngruppe während einer Klassenstunde stellte sich heraus, dass die Kollegin es bisher versäumt hatte, die Namen der Schüler zu lernen: »Sie interessiert sich überhaupt nicht für uns und kennt nicht mal unsere Namen.« Darüber hinaus konnte sie keine faire Leistungsbeurteilung vornehmen, da sie sich nicht darüber informiert hatte, auf welchem Leistungsniveau die einzelnen Lernenden im Rahmen eines binnendifferenzierten Unterrichts zu fordern und zu fördern waren.

Auf diese Probleme angesprochen, erklärte mir die Kollegin, dass sie mit der Übernahme einer eigenen Klasse anfänglich völlig überfordert gewesen sei und nicht die Zeit und Kraft gehabt habe, sich mit den Schülern meiner Klasse näher zu beschäftigen. Sie wolle sich aber bemühen, dieses nachzuholen. Nach einem weiteren Monat waren Unruhe und Störungen verschwunden, und über die weiteren zweieinhalb Jahre der Zusammenarbeit hatte sich eine durchweg kooperative und freundliche Beziehung zwischen ihr und den Schülern meiner Klasse entwickelt.

Räumliche Distanz beim Gespräch

Manche Schüler finden es gut, wenn ich zu ihnen an den Tisch gehe, um mit ihnen über die Aufgaben oder den Unterrichtsgegenstand zu sprechen. Mitunter ergeben sich hier auch kurze persönliche Gespräche. Diese Schüler suchen einen räumlich näheren Kontakt (»Herr Koop, können Sie mal kommen?«), um Fragen zu stellen, da es ihnen schwerfällt, sich in einer größeren Lerngruppe zu äußern. Andere mögen diese Nähe nicht so gerne und scheuen den mangelnden Abstand. Diese unterschiedlichen Bedürfnisse muss ich früh erkennen und respektieren und Nähe und Distanz der jeweils individuellen Situation anpassen.

Fallbeispiel 2: Annegret (5. bis 9. Klasse) geht mir immer aus dem Weg

In einer 5. Klasse war mir gleich zu Beginn Annegret aufgefallen. Wenn sie mich außerhalb des Unterrichts in den Fluren des Schulgebäudes sah, machte sie sofort kehrt und verschwand. Im Unterricht konnte sie den Blickkontakt zu mir offensichtlich nicht ertragen, lief rot an und schaute verlegen weg. Wenn ich in die Nähe ihres Tisches kam oder wenn ich sie für eine Präsentation nach vorne zu mir an die Tafel bat, geriet sie in heftige Verlegenheit.

Im Austausch mit den Teamkollegen wurde deutlich, dass sie dieses Verhalten nur bei den männlichen Lehrenden zeigte. Da sie ansonsten nicht weiter auffällig war, gute Leistungen und eine gute Mitarbeit zeigte und freundschaftliche Kontakte zu ihren Mitschülerinnen pflegte, bestand für mich keine Notwendigkeit, sie gezielt auf ihr Verhalten anzusprechen. Zudem hatte ich den Eindruck, dass ihr Verhalten mir gegenüber nichts Abweisendes hatte. So ließ ich sie diesbezüglich in Ruhe und versuchte im Unterricht, meine Kontaktaufnahme zu ihr vorsichtig und bedacht zu wählen.

Erst vier Jahre später ergab sich die Möglichkeit, mit ihr darüber ins Gespräch zu kommen. Sie erzählte mir, dass sie schon immer sehr schüchtern gegenüber Männern gewesen sei. In der Grundschule habe sie Erfahrung mit distanzlosen Lehrern gemacht, die sie zwar freundlich und auch nicht »übergriffig« behandelt hätten, ihr aber immer zu nahe gekommen seien. Sie schätze es daher sehr, über die ganzen Jahre von den Lehrern an der GSO und auch von mir nicht durch zu große Nähe bedrängt worden zu sein.

Blickkontakt zwischen Lehrer und Schüler

Im Unterricht spielt der Blickkontakt zwischen dem Lehrenden und den Lernenden als Ausdruck nonverbaler Kommunikation eine wichtige Rolle. Über den Blickkontakt versuche ich z. B., die Aufmerksamkeit der Lernenden zu gewinnen, sie anzuregen, an Unterrichtsgesprächen teilzunehmen, oder ihnen Zurückhaltung zu signalisieren, wenn sie vorschnell Antworten geben wollen oder wenn sie versucht sind, Absprachen und Regeln zu verletzen. Andererseits sehe ich mich immer wieder dem suchenden Blick der Lernenden gegenüber, der unterschiedlich motiviert sein kann. So erkenne ich zum Beispiel im Suchen eines Schülers nach Blickkontakt mit mir den Wunsch der Kontaktaufnahme oder die Bereitschaft, dem Unterricht aufmerksam zu folgen. Ist der Blickkontakt länger und auffallend, so kann ich darin eine Form der Provokation sehen. Je besser ich die Lernenden kenne, desto besser kann ich ihren Blick interpretieren und angemessen auf ihn reagieren.

Persönliche Gespräche

In Einzel- oder Partnerarbeitsphasen nehme ich gerne Kontakt mit den Schülern auf. Neben sachlichen Fragen zu den Arbeitsaufträgen versuche ich, wenn die Situation es erlaubt, auch die Befindlichkeit der Lernenden zu erfragen, insbesondere in meiner eigenen Klasse. Dabei geht es meist um schulische Belange, aber durchaus auch um Privates.

In diesen kleinen Gesprächen, die in der Regel nicht länger als drei Minuten dauern, erfahre ich sehr viel über die Schüler. Sie gewinnen dabei die Gewissheit, dass ich mich für sie und ihre Belange interessiere.

Fallbeispiel 3: Weko (9. Klasse) zeigt kein Interesse an einer Themeneinführung

Zu Beginn einer Mathematikstunde gab ich eine Einführung in das neue Thema »Der Satz des Pythagoras«. Dazu präsentierte ich in Form eines Vortrags den historischen Hintergrund. Ich bemerkte, dass Weko, der in der ersten Reihe saß, verschlafen seinen Kopf auf dem Arm abgelegt hatte. Ich unterbrach meine Einführung nicht, sah aber, dass Weko keinerlei Interesse an dem neuen Thema zeigte.

Während die anderen Schüler im Anschluss an die Einführungsphase in Einzelarbeit Arbeitsbögen bearbeiteten, hatte ich Gelegenheit, mich zu Weko zu setzen und das Gespräch mit ihm zu suchen. Weko war darüber sichtlich verwundert. Ich sprach ihn auf sein Verhalten an und sagte ihm, wie wichtig es sei, gerade während der Einführung in ein neues Thema konzentriert und aufmerksam zu sein, um nicht den Anschluss zu verlieren. Er sagte, ihm sei das nicht so wichtig. Es sei ihm sowieso nichts wichtig. Allen Menschen, die mit ihm zu tun hätten, sei es auch nicht wichtig, wie es ihm gehe, ob er etwas verstehe und was mal aus ihm werde.
Da ich Weko seit der 8. Jahrgangsstufe kannte und mir ein solches Verhalten und eine solche Einstellung an ihm fremd waren, war ich zunächst völlig überrascht. Ich machte ihm deutlich, dass es für mich wichtig sei, was aus ihm werde, wie er in meinem Unterricht zurechtkomme und ob er in der Lage sei, meinem Unterricht zu folgen. Er erwiderte, er glaube nicht, dass sein Wohlergehen und seine Leistungen für irgendjemanden wichtig seien.
Ich verabredete mich mit Weko zu einem kurzen Gespräch in der folgenden Pause, in dem er mir erzählte, dass er sich wertlos fühle und dass seine Eltern keine Zeit und Lust mehr hätten, sich mit ihm auseinander zu setzen. Zwei Tage zuvor habe er eine heftige Auseinandersetzung mit ihnen gehabt.
Ich schlug ihm vor, ein Gespräch zwischen ihm, der Klassenlehrerin und dem Sozialpädagogen der Klasse, der über die familiären Verhältnisse der Schüler informiert war, zu vermitteln. In der Folge fanden dann mehrere Gespräche mit dem Schulsozialarbeiter und den Eltern von Weko statt. Da die Eltern Wekos Verhalten tolerierten, die Ursachen für sein Befinden seinem Alter zusprachen, den Lehrkräften die Schuld für Wekos schlechtes Benehmen im Unterricht gaben und therapeutische Maßnahmen vehement ablehnten, gelang es uns nicht, Weko langfristig zu helfen. Er fiel in der 10. Klasse durch ein starkes Vermeidungsverhalten auf.

Anbieten von Hilfen und Tipps

Bei Einzel-, Partner- und Gruppenarbeit gehe ich von Tisch zu Tisch und beobachte das Fortschreiten der Schülerarbeiten. Ich nutze diese Rundgänge, um Fragen der Lernenden zu beantworten, kleine Gespräche zu führen, aber auch, um Hilfen und Tipps zu geben. Je nach Bedarf biete ich hier auch Zusatzmaterial zum Fördern und Fordern an.

Die Persönlichkeit und die kulturellen Gewohnheiten der Schüler

Um eine gute Beziehung zu den Schülern aufzubauen, versuche ich die wesentlichen Züge ihrer Persönlichkeit wahrzunehmen. Gerade in Konfliktsituationen erweist es sich als großer Vorteil, mit der Persönlichkeit und dem kulturellen Hintergrund der Lernenden vertraut zu sein und auf diese Weise eine angenehme Form des Umgangs miteinander zu pflegen. Ist mir die Persönlichkeit eines Schülers vertraut, so kann ich gezielt individuelle Absprachen mit ihm treffen, die den weiteren Umgang miteinander sowohl im Unterricht als auch außerhalb sehr erleichtern. Auch genügt oft ein Blick oder eine Geste meinerseits, um den Lernenden zu einer Mitarbeit oder zu einer Beteiligung am Unterrichtsgespräch aufzufordern, ihn zu motivieren oder ihn in seinen Aktivitäten zurückzuhalten, ihm zu verstehen zu geben, dass er Störungen unterlassen oder einfach nur ruhig sein möge. Maßnahmen wie laut zu werden, zu schimpfen, vor der Klasse zu tadeln oder vorschnell Ordnungsmaßnahmen anzudrohen, können dann weitgehend vermieden werden.

Fallbeispiel 4: Kamil (5. Klasse) scheut den Blickkontakt

Kamil, ein Schüler einer 5. Klasse, wurde von den Teamkollegen als ausgesprochen netter, freundlicher und ruhiger Schüler geschätzt. Er hatte allerdings die Angewohnheit, immer wieder den Unterricht durch private Gespräche mit seinen Mitschülern zu stören. So musste ich mit ihm mehrere Gespräche wegen seiner Unaufmerksamkeit führen.

Während ich gewohnt war, dass in solchen Gesprächen der direkte Blickkontakt gewünscht und gesucht wurde, wandte Kamil seinen Blick von mir ab. Ich fand das ausgesprochen unhöflich und bat ihn, mich doch anzuschauen, wenn ich mit ihm sprach. Kamil verweigerte den Blickkontakt jedoch weiterhin und sagte nichts, sodass ich ihn ziemlich ratlos gehen lassen musste.

Aufgeklärt hat sich sein Verhalten beim Elternsprechtag, zu dem Kamil und sein Onkel gekommen waren. Während ich mit Kamils Onkel sprach, verlangte er von seinem Neffen, zwar zuzuhören, aber im deutlichen Abstand zu uns zu sitzen und uns dabei nicht anzuschauen.

Auf das aus meiner Sicht ungewöhnliche Verhalten Kamils angesprochen, erklärte sein Onkel, dass in seiner Familie beim Gespräch eines Erwachsenen mit einem Kind der direkte Blickkontakt des Kindes unhöflich sei und Ausdruck respektlosen Verhaltens. Außerdem habe ein Kind den Anordnungen eines Erwachsenen ohne Widerworte zu folgen.

Nachvollziehen von Gedanken der Lernenden

Ich versuche, die Antworten und Aussagen der Schüler regelmäßig zu hinterfragen. »Welches war dein Ausgangsgedanke?«, »Wie bist du zu deiner Antwort gelangt?«, »Welche gedanklichen Schritte haben dich zu deiner Antwort gebracht?« Den Lernenden fällt es anfangs nicht leicht, darauf eine Antwort zu geben. Sie gewinnen hierin aber mehr und mehr Sicherheit und Routine. Indem ich die gedanklichen Schritte der Lernenden zu ergründen versuche, lassen sich Fehler und Missverständnisse ermitteln und es lässt sich klären, inwieweit der Lernende »auf der richtigen Fährte« war, auch wenn die Antwort falsch ausfiel. Dadurch gewinne ich auch ein Gespür dafür, ob ich den Lernstoff klar und ausführlich genug und in angemessenem Tempo dargestellt habe.

Richtige Sitzordnung

Die richtige Sitzordnung für eine Klasse zu finden, ist eine zeitaufwendige Angelegenheit. Die Schüler müssen lernen, dass ihre individuellen Wünsche nicht immer sofort berücksichtigt werden können. Daher muss ich ihnen Zeit geben, sich mit neuen Konstellationen anzufreunden und ihre Interessen gegebenenfalls in eine neue Richtung zu lenken.

Als erste Orientierung gebe ich den Schülern in einer neuen Lerngruppe eine Übersicht über die Tischanordnung im Klassenraum. Dies bleibt die einzige Vorgabe meinerseits. Die Schüler können erst einmal die Plätze frei wählen, wobei ich dabei darauf achte, dass die Unzufriedenheit einzelner auf ein Minimum reduziert wird. Im Verlauf der folgenden Unterrichtsstunden (hier kann es sinnvoll sein, einen festen Rhythmus, z.B. einmal wöchentlich, abzusprechen) können immer wieder kleinere Veränderungen vorgenommen werden, um einer von allen getragenen Sitzordnung möglichst nahe zu kommen. Die endgültige Sitzordnung wird zwar erst nach mehreren Wochen oder Monaten feststehen, sie ist dann für alle insofern zufriedenstellend, als sie das Ergebnis eines gemeinsam ausgearbeiteten Kompromisses ist. Dieser Zeitaufwand lohnt sich!

Fallbeispiel 5: Das gemeinsame Finden einer neuen Sitzordnung in einer 8. Klasse

In einer meiner 8. Klassen hatte sich das Problem ergeben, dass die Klasse zwar mit der Anordnung der Tische im Klassenraum in U-Form zufrieden war, sich aber nicht einigen konnte, wer mit wem zusammensitzen wollte oder sollte. Zu diesem Problem kamen Konzentrationsschwierigkeiten der Lernenden während der Gruppen- und Partnerarbeitsphasen hinzu. In einer Klassenstunde wurde die nicht zufriedenstellende Sitzordnung von einigen Schülern zur Sprache gebracht.

Bei der Lösung des Problems ging ich in drei Schritten vor. Der erste Schritt bestand darin, zu klären, ob eine Lösung unter Beteiligung aller Schüler erfolgen sollte. Das wurde nach ausgiebiger Diskussion von der Mehrheit abgelehnt. Es wurden daher zwei Klassenvertreter ausgewählt, die zusammen mit mir unter Berücksichtigung der Wünsche aller Schüler einen Vorschlag für eine neue Ordnung ausarbeiten sollten. Festgelegt wurde zudem, dass der Vorschlag, egal wie er ausfallen würde, für den begrenzten Zeitraum von einem Monat verbindlich eingehalten werden sollte.

Der zweite Schritt bestand darin, die konkreten Wünsche der Schüler zu sammeln. Die Klassenvertreter schlugen vor, alle Schüler sollten einen Zettel mit ihren Namen abgeben, auf dem ein Wunschnachbar und eine Wunschnachbarin notiert waren. Im dritten Schritt mussten die beiden Klassenvertreter mit mir in beratender Funktion die Zettel den Plätzen so zuordnen, dass möglichst viele Schüler neben ihren Wunschpartnern oder zumindest neben einem von ihnen sitzen konnten oder aber ein Wunschpartner in der Nähe einen Platz bekam. Das nahm etwa zwei Unterrichtsstunden in Anspruch und fand in einem separaten Raum statt. Die Verantwortung für die abschließende Lösung übernahm dann ich, um die Klassenvertreter vor einer möglichen Konfrontation mit unzufriedenen Schülern zu schützen.

Nachdem ich den Schülern dargelegt hatte, wie wir bei der Lösungsfindung vorgegangen waren und welche Überlegungen wir dabei angestellt hatten, wurde die neue Sitzordnung präsentiert. Es gab einige sichtlich enttäuschte Schüler und auch eine Schülerin, die sich trotz vorheriger Absprache nicht an ihren neuen Platz setzen wollte. Ein Gespräch mit ihr, den Klassenvertretern und mir außerhalb des Klassenraumes, in dem wir noch einmal unsere Bemühungen um eine zufriedenstellende Lösung beschrieben haben, konnte die Schülerin soweit beruhigen, dass sie erst einmal ihren neuen Platz einnahm.

An der so entstandenen Sitzordnung wurde über ein Dreivierteljahr festgehalten, ohne dass es Wünsche nach Veränderungen gab, auch nicht von der anfangs sehr unzufriedenen Schülerin.

Vorbildfunktion der Lehrperson

Im Zusammenhang mit der Ausbildung der Schüler zu »reifen Persönlichkeiten« kommt der Vorbildfunktion der Lehrperson eine besondere Bedeutung zu. Zu dieser Vorbildfunktion zählen ein angemessener Umgangston und eine angemessene Sprache, Pünktlichkeit bzw. das Entschuldigen und Begründen von Unpünktlichkeit, ein dem Alter der Lernenden und der Situation angepasstes Verhalten, ein gepflegtes äußeres Erscheinungsbild, die Bereitschaft, ungeliebte, unverstandene, aus Schülersicht unangemessene Entscheidungen zu erklären, ein respektvoller Umgang mit den Schülern, eine gute Unterrichtsvorbereitung, das Einhalten von Versprechen und Zusagen, der verbindliche Umgang mit Regeln, Empathie, das Berücksichtigen der Schülerbelange und gerechtes Handeln.

Erfahrungen mit den Lernenden einer »neuen« Klasse

Bereits innerhalb der ersten Minuten stelle ich mit hoher Wahrscheinlichkeit fest, welche Schüler im Laufe der kommenden Jahre Probleme machen werden. Ich merke das daran, dass sie z. B. ungefragt und laut sprechen, auf Anweisungen nicht reagieren, gleich in den ersten Minuten Streitigkeiten mit Mitschülern anfangen, die Zuordnung zu einem Sitzplatz nicht tolerieren, nur bedingt ansprechbar sind oder dass es ihnen selbst an einer minimalen Ordnung fehlt.

Umgangston und Sprache

Im Unterrichtsgespräch, in Einzelgesprächen mit Schülern sowie im Gespräch mit ihren Eltern achte ich stets auf einen wertschätzenden und freundlichen Umgangston. Dabei spreche ich in einer klaren und meiner Lehrerrolle angemessenen Sprache und bemühe mich, ruhig und sachlich zu bleiben, auch wenn dies in der jeweiligen Situation nicht immer leicht ist.

Laut zu werden, zu brüllen oder überhastet zu reden, sind Verhaltensweisen, die wenig geeignet sind, Konflikte zu lösen. Jugend- oder Schülersprache zu verwenden, um sich bei den Schülern anzubiedern, führt zu einer Vermischung der Rollen und wird von den Lernenden oft als Einladung zu respektlosem Verhalten gedeutet.

Pünktlichkeit

Ich verlange von den Schülern pünktliches Erscheinen zu den Unterrichtsstunden oder zu schulischen Verabredungen und erwarte bei Unpünktlichkeit eine Entschuldigung und Erklärung. Im Gegenzug muss auch ich, um meiner Vorbildrolle gerecht zu werden, auf pünktliches Erscheinen achten. Auch wenn die Lernenden ein Zuspätkommen der Lehrkraft zunächst gut finden, weil sie dann unbeaufsichtigt sind, zeigt sich generell jedoch, dass ihre Wertschätzung gegenüber einer Lehrkraft, die sich nicht selbst an die Regeln hält, nicht besonders groß ist.

Fallbeispiel 6: Lara und Mabel (8. Klasse) kommen häufig zu spät zum Unterricht

Ein Teamkollege berichtete mir, dass Lara und Mabel, zwei Schülerinnen einer 8. Klasse, immer wieder zu spät zu seinem Fachunterricht erschienen. Meistens kamen sie nur wenige Minuten zu spät und setzten sich dann ohne Erklärung oder Entschuldigung für ihr Zuspätkommen an ihren Platz. Bis dahin hatte der Teamkollege keine Maßnahmen ergriffen, sondern die Schülerinnen ausschließlich auf ihr Fehlverhalten hingewiesen.

Ich erkundigte mich bei weiteren Teamkollegen der Klasse, ob Lara und Mabel auch bei ihnen öfter zu spät zum Unterricht kämen, was diese zu meiner Überraschung verneinten. Von mir darauf angesprochen, dass sie häufiger zum Fachunterricht des Lehrers zu spät gekommen seien, gaben die beiden Mädchen dies unumwunden zu und rechtfertigten ihr Verhalten damit, dass dieser Lehrer selbst ständig zu spät komme. Sie erzählten mir auch, dass er einmal auf Nachfrage eines Schülers, warum er so spät gekommen sei, geantwortet habe, dass sie das nichts angehe. Als Lehrer habe er berechtigte Gründe und er müsse sich vor den Schülern nicht rechtfertigen.

Ich habe den Schülerinnen vorgeschlagen, auf eine Unkorrektheit nicht mit einer anderen Unkorrektheit zu reagieren und ihrerseits pünktlich zum Unterricht zu erscheinen und keinen Anlass zu bieten, getadelt zu werden. Ich sagte ihnen zu, den Kollegen auf sein Zuspätkommen anzusprechen, und wies sie darauf hin, dass sie darüber hinaus immer die Möglichkeit hätten, den Klassenlehrer oder Mitglieder der Schulleitung zu informieren, wenn es zu weiteren Verspätungen des Kollegen käme. Lara und Mabel kamen meines Wissens nicht mehr verspätet zum Unterricht des Kollegen.

Rollenverständnis als Lehrer

Ich hinterfrage stets mein Rollenverständnis als Lehrer. Ich gebe die Unterrichtsinhalte, den Unterrichtsablauf und die methodischen Schwerpunkte in einer Weise vor, die meiner Verantwortung entspricht. Ich halte höfliche Umgangsformen ein, achte auf eine korrekte Anrede und Sprache sowie einen angemessenen Umgangston, nutze meine Arbeitszeit zur Beratung von Lernenden und Eltern und unterrichte im Sinne des mir vorgegebenen Bildungsauftrags.

Die Schüler erwarten von mir, dass ich mit einer klaren Zielvorgabe in den Unterricht komme, meine Unterricht durchgeplant habe und sie für den Unterrichtsstoff begeistere, sie fordere und fördere, mich um ihre schulischen und auch zum Teil persönlichen Belange verantwortungsbewusst und zuverlässig kümmere, dass ich für sie präsent bin, mich für sie interessiere und mit Begeisterung, guter Laune und einer positiven Erwartungshaltung den Unterricht gestalte und meine pädagogische Arbeit verrichte. Das bedeutet, dass ich mich nicht Zeitung lesend ans Pult setzen, mich in einer Ecke verstecken und den Schülern den Unterrichtsverlauf und die Unterrichtsinhalte überlassen darf. Ich darf mich auch nicht unruhig und hektisch im Klassenraum bewegen und dadurch signalisieren, dass ich kein Interesse am Unterricht oder an den Schülern habe.

Äußeres Erscheinungsbild des Lehrers

Oberstes Gebot für mein Äußeres ist es, unauffällig zu sein. Schließlich senden meine äußere Erscheinung und meine Bekleidung Botschaften aus. Ob ich mich dem Anlass meiner Profession entsprechend kleide oder eher im Freizeitlook erscheine, wird von den Schülern unmittelbar wahrgenommen und entsprechend gedeutet. Daher vermeide ich alles, was die

Aufmerksamkeit der Schüler auf mein Äußeres lenkt. Ich darf und soll mich in meiner Funktion zwar auch über mein Äußeres von den Lernenden abheben, muss jedoch vermeiden, mich in den Mittelpunkt zu rücken. Die Aufmerksamkeit der Schüler sollte ganz auf die Themen meines Unterrichts ausgerichtet sein. Nicht ganz unwichtig ist in diesem Zusammenhang auch, dass ich bequeme Kleidung trage und mich wohl fühle. Nur dann kann ich den Unterricht entspannt und souverän gestalten.

Erklären von Entscheidungen und Maßnahmen

Da sich die Jugendlichen in einem schwierigen Prozess der Persönlichkeitsentwicklung befinden, kommt es zwangsläufig dazu, dass sie ihre neu gewonnenen Möglichkeiten austesten und dabei nicht selten Grenzen überschreiten. Das können Verletzungen von Absprachen, aber auch von Regeln im Zusammenhang mit der Schul- oder Hausordnung sein.

Da Absprachen und Regeln in meinem Unterricht verbindlich sind, muss ich auf deren Verletzung reagieren und Maßnahmen ergreifen, die selten auf die Zustimmung der Schüler treffen. Dabei muss ich mich bemühen, die Maßnahmen und Entscheidungen für die Schüler nachvollziehbar zu machen.

Fallbeispiel 7: Dominique (7. Klasse) benutzt unerlaubt sein Handy

Zu Beginn des Mathematikunterrichts in einer 7. Klasse am frühen Nachmittag kam Dominique überraschend auf mich zu und verlangte sein Handy von mir zurück, das eine Kollegin ihm im vorangegangenen Unterricht abgenommen hatte. Wie sich herausstellte, hatte er bei der Kollegin sein Handy aus der Tasche geholt, um es auszuschalten.

Nun gibt es an unserer Schule eine Hausordnung, die das Benutzen und das sichtbare Mitführen von Handys und Smartphones verbietet. Die Lehrenden haben das Gerät an sich zu nehmen, um es über die Verwaltung den Eltern des betroffenen Kindes zum Ende der folgenden Woche zurückzugeben. Die unterrichtende Kollegin hatte Dominique das Handy abgenommen und ihm – abweichend von der Hausordnung – in Aussicht gestellt, sie werde mit der Klassenlehrerin reden und er werde es von mir zurückerhalten. Allerdings hatte sie bis zu meinem Mathematikunterricht keine Gelegenheit, diesbezüglich Kontakt mit mir aufzunehmen.

So konnte ich Dominique nur mitteilen, ich wüsste nichts von seinem Handy. Bevor ich zu einer Nachfrage ansetzen konnte, teilte er mir mit, so lange nicht am Mathematikunterricht teilzunehmen zu wollen, bis er es wieder zurückbekomme. Er finde es unverschämt, dass ich ihm sein Eigentum einfach vorenthalte.

Ich bat ihn, in einen Nebenraum zu gehen und dort auf mich zu warten, bis ich die übrigen Schüler mit einer Aufgabe betraut hätte. Im folgenden Gespräch bat ich ihn, den Vorfall noch einmal ausführlich zu schildern, und hörte ihm aufmerksam zu, ohne ihn zu unterbrechen. Ohne zunächst auf seine Ausführungen einzugehen, beschrieb ich ihm daraufhin meinen bisherigen Schultag und wies ihn freundlich auf den Passus in der Hausordnung hin. Das brachte ihn leider nicht von seiner Forderung nach dem Handy und seiner Weigerung, am Mathematikunterricht teilzunehmen, ab. So saß er während des restlichen Unterrichts im Nebenraum.

Auch ein zweiter Gesprächsversuch brachte keinen Erfolg und verstärkte sogar Dominiques starrköpfiges Verhalten. So musste die Klassenlehrerin ihn nach Rücksprache mit der Schulleitung und nach einem Telefonat mit seinem Vater für den Rest des Schultages vom Unterricht ausschließen und nach Hause schicken. Er weigerte sich zunächst, die Schule zu verlassen, aber ihr Hinweis, dass sie am kommenden Tag noch einmal mit zeitlichem Abstand über die Sache reden könnten, bewog ihn dann doch, nach Hause zu gehen.

Am folgenden Tag kam Dominique schon vor dem Unterricht zu ihr. Er bedauerte, sich nicht an die Hausordnung gehalten zu haben, und entschuldigte sich bei ihr für sein Verhalten am Vortag. Wie ich später erfuhr, hatte Dominique am Nachmittag ein längeres Gespräch mit seinem Vater geführt. Den Ausschlag für seine Meinungsänderung gab jedoch wohl der abendliche Austausch über Telefon und Internet mit seinen Freunden. Durch ihn gelangte er zu der Einsicht, dass sich ein weiteres Beharren auf seinem Standpunkt negativ auf das Miteinander in der Schule auswirken würde.

Respektvoller Umgang miteinander

Ich erwarte von den Schülern einen respektvollen Umgang mit mir als Lehrperson. Folglich muss ich in der mir zugewiesenen Vorbildrolle den Schülern auch respektvoll begegnen. Das ist nicht immer einfach. Gerade bei Jugendlichen in der Pubertät, einer Altersphase, in der sich die Persönlichkeit entwickelt, werden Unsicherheiten und Ängste gerne durch provozierendes, freches und beleidigendes Verhalten zu überdecken versucht. So kommt es vor, dass Lernende ihre Mitlernenden oder mich anpöbeln, durch Gesten massiv beleidigen oder Regeln demonstrativ verletzen. Dieses Verhalten lässt einen geregelten und zielorientierten Unterricht meist nicht mehr zu.

In solchen Situationen versuche ich als Erstes die Atmosphäre zu beruhigen. Dazu bitte ich die betreffenden Schüler zu einem kurzen Gespräch außerhalb des Unterrichtsraums, worauf sie sich in der Regel gerne einlassen, da ein solches separates Gespräch ihrem Wunsch nach Aufmerksamkeit und Beachtung entgegenkommt. Die anderen Schüler haben in der Zwischenzeit Gelegenheit, sich unter sich über den Vorfall auszutauschen. In dem von mir ruhig, leise und sachlich geführten Gespräch mit dem Schüler versuche ich, auf respektvolle Weise die Gründe für sein Verhalten herauszufinden. In diesen Gesprächen werden mir oft wichtige Zusammenhänge zwischen der Regelüberschreitung und privaten oder schulischen Problemen bewusst, die in weiteren Gesprächen außerhalb der Unterrichtsstunden mit mir oder einer anderen Vertrauensperson thematisiert werden.

Jede Art von Belehrung, Zynismus oder Erniedrigung hat in diesen – und natürlich auch allen anderen – Gesprächen nichts zu suchen. Es geht darum, zu verstehen, warum der Schüler ein solches Fehlverhalten gezeigt hat. Dazu muss ich aufmerksam zuhören und – unvoreingenommen und ohne vorschnell Stellung zu nehmen – die Sichtweise und Einstellung des Schülers zur Kenntnis nehmen. Auch wenn ich das oft respektlose, intolerante und disziplinlose Verhalten nicht akzeptieren oder entschuldigen kann, so darf ich den Schüler dafür keinesfalls verurteilen oder ablehnen. Kenne ich die Stärken und Begabungen der Lernenden, so kann ich zudem durch Aufgaben anspruchsvoller und fordernder Art versuchen, ihr Selbstvertrauen zu stärken und damit der Ursache für ihr Fehlverhalten entgegenzuwirken.

Fallbeispiel 8: Frerk (10. Klasse) verletzt ständig die Regeln

Nach Aussage seines Klassenlehrers war Frerk ein launischer und unruhiger Schüler, der den Unterricht oft störte, nicht mitarbeitete, keine Hausaufgaben machte und die ihm aufgetragenen Arbeiten und Dienste nicht erledigte.

Ich hatte Frerk zum Ende der 9. Klasse durch einen Schulwechsel in meinen Mathematikunterricht bekommen. Da er schon einige der Mitschüler in der Klasse kannte, verlief der Wechsel zunächst einmal recht unkompliziert.
Der erste Monat in der 10. Klasse verlief daher auch erstaunlich unauffällig. Frerk folgte dem Unterricht, beteiligte sich an Unterrichtsgesprächen und erledigte die ihm aufgetragenen Arbeiten, so gut er konnte. In den nachfolgenden Monaten ließen sein Interesse und seine Motivation aber deutlich nach. Er war unaufmerksam, machte wiederholt seine Hausaufgaben nicht, kam immer häufiger zu spät und hielt sich nicht an Vereinbarungen und Anordnungen. Vor allem aber zeigte er insbesondere gegenüber den ihn unterrichtenden Lehrerinnen ein zunehmend respektloses Verhalten.
Im Laufe der 10. Klasse führte ich 17 Einzelgespräche mit ihm, vier mit seinem Vater und zwei mit ihm und seinem Vater in der Schule. In den Einzelgesprächen erkundigte ich mich nach seinen Erfahrungen und Erlebnissen und versuchte herauszufinden, wie Frerk sich die weitere Zusammenarbeit in meinem Unterricht vorstellte. Im Gegenzug legte ich ihm meine Vorstellungen über die Bedingungen einer weiteren Zusammenarbeit mit der Zielvorgabe »Schulabschluss« auseinander und versuchte ihm zu vermitteln, wie seine Auffälligkeiten und Regelverletzungen auf mich und die Teamkollegen wirkten. Ich verwies auf die in der Klasse erarbeiteten Regeln und die Konsequenzen, die ihr Nichtbefolgen habe, und erlegte ihm entsprechende Strafen auf. Im Gespräch akzeptierte Frerk diese Strafen, befolgte sie jedoch nicht immer, sodass weitere folgten.
Auch wenn es uns in den Gesprächen letztlich nicht gelang, Verständnis für das Handeln der jeweils anderen Seite zu wecken, so verliefen unsere Treffen dennoch stets in einer angenehmen Gesprächsatmosphäre und waren geprägt durch gegenseitigen Respekt. Frerk schloss seine Mittelstufenzeit an der Schule leider nicht mit seinem gewünschten Abschluss am Ende der 10. Jahrgangsstufe ab, dafür reichten seine Leistungen auch aus meinem Unterricht nicht aus. Bei einem abschließenden Treffen meinten seine Eltern, Frerk habe es uns allen wirklich nicht leicht gemacht, aber er habe, zumindest im letzten Jahr, erfahren und gelernt, was Wertschätzung sei. Dieser Hinweis erfüllte mich und die Teamkollegen dann doch mit Genugtuung und Zufriedenheit. Zugleich zeigt dieses Beispiel aber auch die Grenzen unserer Wirkungsmöglichkeiten auf.

Einhalten von Versprechen und Zusagen

Vorbildliches Verhalten lässt sich auch am Umgang mit Versprechen und Zusagen festmachen. Kündige ich etwas an, verspreche ich etwas oder mache ich Zusagen, so muss ich das auch einhalten. Nur so kann ich für die Schüler verlässlich und berechenbar sein.

Für den Fall, dass ich aus Gründen, die ich nicht zu verantworten habe, Ankündigungen, Versprechen oder Zusagen nicht einhalten kann, muss ich den Lernenden diese Gründe offen darlegen. Liegen die Gründe allerdings in meiner Verantwortung, so muss ich mich für meinen Fehler in aller Form entschuldigen und, wenn möglich, ein neues, vergleichbares Versprechen geben.

Umgang mit Regeln und Regelverletzungen

Ich halte Regeln für ausgesprochen wichtig, bieten sie doch einen Orientierungsrahmen und Klarheit im Umgang miteinander. Um den Umgang und das Miteinander in der Schule zu regeln, gibt es – neben den übergeordneten Regeln wie z. B. dem Jugendschutzgesetz – in erster Linie die Schul- oder Hausordnung.

Mit den Schülern meiner Lerngruppen stelle ich gleich zu Beginn einer Zusammenarbeit wenige, aber wichtige Regeln auf. Die Vorschläge für diese Regeln kommen sowohl von den Schülern selbst als auch von mir. Wir versuchen, die Regeln möglichst einfach zu formulieren und ihre Notwendigkeit zu begründen. Die Regeln sollten so ausgewogen sein, dass einerseits ein Ordnungsrahmen entsteht, der die Zusammenarbeit erleichtert, andererseits die schulische Erziehung und damit auch die persönliche Entwicklung der Lernenden nicht zu stark eingeengt wird. Lässt sich eine Regel nicht begründen, so lassen wir sie fallen, denn sie soll ja keinem Selbstzweck dienen. Wichtig ist, dass sich alle Beteiligten an die auf diesem Weg aufgestellten Regeln halten. Das gilt auch für mich als Lehrperson, was für meine Vorbildrolle und im Hinblick auf das Gerechtigkeitsempfinden der Schüler von großer Bedeutung ist.

Beispiele für solche Regeln sind Absprachen hinsichtlich eines respektvollen und toleranten Umgangs miteinander, der Beachtung, Tolerierung und Wertschätzung der Wort- oder Diskussionsbeiträge anderer, der Beachtung der Unterrichtszeiten, des Umgangs mit Unterrichtsmaterialien, der Anfertigung von Hausaufgaben oder der Übernahme von Klassendiensten. Mitunter ist es für die Lernenden nicht leicht, sich an die Regeln zu halten. Daher ist es umso wichtiger, sie in ihrem korrekten Verhalten zu bestärken und ihnen Anerkennung zu zeigen.

Im Lauf der Zeit kann es passieren, dass den Schülern Regeln nicht mehr bewusst sind oder sich Rahmenbedingungen geändert haben. In regelmäßig stattfindenden Gesprächen versuche ich dann, die Kenntnis der Regeln aufzufrischen, neue hinzuzunehmen, andere zu streichen oder zu ändern bzw. anzupassen. Oft erfolgen Änderungen oder Anpassungen, wenn es immer wieder zu Grenzüberschreitungen kommt. Grund für die Überschreitung von Regeln ist oftmals, dass diese dem Alter der Schüler nicht mehr angemessen sind.

Regelverletzungen werden jedoch oft auch durch private Probleme der Schüler ausgelöst. Um solche Probleme rechtzeitig wahrzunehmen, beobachte ich das Verhalten der Schüler daher genau. Dabei hilft es mir, frühzeitig individuelle Beziehungen zu ihnen aufzubauen und immer wieder das Gespräch mit ihnen zu suchen. Je besser ich die Lernenden kenne und verstehe, desto früher kann ich auch Veränderungen und Auffälligkeiten in ihrem Verhalten bemerken. Fallen mir Probleme in Form von wiederholten Regelverletzungen oder eines deutlich veränderten Verhaltens auf, so kann ich über ein wert- und vorurteilsfreies Gespräch versuchen, die Gründe zu ermitteln, und pädagogisch aktiv werden. Informationen von Kollegen helfen mir in solchen Situationen, meine Vermutungen zu überprüfen. Niemand kann besser Auskunft über die Beweggründe seines Verhaltens geben als der Lernende selbst, und deshalb ziehe ich insbesondere ab der Jahrgangsstufe 7 die Gespräche mit den Lernenden den Elterngesprächen vor.

Erst nach dem Gespräch mit dem Lernenden nehme ich gegebenenfalls – und nicht ohne den Schüler vorab darüber informiert zu haben – Kontakt mit den Eltern auf. Dabei sind Telefonate und Gespräche in der Schule möglich. Hausbesuche führe ich schon seit langem nicht mehr durch, da Eltern diese oft als Einmischung in ihre Erziehungsarbeit empfinden und eher abwehrend reagieren. Eine weitere kooperative Zusammenarbeit ist dann nur noch bedingt möglich. Bringen mich auch die Informationen der Eltern nicht weiter, so kommt als letzte Möglichkeit dann noch die Kooperation mit Fachleuten der schulischen und sozialen Behörden in Betracht.

Fallbeispiel 9: Ava (10. Klasse) fehlt wiederholt an Unterrichtstagen

Ava war zu Beginn der 10. Jahrgangsstufe über den Wunsch der erziehungsberechtigten Tante in meinen Mathematikunterricht gekommen. Anfangs besuchte sie noch regelmäßig den Unterricht. Krankheitsbedingte Fehlzeiten wurden durch die alleinerziehende Tante schriftlich entschuldigt, sodass es zunächst keinen Grund zur Beanstandung gab. Mit der Zeit häuften sich Avas Fehlzeiten jedoch, ohne dass Ava einen kranken oder schwächelnden Eindruck gemacht hätte, zudem wurden nicht mehr alle Fehlzeiten entschuldigt.

Auf Nachfragen meinerseits reagierte Ava sehr freundlich und gab mir bereitwillig Auskunft über ihre Krankheiten. Sie versprach, die Entschuldigungen nachzureichen und in der kommenden Zeit weniger Unterricht versäumen zu wollen. Sie fühle sich in der Klasse sehr wohl und komme gerne zur Schule. Ein Telefonat mit der Tante, mit der ich bisher keinen Kontakt hatte, bestätigte Avas Aussagen.

Die Unterrichtsversäumnisse nahmen jedoch weiter zu, sodass ich Ava in einem weiteren Gespräch zu ihren bisherigen Leistungen und ihrer privaten Situation eingehender befragte. Aufgrund des für mich nach wie vor unklaren Bilds zur schulischen und privaten Situation Avas bat ich die Tante zu einem Gespräch mit ihr und ihrer Nichte in die Schule. Wie sich sehr schnell herausstellte, war die Tante aufgrund privater und beruflicher Schwierigkeiten mit der Erziehung ihrer Nichte völlig überfordert. Aus Sorge um ihre Tante suchte Ava jede Möglichkeit, bei ihr zu Hause zu bleiben und auf sie aufzupassen. Über die Einschaltung der Schulbehörde und sozialer Dienste wurde der Tante in der Folgezeit ein familiärer Hilfsdienst angeboten, den sie allerdings erst nach etwa einem halben Jahr annahm. Ava fehlte aber weiterhin im Unterricht und verließ kurze Zeit später die Schule.

Der Umgang mit den Lernenden bei Regelverstößen erfolgt genauso wertschätzend wie insgesamt mein Umgang mit den Lernenden, auch wenn die Situation nicht immer erfreulich ist. Allerdings ist wiederholtes Ermahnen, ohne Konsequenzen zu ziehen, nicht zielführend. Spätestens nach der dritten Ermahnung muss eine Maßnahme folgen, die entweder vorab mit der Lerngruppe festgelegt oder von meiner Seite wohl überlegt wurde. Sie sollte keinesfalls aus einer emotional angespannten Situation heraus vorschnell getroffen werden.

Den Lernenden muss klar sein, dass Regelverstöße Folgen haben und sie zur Verantwortung gezogen werden. Zur Aufstellung der Regeln gehört daher auch das Festlegen der Konsequenzen bei ihrer Nichteinhaltung. Diese Konsequenzen müssen von allen getragen werden, sie müssen dem Regelverstoß angemessen sein und ausgehalten werden können. Es ist zudem ratsam, die Regeln gemeinsam mit den Kollegen, die ebenfalls in der Lerngruppe unterrichten, abzusprechen.

Verstößt ein Schüler gegen eine Regel, so gehe ich konsequent dagegen vor. Das gilt für alle Beteiligten in gleichem Maße und bedeutet Gleichbehandlung für alle. Selbst eine einmalige Inkonsequenz macht die Regelabsprache unglaubwürdig. Hat der Schüler die Konsequenz aus der Regelüberschreitung zur Zufriedenheit erfüllt, ziehe ich einen Schlussstrich unter die Sache. Dies kann in Form einer Versöhnung, aber auch in Form eines Ausblicks nach vorne passieren. Weitere Vorhaltungen mache ich dann nicht mehr.

Das nachfolgende Regelwerk wurde in fünf Unterrichtsstunden zusammen mit meinen Schülern erarbeitet, zur Abstimmung gebracht, mit Mehrheit abgestimmt, von allen unterschrieben und im Großformat als Kopie im Klassenraum aufgehängt.

Beispiel: Klassenregeln für Schülerinnen und Schüler und Konsequenzen bei deren Nichteinhaltung (9. Klasse)

Regel 1: Ich respektiere meine Mitschüler, die Lehrer sowie deren Rechte und Besitz.

Konsequenz: Ich entschuldige mich vor der Klasse bei der betroffenen Person und komme für einen eventuellen Schaden auf.

Regel 2: Ich führe im Unterricht keine privaten Gespräche und störe nicht.

Konsequenz: Ich bekomme einen Strich in der Strichliste oder einen Eintrag ins Klassenbuch. Beim dritten Strich bzw. Eintrag muss ich in eine andere Klasse gehen oder, falls keine zur Verfügung steht, den Klassenraum verlassen. Beim fünften Eintrag bekomme ich einen Elternbrief ausgehändigt.

Regel 3: Ich rede ruhig und freundlich. Ich schweige und höre zu, wenn andere reden.

Konsequenz: Ich bekomme einen Strich in der Strichliste oder einen Eintrag ins Klassenbuch. Beim dritten Strich bzw. Eintrag muss ich in eine andere Klasse gehen oder, falls keine zur Verfügung steht, den Klassenraum verlassen. Beim fünften Eintrag bekomme ich einen Elternbrief ausgehändigt.

Regel 4: Ich bin tolerant gegenüber der Meinung anderer. Konsequenz: Ich entschuldige mich vor der Klasse bei der betroffenen Person.

Regel 5: Ich bevorzuge und benachteilige niemanden.

Konsequenz: Ich entschuldige mich vor der Klasse bei der betroffenen Person und versuche, mein Fehlverhalten zu korrigieren.

Regel 6: Ich halte Absprachen und Vereinbarungen ein.

Konsequenz: Ich hole Versäumtes nach und habe eine Extraarbeit zu leisten.

Regel 7: Ich befolge die Anordnungen der Lehrer.

Konsequenz: Ich bekomme einen Strich in der Strichliste oder einen Eintrag ins Klassenbuch. Beim dritten Strich bzw. Eintrag muss ich in eine andere Klasse gehen oder, falls keine zur Verfügung steht, den Klassenraum verlassen. Beim fünften Eintrag bekomme ich einen Elternbrief ausgehändigt.

Regel 8: Ich komme pünktlich.

Konsequenz: Ich arbeite nach der dritten selbstverschuldeten Unpünktlichkeit eine Unterrichtsstunde nach.

Regel 9: Ich halte die mir zugewiesenen Dienste ein und führe sie gewissenhaft aus.

Konsequenz: Ich hole Versäumtes nach und habe eine Extraarbeit zu leisten.

Empathie

Die mir anvertrauten Schüler befinden sich in einer schwierigen Phase der Selbstfindung und der Persönlichkeitsentwicklung. Zum einen suchen sie nach Vorbildern in der Welt der Erwachsenen, zum anderen nach eigenen Wegen der Entfaltung und Verwirklichung, um sich als Individuum von den anderen abzugrenzen.

Oft genug durchleben sie in dieser Phase ein Wechselbad der Gefühle, unterliegen starken Stimmungsschwankungen und legen ein unangemessenes und unangebrachtes Verhalten an den Tag. So verhalten sie sich oft kindlich-egozentrisch, erwarten aber zugleich, wie Erwachsene behandelt zu werden. Sie suchen gleichzeitig Nähe und Distanz, Anschluss und Abgrenzung. Das alles macht es nicht gerade einfach, mit ihnen zusammenzuarbeiten und ihnen Sachverhalte zu vermitteln, die nicht auf ihrer Wunschliste stehen. Was sie allerdings (zu Recht) erwarten können, ist, einen Lehrer mit einem klaren Rollenverständnis zu haben.

In der Verantwortung meinen Schülern gegenüber muss ich also eine Ausgewogenheit zwischen Nähe und Distanz sowie zwischen Unterricht, Beratung und privatem Austausch erreichen, ohne »übergriffig« zu werden, und eine Vertrautheit herstellen, die nicht aufdringlich ist. Ich muss Umgangsformen entwickeln, die von Respekt, Toleranz, Achtung und Wertschätzung geprägt sind, und ich muss einfühlsam sein, ohne die Lernenden emotional zu überfordern. Ich bin daher stets bemüht, den Schülern mit einer positiven Grundeinstellung gegenüberzutreten, sie als Persönlichkeit wahr und ernst zu nehmen, mich ihnen zuzuwenden, ihr Handeln zu verstehen, ihre Interessen und Anliegen zu unterstützen, sie zu stärken und ihnen deutlich zu machen, dass ich ihnen vertraue und ihnen etwas zutraue.

Gerechtes Handeln

Schülern gegenüber gerecht zu handeln, ist eine Grundvoraussetzung für ein vertrauensvolles Unterrichtsklima. Je stärker ich bemüht bin, gerecht und ehrlich zu sein, d.h., niemanden zu bevorzugen oder zu übervorteilen, desto mehr gewinne ich das Vertrauen der Schüler.

Wenn ich den Schülern gegenüber nicht immer gerecht bin, so ist dies der Tatsache geschuldet, dass ich genauso wie sie Fehler mache. Das gehört zum Lehren und Lernen einfach dazu. Wie ich allerdings mit diesen Fehlern umgehe, hängt mit meinem Verständnis von Ehrlichkeit und Gerechtigkeit zusammen. Nur wenn auch ich für meine Fehler einstehe und Schüler nicht bevorzuge oder benachteilige, wird mir das notwendige Vertrauen in eine gerechte Behandlung entgegengebracht.

Schwierig wird die Situation allerdings dann, wenn es bei der Frage des gerechten Handelns zu Konflikten mit Kollegen kommt. So habe ich erlebt, wie ein Kollege meines Klassenteams den Lernenden gegenüber unzumutbare Forderungen stellte und sich dann nach massiven Protesten vonseiten der Eltern bei mir Unterstützung holen wollte. Ich habe mich entschieden, in solchen Fällen bei einem gerechten Umgang mit den Lernenden zu bleiben und mich als ihren Anwalt zu sehen, und zwar auch auf die Gefahr hin, als unkollegial zu gelten. Im Zweifelsfall gehe ich lieber eine Auseinandersetzung mit einem Lehrenden ein, als von meinem Gerechtigkeitsanspruch abzuweichen.

Die Lehrperson als Ansprechpartner für die Lernenden

Während des Unterrichts stehe ich immer in Kontakt zu meinen Schülern. Entweder beobachte ich sie beim Fortschreiten ihrer Arbeit oder bei ihrer Zusammenarbeit mit anderen Lernenden. Kontakte zwischen ihnen und mir finden dabei verbal und sehr häufig nonverbal über Gestik und Mimik statt. Indem ich immer wieder durch den Klassenraum gehe, ermögliche ich es ihnen zudem, Kontakt zu mir aufzunehmen. So bekomme ich einen Eindruck von ihren individuellen Leistungen und ihren Leistungsfortschritten. Je nach Situation kann ich sie entweder für ihre erfolgreiche Arbeit loben, oder ich muss sie zur Mit- und Weiterarbeit oder zur Wiederaufnahme der Mitarbeit ermutigen, auf Fehler oder Irrtümer hinweisen, Tipps und Hilfestellungen geben oder ihnen auch mal eine Pause oder ein persönliches Gespräch erlauben. Dazu trete ich den Schülern mit einem offenen, verständnisvollen und freundlichen Verhalten gegenüber. Oft geht es ihnen in diesen Gesprächen neben Fragen zum Unterricht und den Unterrichtsinhalten auch um schulische oder sogar private Probleme. Sich auf solche Gespräche einzulassen und ehrlich mit den Schülern umzugehen, schafft ein vertrauensvolles Verhältnis, das für den weiteren Umgang mit den Schülern von großem Vorteil ist.

Dazu im Folgenden einige kleinere Fallbeispiele, die verdeutlichen sollen, aus welchen Problemfeldern oder zu welchen Themen Gespräche in ganz normalen Unterrichtssituationen stattfinden, und welche Konsequenzen sich eventuell daraus ergeben können.

Fallbeispiel 10: Olga möchte an einer Lesenacht teilnehmen

Während einer Erholungspause im Sportunterricht meiner 6. Klasse spricht mich Olga, eine zurückhaltende und kluge Schülerin, an. Sie möchte an einer Lesenacht teilnehmen, zu der alle Schüler der Klasse eingeladen sind. Das werde ihr von dem Vater allerdings aus religiösen Gründen untersagt. Sie beschreibt ihre häusliche Situation und die »Unmöglichkeit« über Nacht von zuhause fernzubleiben, glaubt aber, dass ihre Mutter das eventuell erlauben würde. Ich sage ihr Hilfe und weitere Gespräche zu. Zusammen mit der Kollegin, die die Lesenacht meiner Klasse organisiert hat, führen wir in den darauf folgenden Tagen mehrere Gespräche mit Olga und der Mutter und ermöglichen durch einen nächtlichen Fahrdienst der Mutter die Teilnahme an fast der gesamten Nacht.

Fallbeispiel 11: Jonas fürchtet sich vor einer Trennung seiner Eltern
Jonas, ein eher unruhiger und gesprächsfreudiger Schüler in der 6. Jahrgangsstufe, sitzt während einer Mathematikstunde still und schweigsam an seinem Platz und reagiert auf Fragen seiner benachbarten Mitschüler und von mir nur ablehnend. In einer Partnerarbeitsphase spreche ich ihn an und erfahre von ihm und seinem Mitschüler Andy, dass es in den vorangegangenen Tagen zwischen Jonas' Eltern heftige Streitigkeiten gegeben hat und er eine Trennung seiner Eltern befürchtet. Ohne näher auf sein Problem einzugehen, verabrede ich mit ihm und Andy ein Gespräch in der anschließenden Pause. In dem Gespräch schlage ich ihm ein Treffen mit dem Schulpsychologen vor, wozu es noch am gleichen Tag kommt. In der Folgezeit finden weitere Gespräche zwischen Jonas und seinen Eltern mit dem Schulpsychologen statt.

Fallbeispiel 12: Ann-Kathrin fühlt sich durch einen Mitschüler bedrängt
Während einer Einzelarbeitsphase im Mathematikunterricht einer 8. Jahrgangsstufe kommt Ann-Kathrin zu mir und fragt mich, ob sie mich kurz vor dem Klassenraum sprechen dürfe. Wir gehen vor die Tür, und sie erzählt mir, dass sie sich durch einen Mitschüler, der ihr immer wieder nachstellt und sie ständig anspricht, bedrängt fühlt. Wir verabreden, dass ich nach der Unterrichtsstunde mit dem Schüler sprechen werde, sie sich allerdings auch an die Klassenlehrerin wenden solle. Das Gespräch mit dem Schüler habe ich geführt, meinerseits aber auch die Klassenlehrerin und die Sozialpädagogin der Klasse informiert.

Fallbeispiel 13: Carina möchte gerne Privates von mir wissen
Carina spricht mich beim Vorbeigehen in einer Stillarbeitsphase einer Hausaufgabenstunde einer 5. Jahrgangsstufe an ihrem Arbeitsplatz an und möchte gerne wissen, wie ich meine Frau, von der sie wisse, dass sie auch an der Schule Lehrerin sei, kennengelernt habe. Wir fangen beide zu lachen an, und

ich sehe in ihrem Gesicht Verlegenheit. Ich erzähle ihr in kurzen Worten, wie ich meine Frau kennengelernt habe, und frage sie nach ihren Beweggründen für diese Frage. Daran schloss sich noch ein kleines und sehr nettes Gespräch insbesondere über ihre Neugierde an – eine Eigenschaft, die ihre Eltern gar nicht gut finden, von der sie aber nicht ablassen kann. Ausgelöst durch dieses »erste« Gespräch war der Kontakt zwischen Carina und mir in den folgenden Jahren ausgesprochen angenehm und vertrauensvoll.

Fachliche Kompetenz der Lehrperson

Neben den bereits erwähnten pädagogischen und sozialen Kompetenzen, die ich mir als Lehrkraft angeeignet habe, spielt für mich auch die fachliche Qualifikation eine große Rolle. Ich habe den Anspruch, einen motivierenden, Interesse weckenden, angemessen rhythmisierten, fachlich fundierten und aktuellen Unterricht durchzuführen, der eine nachhaltige Wissensaneignung ermöglicht. Um diesem Anspruch gerecht zu werden, nehme ich regelmäßig an Weiterbildungen teil und mache dies auch transparent, indem ich den Schülern im Unterricht und den Eltern während Elternabenden und Elterngesprächen von den Fortbildungen und Schulungen berichte, die ich im Rahmen meiner beruflichen Weiterbildung besucht habe. Wenn es für die Altersstruktur der Lernenden meiner Gruppen passt, lasse ich sie an neuen Unterrichtsmaterialien und -ideen teilhaben, indem ich sie – gegebenenfalls nach Rücksprache mit den Eltern – mit ihnen erprobe oder sie von ihnen testen lasse. Das sind z. B. neue Sportspiele, die bisher nicht in den Schulsport einbezogen wurden, oder neu entwickelte Unterrichtsansätze und Arbeitsmaterialien, die einen stärkeren Praxisbezug haben, oder auch Medien wie Tablet oder Whiteboard.

Gute Unterrichtsvorbereitung

Was ich für die kurzfristige Vertretung einer Unterrichtsstunde nicht immer leisten kann, beachte ich für alle anderen Unterrichtsstunden kompromisslos: Ich gehe nur vorbereitet in den Unterricht, d. h. mit einem durchdachten Plan für den Ablauf, Überlegungen zum Methodeneinsatz und Methodenwechsel, ausreichendem Arbeitsmaterial, sinnvoll ausgewählten Medien aller Art und genauen Ziel- und Teilzielvorstellungen. Nur wenn ich den Unterricht überzeugend und souverän führe und mit Verstand, Können und Geschick agiere, vermittle ich meinen Schülern die notwendige Sicherheit und werde meiner Lehrerrolle gerecht.

Jede Abweichung von diesen Anforderungen an eine gute Unterrichtsvorbereitung erschwert mir allerdings die Umsetzung meiner Unterrichtsziele. Eine mangelhafte Unterrichtsvorbereitung ist einem positiven Lernklima abträglich, und ich verliere bei den Schülern an Wertschätzung und Respekt. Die Schüler erkennen eine schlechte Vorbereitung nicht nur am »unrunden« Stundenablauf, an der mangelhaften Organisation oder am fehlenden Sachverstand, sondern auch an Mimik und Gestik, an einer unsicheren Stimme und einem insgesamt unsicheren Auftreten.

Feinfühligkeit und Kritikfähigkeit der Lehrperson

Indem ich mich bemühe, die Grundzüge der Persönlichkeit der Lernenden kennenzulernen und den Lernenden die schulischen Ziele und meine persönlichen Vorstellungen im Hinblick auf eine gelingende und erfolgreiche Zusammenarbeit zu vermitteln – was in einer neuen Lerngruppe bis zu einem Dreivierteljahr in Anspruch nehmen kann –, schaffe ich die Voraussetzung dafür, gegenseitig positive wie negative Kritik zu üben und zu lernen, angemessen damit umzugehen. Darüber hinaus hilft mir das frühe intensive Kennenlernen, viele Konfliktsituationen besser einzuordnen und sie schon im Ansatz zu entschärfen.

Rückmeldung der Lehrperson zum Leistungsstand

Wenn etwas gut läuft, gebe ich den Schülern unmittelbar eine positive Rückmeldung. Dabei lobe ich insbesondere die Schwächeren, wenn ihnen etwas gut gelungen ist, wenn sie etwas verstanden haben oder etwas zum Unterricht beitragen konnten. Ein Lob gebe ich aber nur dann, wenn es wirklich verdient ist.

Am Ende einer jeden Unterrichtseinheit, die ca. zwei bis fünf Wochen dauert, informiere ich die Schüler über ihren Leistungsstand und Lernfortschritt, über ihre Mitarbeit und ihre Möglichkeiten, sich zu verbessern. Dabei bemühe ich mich, einen präzisen und differenzierten Überblick in Form eines summativen und formativen Feedbacks zu geben. Ich gebe unter anderem Informationen über die Gesamt- oder Zwischennoten der mündlichen und schriftlichen Leistungen, über die Beurteilung der sonstigen Mitarbeit wie Fleiß, Motivation und Arbeitsverhalten, über etwaige Versäumnisse wie das Vergessen fachspezifischen oder allgemeinen Arbeitsmaterials, über etwaiges Zuspätkommen oder unentschuldigtes Fehlen und die mit diesen Defiziten verbundene Beeinträchtigung der Gesamtbeurteilung. Für die Schüler, die nicht vor der Klasse informiert werden wollen, führe ich im Anschluss an den Unterricht vertrauliche Einzelgespräche. Allerdings gibt es immer wieder Schüler, die nicht über ihren Leistungsstand und ihre Lernfortschritte informiert werden wollen. Das respektiere ich und biete ihnen an, sich die Informationen zu jedem späteren Zeitpunkt von mir geben zu lassen. Der Informationsaustausch zum Leistungsstand im Klassenverband oder in Einzelgesprächen kann ein bis zwei Unterrichtsstunden in Anspruch nehmen.

Rückmeldung der Lernenden zur Lehrperson

Ich gebe den Lernenden regelmäßig Rückmeldung zu ihrem Verhalten, ihrer Mitarbeit, ihren Leistungen und ihrem Leistungsfortschritt. Darüber hinaus formuliere ich auch, wie ich die Arbeitsatmosphäre, das Lernklima, die Zusammenarbeit und das Sozialverhalten in der Lerngruppe empfinde, und erfrage, was aus ihrer Sicht im Unterrichtsverlauf und bei der Wissensvermittlung gut oder weniger gut gelungen war, was die Lernenden verstanden haben bzw. an welchen Stellen es noch Verständnisschwierigkeiten gibt und ob zusätzliche Erklärungen, Übungen, Beispiel- oder Testaufgaben notwendig sind.

Ebenso wichtig wie meine Rückmeldung an die Lernenden ist mir deren Rückmeldung an mich als Lehrperson. Beim Schülerfeedback halte ich mich mit Kommentaren weitgehend zurück und beschränke mich darauf, die Äußerungen der Schüler schriftlich festzuhalten. Erst in der folgenden Stunde fasse ich die positiven wie negativen Kritikpunkte zusammen und versuche, zusammen mit den Schülern Wege zur Optimierung zu finden.

Vermeiden von Konfliktsituationen

Durch ein bedachtes pädagogisches Verhalten und das Ernstnehmen der Probleme der Lernenden können schon im Vorfeld Konfliktsituationen vermieden werden. Dennoch passiert es immer wieder, dass sich Schüler in Konfliktsituationen im Ton vergreifen, unfair argumentieren und mich beleidigen und verletzen. Dieses Verhalten darf ich keinesfalls persönlich nehmen, richtet es sich doch nicht gegen mich als Person, sondern gegen meine Rolle als Lehrer und »Übervater«. Um sachlich mit dem Konflikt umgehen zu können, mache ich mir in diesen Fällen diese Lehrerolle bewusst.

Fallbeispiel 14: Eine Vertretungsstunde im 10. Jahrgang droht außer Kontrolle zu geraten

In einer sechsten Unterrichtsstunde muss ich kurzfristig eine Vertretungsstunde im Fach Englisch in einer 10. Klasse geben. Der Unterricht erfolgt also unvorbereitet und fachfremd und zudem in einer mir nicht vertrauten Lerngruppe. Ich entscheide mich für das Thema »Mathematische Rätsel und Knobeleien«, mit dem ich in kurzfristig angesetzten Vertretungsstunden gute Erfahrungen gemacht habe und das mir die Möglichkeit bietet, mit den Schülern ins Gespräch zu kommen und sie in Einzel- oder Partnerarbeit still zu beschäftigen.

Als ich die Klasse betrete, ist die Stimmung ausgesprochen angenehm. Die Schüler verhalten sich relativ ruhig. Einige arbeiten an ihrem Arbeitsplatz, einige schauen auf und beobachten mich beim Hereinkommen. Ich lege meine Sachen ab und stelle mich neben das Pult, sodass mich alle Lernenden gut sehen können. Ich warte, dass es ruhig wird, was erstaunlich schnell geschieht. Die Schüler erheben sich zur Begrüßung – ein Ritual, das nicht in allen Klassen gepflegt wird. Nachdem sich die Schüler wieder gesetzt haben, stelle ich mich kurz vor und skizziere das Thema der Stunde und den Stundenablauf (Lösen kleinerer, in Geschichten verpackter Rätsel und anschließendes Kennenlernen verschiedener Varianten japanischer Zahlenrätsel).

Während wir im Gespräch über eine Geschichte sind, fallen mir drei Schülerinnen auf, die neben ihrem zur Schau getragenen Desinteresse anfangen, durch unangebrachte Zwischenbemerkungen und Gelächter den Unterricht zu stören. Ich bitte sie, die Störungen zu unterlassen, was die Situation immerhin so lange beruhigt, bis ich die Arbeitsaufträge für die Stillarbeit vergeben habe. Wenig später beobachte ich eines der drei Mädchen, Josephine, wie sie demonstrativ versucht, ihre rechte Kopfseite zu verdecken. Die beiden anderen schauen immer wieder zu ihr hin und können sich vor Lachen kaum halten.

In meiner Vermutung bestätigt, dass Josephine einen MP3-Player mit Ohrhörer benutzt, bitte ich sie, mir das Gerät und die Ohrhörer auszuhändigen. Dazu ist sie allerdings nicht bereit und kommt auch meiner Aufforderung nicht nach, vor den Klassenraum zu gehen und dort auf mich zu warten. Ich verweise auf die Hausordnung der Schule, die die Benutzung eines solchen Gerätes im Schulgebäude verbietet und mir das Recht einräumt, es ihr abzunehmen. Sie weigert sich weiterhin und verlässt erst, als ich mit der Benachrichtigung der Jahrgangs- und Schulleitung drohe, den Klassenraum.

Inzwischen ist die Arbeit an den Stillarbeitsbögen zum Erliegen gekommen. Ich bitte die Schüler, die Arbeit wieder aufzunehmen, was zu meiner Erleichterung auch passiert. Vor dem Klassenraum mache ich Josephine deutlich, weder Interesse am Einziehen ihres MP3-Players noch an ihrer Bestrafung zu haben. Mein alleiniges Interesse bestehe darin, sie zur weiteren Mitarbeit zu bewegen. Da von ihr keine Reaktion kommt und ich die übrige Lerngruppe nicht so lange unbeaufsichtigt lassen möchte, bitte ich sie, unter der Bedingung, den MP3-Player wegzupacken und den Unterricht nicht zu stören, zurück in den Klassenraum.

In der Lerngruppe herrscht eine angespannte Stimmung, und ich hoffe, dass Josephine keinen weiteren Anlass zum Eingreifen gibt. Wenige Minuten später merke ich allerdings an der Unruhe und den Blicken der beiden oben erwähnten Schülerinnen, dass Josephine den Ohrhörer wieder benutzt. Ohne Zögern schicke ich sie wieder vor die Tür, erkundige mich nach der Klassensprecherin und gehe zusammen mit ihr zu Josephine vor den Klassenraum. Ich erkläre ihnen, dass ein gemeinsamer Unterricht so nicht möglich und eine weitere Weigerung der Mitarbeit mit Konsequenzen verbunden ist. Mit der Bitte an die Klassensprecherin, ihrerseits noch einmal mit Josephine zu reden, gehe ich zurück in den Klassenraum.

Nach ungefähr drei Minuten kommen sie beide wieder zurück in den Raum. Josephine legt den MP3-Player auf das Lehrerpult, ohne mich anzuschauen, setzt sich an ihren Platz und legt den Kopf auf den Tisch. Für den kurzen Rest der Stunde verläuft der Unterricht trotz deutlich getrübter Stimmung einigermaßen geordnet. Zur Verabschiedung am Ende der Stunde bedanke ich mich insbesondere bei der Klassensprecherin für ihr Einwirken und bei den übrigen Schülern für ihre Mitarbeit und ihr bedachtes Verhalten.

Motivationsfähigkeit

Als Lehrer kann ich neben dem Wecken der Begeisterung für den Erwerb neuen Wissens die Motivation gerade auch bei schwächeren Lernenden zusätzlich fördern, indem ich es ihnen und ihren Eltern ermögliche, Schule als eine Institution wahrzunehmen, die die Entwicklung der Jugendlichen positiv unterstützt und die daher als solche unbedingt genutzt werden sollte.

Anspruch auf Bildung

Um die Motivation bei den Schülern zu fördern, mache ich ihnen deutlich, dass sie einen Anspruch bzw. ein Anrecht auf einen Schulbesuch und auf eine verbindliche und qualifizierte schulische Ausbildung und Betreuung haben. Ich weise sie darauf hin, dass sie die Schule nicht nur als Pflicht, sondern auch als große Chance ansehen sollten. Daher sollten sie insbesondere Unterrichtsausfall, schlechten Unterricht sowie fehlendes Interesse von Lehrpersonen kritisieren und eine Änderung einfordern.

Vielen Schülern und ihren Eltern ist dieses Recht auf Bildung gar nicht bewusst. Aber gerade wenn es zu einer Vernachlässigung der Qualität von Unterricht kommt oder durch Unterrichtsausfälle Bildungsziele nicht eingelöst werden können, ist ein gemeinsames Vorgehen zur Durchsetzung dieser Rechte und Ansprüche ausgesprochen wichtig.

Strebsamkeit und Fleiß

Ich versuche, den Schülern und insbesondere auch ihren Eltern das Streben nach guten Leistungen als positive Eigenschaft nahezubringen. Ich mache ihnen deutlich, dass nicht allein Intelligenz und Begabung zum Lernerfolg führen, sondern dass es enorm wichtig ist, sich intensiv zu bemühen und dem Unterricht interessiert zu folgen.

Für viele Schüler ist es eher verachtenswert und »uncool«, strebsam und fleißig zu sein. Insbesondere fallen mir dabei die Schüler und weniger die Schülerinnen auf. In ihrem Wunsch, in ihrer Freundesgruppe gemocht und akzeptiert zu werden, möchten viele Schüler insbesondere im jugendlichen Alter lieber nicht durch gute Noten auffallen und als Streber oder Schleimer gelten. Sie befürchten, in den Verdacht zu geraten, nur der Lehrkraft gefallen zu wollen. Auf der anderen Seite wollen sie gute Zensuren erreichen, um nicht als dumm zu gelten oder um ihren Eltern zu gefallen – ein Wunsch, den sie allerdings vor ihren Mitschülern verbergen müssen.

Die Bedeutung einer verlässlichen Beziehung zu den Lernenden

Am Beispiel meiner Einsätze im Vertretungsunterricht als Klassen-, Fach- oder »reiner« Vertretungslehrer möchte ich verdeutlichen, wie wichtig die Beziehung zwischen Lernenden und Lehrenden und das Vorgehen mit der notwendigen Ernsthaftigkeit ist.

Als Klassenlehrer habe ich den Vorteil, viele Unterrichtsprozesse in einer fest zugeordneten Lerngruppe in der Hand zu haben. Dazu zählt, dass ich die Schüler meiner Klasse in der Regel über mehrere Jahre begleite. Dadurch werde ich für sie zu einer festen Bezugsperson. Durch den längeren und engeren Kontakt lerne ich die Schüler besser kennen und kann mich besser auf ihre Bedürfnisse, auf ihre schulischen oder außerschulischen Schwierigkeiten, auf ihre Stimmungslagen oder -schwankungen einstellen. Durch den intensiveren Kontakt mit ihren Eltern kann ich darüber hinaus in erzieherischen Fragen größeren Einfluss nehmen. Dies alles hat für mich einen wichtigen Vorteil, wenn ich beispielsweise zur Vertretung in meiner Klasse eingesetzt bin. Aufgrund der bestehenden Beziehungen und der Vertrautheit erweist sich der Vertretungsunterricht als in der Regel unkompliziert. Ähnlich stellt sich für mich die Situation dar, wenn ich als in der Lerngruppe unterrichtender Fachlehrer in eine Vertretungsstunde gehe.

Ganz anders ist es allerdings, wenn ich als reiner Vertretungslehrer in einer Lerngruppe unterrichten muss, deren Schüler ich nicht kenne. Ich unterscheide dabei die vorbereiteten von den unvorbereiteten Vertretungsstunden. Erstere liegen dann vor, wenn der zu vertretende Lehrende den Unterricht bereits geplant, mir seine Planung mitgeteilt und seine Materialien an mich übergeben hat oder wenn ich genügend Zeit hatte, den Unterricht selbst zu planen und eigene Materialien anzufertigen. Da das Thema und die Inhalte der Stunde bereits bekannt sind, geht es mir in diesen Stunden darum, mit den mir unvertrauten Lernenden die Unterrichtsziele zu verwirklichen.

Indem ich die Lernenden begrüße und mich vorstelle sowie mit einem Witz oder einem Rätsel auf eine aktuelle Begebenheit eingehe, sorge ich für Ruhe, was eine etwas längere Zeit in Anspruch nehmen kann. Danach erkundige ich mich nach der letzten Fachstunde und setze die Arbeitsaufträge der Lehrkraft um, die ich vertrete. Sollten die Lernenden jedoch etwas ganz anderes machen wollen, so erkläre ich ihnen freundlich, aber bestimmt, dass ich mich aufgrund der konkreten Vorgaben, die ich erhalten habe, darauf nicht einlassen kann. In den meisten Fällen klappt ein solcher Einstieg in den Vertretungsunterricht gut. Störungen und Konflikte treten dabei kaum häufiger auf als im normalen Fachunterricht. Auf sie gehe ich, wie bereits oben beschrieben, individuell ein, d.h., ich spreche einzelne Schüler auf ihr Fehlverhalten direkt im Klassenraum an. Führt dies nicht zur Lösung des Problems, setze ich das Gespräch vor dem Klassenraum fort. Zudem ist es sehr hilfreich, den Ablauf der Vertretungsstunde zu dokumentieren und das Protokoll der zu vertretenden Lehrkraft möglichst unmittelbar danach zu übergeben. Die Lernenden informiere ich gleich zu Beginn der Stunde über diese Vorgehensweise.

Die unvorbereiteten Vertretungsstunden in einer Klasse, deren Schüler ich nicht kenne, bergen dann Probleme, wenn ich die Vertretungsstunde kurzfristig halten muss, ich mich daher nicht über den aktuellen Fachstand der Klasse informieren konnte und ich möglicherweise auch noch fachfremd unterrichten muss. Für diesen Fall habe ich mir als Sport- und Mathematiklehrer immer ein Repertoire an aktuellen Themen und Inhalten für die jeweiligen Jahrgangsstufen mit passenden Sportspielen, Rätseln, Knobeleien, Arbeitsmaterialien zum Allgemeinwissen angelegt, die ohne umfangreiche Vorkenntnisse, ohne fachlichen Druck und ohne Zensierung, aber mit schnellen Erfolgen umgesetzt werden können.

Meine Erfahrung ist, dass ich dann als Vertretungslehrer ernst genommen werde, wenn auch ich den Vertretungsunterricht ernst nehme. Das wiederum bedeutet für mich, vorbereitet und souverän, freundlich und offen vor die Lerngruppe zu treten. Die mir unbekannte Lerngruppe kennt meinen Unterrichtsstil und meine Unterrichtsmethoden (noch) nicht und wird daher gerade in den ersten Minuten mein Auftreten besonders beachten. Mein Hauptaugenmerk liegt also auch darauf, ein angenehmes Unterrichtsklima zu schaffen und aufrechtzuerhalten und sowohl für eine gute Stimmung als auch eine gute Lernatmosphäre zu sorgen.

In Einzelfällen kommt es aber auch vor, dass ich mich von den Lernenden dazu bewegen lasse, Haus- bzw. Übungsaufgaben oder andere unterrichtsbezogene Aufgaben zu erledigen. Das sind aber Ausnahmen, die sich meist nur dann ergeben, wenn wichtige Klassenarbeiten oder Prüfungen anstehen.

Zum Ende solcher Vertretungsstunden in mir unbekannten Lerngruppen frage ich meistens nach den Eindrücken von der Stunde und gebe anschließend meinerseits ein kurzes Feedback, indem ich hervorhebe, was gut gelaufen ist und was bei einem nächstem Mal besser laufen könnte.

Ängste, Befürchtungen und Sorgen der Lehrperson

Natürlich gibt es auch in meinem Schulalltag Situationen, die ich als schwierig bis bedrohlich einstufe, und von denen ich nicht weiß, ob ich sie meistern kann. Einige der zuvor aufgeführten Beispiele geben einen kleinen Einblick in Unterrichtsszenarien, deren Ausgang ich nicht immer vorhersehen kann. Dazu gehören der Umgang mit schwierigen Schülern sowie der Unterricht in fremden Lerngruppen. Auch wenn ich durch die Kenntnis verschiedener Strategien und pädagogischer Maßnahmen Vorsorge getroffen habe, bleibt letztlich immer eine gewisse Unberechenbarkeit, die zu Ängsten führen kann.

Neben den Konflikten mit den Lernenden belasten mich aber vor allem auch Situationen, in denen meine pädagogischen Überzeugungen nicht mit denen der Kollegen übereinstimmen, mit denen ich in einer Lerngruppe zusammenarbeite. Das Gleiche gilt, wenn ich in Teams mitarbeite, deren pädagogische Vorstellungen und Ziele durch äußere Zwänge nicht umzusetzen sind, die es in einer behördlichen Institution wie der Schule unvermeidlich gibt, wie beispielsweise die Ablehnung notwendiger zusätzlicher Fördermaßnahmen, das Trennen funktionierender Klassenteams etc. Damit diese Konfliktsituationen nicht auf dem Rücken der Schwächsten – nämlich der Lernenden – ausgetragen werden, ist es mir als Lehrperson wichtig, über ein hohes Maß an Kraft, Beharrlichkeit und auch Selbstkritik zu verfügen.

B Die Lehrerpersönlichkeit und ihre Bedeutung für guten Unterricht aus wissenschaftlicher Sicht

Gerhard Roth

In der seit Jahren andauernden Bildungsdiskussion ist kaum etwas so umstritten wie die Rolle der Lehrpersonen in der Schule. Auf der einen Seite sehen viele Bildungspolitiker und Pädagogen den »lehrerzentrierten« Unterricht als Hauptverantwortlichen für die deutsche Schulmisere und setzen voll und ganz auf »selbstregulierten« bzw. »selbstbestimmten« Unterricht. Hierbei soll der Lehrer nur noch ein »Bildungsassistent« für die Schüler sein und hat im Extremfall darauf zu achten, dass Schülerinnen und Schüler nicht zu viel Radau machen oder sich gegenseitig verprügeln. Auf der anderen Seite heißt es spätestens seit Erscheinen der deutschen Übersetzung der großen Studie »Lernen sichtbar machen« des neuseeländischen Erziehungswissenschaftlers John Hattie aus dem Jahre 2013 ganz klar: »Auf die Lehrerpersönlichkeit kommt es an!«

Ja, was nun? fragen sich viele Lehrer in Deutschland. Viele inzwischen vorliegende internationale Wirksamkeitsuntersuchungen zeigen, dass der »selbstregulierte« bzw. »selbstbestimmte« Unterricht in seiner propagierten Reinform ungeeignet für einen nachhaltigen Unterricht ist. Es zeigt sich, dass die Qualitäten der Lehrperson wie fachliche Kompetenz, Vertrauenswürdigkeit, Verständnis und Feinfühligkeit gegenüber den Lernenden und das Wissen darum, wie man einen guten Unterricht macht, entscheidende Faktoren für den Schulerfolg sind.

Nun werden viele, gerade ältere Lehrpersonen sagen: »Das haben wir schon immer gewusst«. Das mag sein, aber es wurde kaum irgendwo in der Schulpraxis berücksichtigt – nicht früher, zu Zeiten, als der Autor (GR) noch zur Schule ging (übrigens einer fachlich sehr guten Schule!), auch kaum später und nur selten in der Gegenwart. Wir sind aber inzwischen in der glücklichen Lage, nicht nur durch die Studien von John Hattie und anderen Erziehungswissenschaftlern über sehr viel empirisches Material zur Frage des guten Unterrichts zu verfügen, sondern wir können inzwischen aufgrund der psychologischen und neurobiologischen Persönlichkeitsforschung viel besser als früher die andere Frage beantworten, nämlich die, warum es auf die Persönlichkeit des Lehrenden und seine Beziehung zu der Persönlichkeit des Lernenden ankommt, wenn es um den Schulerfolg geht.

Die vorausgegangenen Ausführungen von Michael Koop als Klassenlehrer zeigen, wie wichtig die Persönlichkeit in der Tätigkeit als Lehrperson ist. Diese Lehrperson bereitet sich sorgfältig auf den Unterricht vor, behandelt ihre Schülerinnen und Schüler mit Respekt, findet einen guten Kompromiss zwischen Ruhe und Struktur im Unterricht und einen genügenden Freiraum für die Entwicklung der Lernenden, zwischen Toleranz und Disziplin. Sie zeigt ein vertieftes Interesse an der Persönlichkeit der Lernenden in ihren jeweiligen Stärken und Schwächen, ihren Unterschieden in Begabungen, Lernmotivation, Fleiß und Ausdauer. Sie ist in der Lage, auftauchende persönliche und familiäre Konflikte, Lernprobleme und Versagensängste zu erkennen und entweder selbst anzugehen oder in schwierigeren Fällen Experten heranzuziehen.

Lehrer erfüllen für die Lernenden eine wichtige Vorbildfunktion: Sie repräsentieren für sie fachliche Kompetenz und Feinfühligkeit und wirken dadurch vertrauenswürdig. *Kompetenz, Feinfühligkeit* und *Vertrauenswürdigkeit* sind also die zentralen Merkmale einer guten Lehrperson. Dies gilt in etwas abgewandelter Form auch für den Umgang mit den Kolleginnen und Kollegen. Die Lehrperson ist ihnen gegenüber fair und offen für einen Austausch der Erfahrungen. Insbesondere verfügt sie über ein hinreichend stabiles Vertrauen zu sich selbst und die eigenen Fähigkeiten, nimmt die eigenen Probleme und Ängste ernst und versucht, sie nicht zu überspielen. In schwereren Fällen sucht sie auch hier den Rat von Experten.

Ein solches Bild von der Persönlichkeit der Lehrperson hat nichts Romantisches an sich, sondern entspricht den konkreten Erfordernissen. Aber was ist eigentlich die Persönlichkeit eines Menschen? Wie bildet sie sich heraus? Kann sie im Erwachsenenalter noch verändert werden, und – wenn ja – mit welchen Mitteln?

Die Entwicklung der Persönlichkeit

Wir alle machen die Erfahrung, dass sich Menschen in ihrem Denken, ihren Gefühlen und ihrem Tun voneinander unterscheiden. Die einen sind offen, kommunikativ, unternehmenslustig, die anderen eher verschlossen, wenig kommunikativ, vorsichtig, entscheidungsscheu usw. Entsprechend finden wir bei manchen Menschen Ähnlichkeiten zu uns, andere erscheinen uns sehr verschieden, und zwar auch dann, wenn sie aus unserem Kulturkreis kommen. Nicht selten passiert das auch bei Geschwistern, die nachweislich dieselben Eltern haben, zu denen man aber »keinen Draht hat«. Wir können dann sofort einige Merkmale aufzählen, in denen wir uns von anderen Menschen und Menschen deutlich unterscheiden.

Dabei fällt uns oft auf, dass manche dieser Persönlichkeitsmerkmale sehr früh, oft bereits im Kindergarten oder – wie Eltern es berichten – schon kurz nach der Geburt auftreten und dann relativ stabil sind, während andere Merkmale sich erst später, etwa mit der Pubertät oder im Erwachsenenalter entwickeln und auch wieder verschwinden können. Das führt uns zu der Vorstellung, dass Menschen in ihrer Art zu denken, fühlen und reden und zu handeln ein Mosaik aus Eigenschaften in sich tragen, und zwar aus solchen, die sich ändern können, und solchen, die mehr oder weniger gleichbleiben. Wenn wir unsere ehemaligen Klassenkameraden nach langer Zeit bei obligatorischen Klassentreffen wiedersehen, dann stellen wir fest, dass wir bei einigen von ihnen bestimmte Züge sofort wiedererkennen (»der hat sich ja gar nicht geändert!«), während andere uns stark verändert vorkommen (»der ist ein ganz anderer Mensch als früher!«).

Die Frage, was in der Entwicklung eines Menschen vorherrscht, die *Beständigkeit* oder der *Wandel*, wird gestellt, seit Menschen begonnen haben, über sich nachzudenken. Über lange Zeit bis in die Gegenwart betonte man die Beständigkeit: Menschen – so hieß es noch in meiner Jugend – kommen mit bestimmten Anlagen auf die Welt, die sich dann entfalten. »Werde, der du bist«, heißt es vielzitiert bei Goethe. Die Fähigkeit zur Veränderung wurde deshalb gering geschätzt, was ja auch dem gesellschaftlichen und politischen Menschenbild dieser Zeit entsprach. Seit Beginn des 20. Jahrhunderts wurde mit dem amerikanischen Behaviorismus die Auffassung massiv propagiert, es gebe gar keine Anlagen oder »Instinkte«, die den Menschen bestimmen, wie es unter starkem deutschsprachigem Applaus der seinerzeit berühmte österreichische Verhaltensforscher Konrad Lorenz und Nobelpreisträger propagierte. Vielmehr sei es die jeweilige gesellschaftliche Umwelt, die den Menschen von Beginn in seinem Fühlen, Denken und Handeln formt. Dies wurde in den USA bis weit in die 60er Jahre des 20. Jahrhunderts mehr oder weniger zur Staatsreligion.

Der Begründer des Behaviorismus, John B. Watson, formulierte es im Jahre 1913 so: »Gebt mir ein Dutzend wohlgeformter, gesunder Kinder und meine eigene, von mir entworfene Welt, in der ich sie großziehen kann, und ich garantiere euch, dass ich jeden von ihnen zufällig herausgreifen kann und ihn so trainieren kann, dass aus ihm jede beliebige Art von Spezialist wird – ein Arzt, ein Rechtsanwalt, ein Kaufmann und, ja, sogar ein Bettler und Dieb, ganz unabhängig von seinen Talenten, Neigungen, Tendenzen, Fähigkeiten, Begabungen und der Rasse seiner Vorfahren«. Die Auffassung, dass die Umwelt die Persönlichkeit eines Menschen völlig oder überwiegend bestimmt, wurde in Deutschland ab dem Ende der 60er Jahre des 20. Jahrhunderts mit Beginn der damaligen sozialliberalen Koalition unter Willy Brandt ebenfalls als eine Art Dogma von der Psychologie und Pädagogik übernommen und herrscht teilweise bis heute noch vor, während in den USA der Behaviorismus dem »Kognitivismus« weichen musste, der sich mit der Aufdeckung kognitiver Funktionen völlig unabhängig von ihrer Herkunft beschäftigte, gefolgt von einer stürmischen Entwicklung der Neurowissenschaften.

Die schroffe Entgegensetzung von Anlage und Umwelt hat sich aber inzwischen als grobe Vereinfachung erwiesen. Die heutige wissenschaftlich wohlfundierte Auffassung der psychologischen und neurowissenschaftlichen Persönlichkeitsforschung lautet, dass die Persönlichkeit eines Menschen von mehreren Hauptfaktoren bestimmt wird, die aufs Engste miteinander wechselwirken und dabei festlegen, was sich früh herausbildet und relativ beständig ist, und was sich später ausformt und veränderbarer ist. Wir gehen dabei von *fünf Hauptfaktoren* aus. Dabei handelt es sich

1. um die Gene im engeren Sinne,
2. um epigenetische Kontrollfaktoren,
3. um vorgeburtliche Einwirkungen von Botenstoffen vom Körper und Gehirn der Mutter auf das Gehirn des ungeborenen Kindes,

4. um früh-nachgeburtliche Erfahrungen und Einwirkungen der primären, meist familiären Umwelt, und
5. um unterschiedliche Erfahrungen und Umwelteinwirkungen in der späteren Kindheit und im Jugend- und Erwachsenenalter.

Schauen wir uns diese Hauptfaktoren genauer an:

1. Gene: Ein Gen ist als Träger des »Erbguts« die Grundinformation für die Entwicklung und Funktionsweise von Lebewesen und ihrer Organe einschließlich des Gehirns. Es stellt einen bestimmten Abschnitt von großen Molekülen, Nucleotide genannt, dar, die zusammen den wendeltreppenartigen Doppelstrang der Desoxyribonucleinsäure (DNA) bilden. Diese werden in kompakter Form als Chromosomen von den Eltern auf die Nachkommen weitergegeben, und zwar meist kaum verändert. Jedoch kommt es dabei zu einer Vermischung der väterlichen und mütterlichen Gene, und zwar unterschiedlich bei jedem Kind, mit Ausnahme eineiiger Zwillinge. Diese Durchmischung der elterlichen Gene erklärt zumindest zum Teil die Unterschiede, die zwischen Geschwistern auftreten können einschließlich der Unterschiede in ihrer Persönlichkeit.

Es gibt bei dem Versuch, Persönlichkeitsunterschiede zwischen Menschen rein genetisch zu erklären, jedoch gleich mehrere Schwierigkeiten. Zum einen weiß man seit Längerem, dass die Menschen überall auf der Welt genetisch sehr ähnlich sind unabhängig davon, wo und wie sie leben und welcher ethnischen Gruppe sie angehören. Woher kommen dann die beobachteten Unterschiede ihrer Persönlichkeit? Sind diese alle durch die unterschiedlichen Umwelten hervorgerufen? Das konnte durch Untersuchungen an Geschwistern, teilweise an eineiigen Zwillingen, widerlegt werden, die nach einer Adoption getrennt in unterschiedlichen Familien aufwuchsen. Diese Untersuchungen zeigten, dass adoptierte eineiige Zwillinge teilweise unterschiedliche Persönlichkeitsmerkmale entwickelten, was mit ihren jeweiligen Umwelten (d. h. den Eigenheiten ihrer Adoptionsfamilien) erklärt werden konnte, aber auch solche, die sie trotz unterschiedlicher Umwelten gemeinsam besaßen, und in denen sie ihren biologischen Eltern ähnelten, die sie oft kaum erlebt hatten. Das schien für bestimmte gemeinsame genetische Anlagen zu sprechen. Diese gemeinsamen Anlagen müssten bei eineiigen Zwillingen maximal vorhanden sein, denn sie haben identische Gene. Es ist aber seit langem bekannt, dass eineiige Zwillinge in einer Reihe von Merkmalen, z.B. hinsichtlich Begabungen und Persönlichkeit, Unterschiede aufweisen, die meist nicht gewaltig, aber oft schon sehr früh sichtbar sind. Ich kann das als Großvater von eineiigen Zwillingen nur bestätigen. Das galt als Paradox und wurde entsprechend von vielen Persönlichkeitspsychologen geleugnet. Jedoch hatte man schon vor einiger Zeit einen Mechanismus vermutet, der dieses »Zwillingsparadox« erklären kann. Es handelt sich um die Wirkung unterschiedlicher epigenetischer Kontrollmechanismen.

2. Epigenetische Kontrollmechanismen: Molekulargenetiker haben herausgefunden, dass es am Beginn eines Genabschnitts auf dem DNA-Strang sogenannte »Promotorregionen« gibt, welche darüber bestimmen, in welchem Ausmaß dieses Gen aktiviert (»exprimiert«) wird. Die dahinter geschalteten eigentlichen Genabschnitte enthalten zwar die notwendigen Informationen für die Produktion von Proteinen, die dann für alle erdenklichen biologischen Vorgänge benötigt werden, aber sie tun dies nur auf Abruf durch die Promotorregion, nicht spontan (was verhängnisvoll wäre). Soll zu einem bestimmten Zeitpunkt irgendein Gen aktiviert werden, so erhält die Promotorregion dieses Gens aus dem Körper oder Gehirn einer Person ein Signal, aufgrund dessen die Region das eigentliche Gen aktiviert.

Man hat nun herausgefunden, dass Promotorregionen sich ändern können, während ihre eigentliche Gensequenz gleichbleibt, und dass dies viel häufiger und schneller passiert als über Mutationen der eigentlichen Gene, was selten passiert. Das bedeutet, dass dasselbe Gen aufgrund einer veränderten Promotorregion unterschiedliche Funktionen ausführen kann. Das kann damit zu tun haben, dass nach einer solchen Änderung ein Gen viel stärker oder schwächer aktiviert wird als vor ihr, oder das Gen oder Teile davon ganz blockiert werden oder ein vorher blockiertes Gen enthemmt wird. Da die eigentliche Gensequenz sich dabei nicht verändert, sondern nur ihr Aktivierungszustand, spricht man eben von der »*Epigenetik*«.

Veränderungen der Promotorregion können spontan entstehen oder – und das ist sehr wichtig – durch Umwelteinflüsse bewirkt werden. Meine Enkeltöchter, eineiige Zwillinge, zeigten schon bald nach ihrer Geburt deutlich wahrnehmbare Unterschiede in ihrem Temperament, die bis heute (im Alter von 8 Jahren) andauern. Da sie eine gemeinsame und unproblematische vorgeburtliche Entwicklung aufwiesen und auch in der frühen nachgeburtlichen Zeit keinerlei merklich unterschiedliche Umwelteinflüsse (z. B. eine unterschiedliche Behandlung durch die Eltern) erfuhren, muss man in diesem Fall von spontan entstandenen individuellen Änderungen in ihrer Epigenetik ausgehen. In vielen anderen Fällen liegt die Ursache für eine epigenetische Änderung in vorgeburtlichen oder nachgeburtlichen negativen Umwelteinflüssen, von denen gleich noch die Rede sein wird. Interessanterweise können epigenetische Veränderungen auch vererbt werden, und zwar dann, wenn sie auch in den Keimzellen der Kinder stattfinden und sich dort festsetzen. Dies widerspricht fundamental dem bisherigen biologisch-genetischen Dogma, dass Umwelteinflüsse auf ein Individuum nicht vererbt werden können – eine derartige Annahme wurde verächtlich »Lamarckismus« genannt. Inzwischen weiß man es besser.

Wir sehen also, dass es im gesamten Erbgut, »Genom« genannt, mindestens zwei Mechanismen gibt, die auf die Ausbildung von Merkmalen Einfluss nehmen, nämlich die Gene im engeren Sinne und die epigenetischen Faktoren, wobei die Gene im engeren Sinne sich meist sehr langsam ändern, die epigenetischen Faktoren aber viel schneller und hochindividuell, und zwar entweder spontan oder umweltbedingt. Hierbei ist besonders bedeutsam, dass einzelne Gene nur wenig Spezifisches zu Psyche und Persönlichkeit beitragen. Praktisch alle komplexen Merkmale in diesem Bereich wie Intelligenz, Temperament, Hang zur Kriminalität oder zu Depression werden von vielen hundert, manchmal über tausend Genen bestimmt, was bedeutet, dass ein einzelnes Gen kaum eine merkbare Auswirkung hat. Demgegenüber können epigenetische Veränderungen dramatische Auswirkungen haben, wie zu zeigen sein wird.

3. Vorgeburtliche Umwelteinflüsse: Der dritte Wirkfaktor für die Entwicklung von Persönlichkeit und Psyche sind vorgeburtliche Einflüsse auf das Gehirn des ungeborenen Kindes. Die jüngere Forschung hat gezeigt, dass die vorgeburtliche Entwicklung eines Kindes einschließlich seines Gehirns keineswegs nur von seinen eigenen Genen und Epigenen bestimmt wird, sondern auch von Vorgängen im Körper und Gehirn der werdenden Mutter. Körper und Gehirn der Schwangeren sind mit dem ungeborenen Kind (Embryo bzw. Fötus) über die jeweiligen Blutbahnen verbunden, die in der Plazenta miteinander im Austausch stehen, wo die

Nabelschnur zum Ungeborenen ihren Ausgang nimmt (eineiige Zwillinge haben meist zwar eine gemeinsame Plazenta, aber natürlich zwei Nabelschnüre).

Bei diesem Austausch geht es nicht nur um die Versorgung mit Sauerstoff und Ernährungsstoffen, sondern auch um im Blut transportierte Botenstoffe, Hormone genannt. Über solche Hormone werden im Fötus Entwicklungsprozesse angestoßen und kontrolliert. Bekannt geworden sind Sexualhormone, die im Körper der Mutter produziert werden, d. h. vorwiegend Östrogen und Testosteron – beide werden ja im Körper einer Frau wie eines Mannes produziert. Diese Einflüsse tragen beim Fötus zur »hormonalen Sexualprägung« bei, und zwar zusätzlich zur genetischen Sexualdetermination. Ein weiteres Beispiel ist die Weitergabe von Stresshormonen im Körper und Gehirn der werdenden Mutter auf den Fötus.

Im Gehirn des Fötus kommt es relativ früh zur Ausbildung der sogenannten Stressachse, die bestimmt, in welcher Weise das noch ungeborene und später geborene Kind auf Belastungen unterschiedlichster Art und Stärke reagiert. Dies betrifft unter anderem das Stresshormon Cortisol, das unter der Einwirkung von hirneigenen Botenstoffen in der Nebennierenrinde produziert wird. Damit das im Gehirn des Fötus in geeigneter Weise passiert, muss vom Körper der Mutter, von ihrem Gehirn veranlasst, ein gewisser Anteil des im Blut der Mutter befindlichen Cortisols über die Plazenta und die Nabelschnur in den Körper und das Gehirn des Fötus gelangen. Das fötale Gehirn wird dadurch veranlasst, die eigene Produktion von Stresshormonen anzukurbeln. Weist das Blut der werdenden Mutter aufgrund negativer Erlebnisse während der Schwangerschaft oder auch vorher (etwa durch traumatisierende Ereignisse in Kindheit und Jugend) zu viel Cortisol auf, dann gelangt auch zu viel davon in den Körper und das Gehirn des ungeborenen Kindes, und es kommt zu einer Übersteuerung des noch unreifen fötalen Stressverarbeitungssystems. Das Kind wird dadurch – natürlich ohne jegliche Absicht der werdenden Mutter – vorgeburtlich traumatisiert.

Die drei genannten vorgeburtlichen Einflussfaktoren bestimmen die Entwicklung des *Temperaments*, d. h. der psychischen Grundverfassung, mit dem ein Kind auf die Welt kommt.

4. Frühkindliche Erfahrungen: Für die Entwicklung von Persönlichkeit und Psyche eines Menschen sind Umwelteinflüsse in den ersten drei bis

vier Jahren nach der Geburt wichtig. Meist handelt es sich dabei um die Art, wie das Baby oder Kleinkind mit seiner Mutter und seinem Vater (sofern vorhanden) oder mit einer anderen »primären Bezugsperson« (ältere Geschwister, Großeltern, Onkel, Tanten, Kindermädchen) interagiert, was positiv, aber auch negativ ausfallen kann. Dabei kommt es zum einen auf die Passung oder Nichtpassung des Temperaments des Kindes und die Persönlichkeit der Mutter bzw. der Eltern an, die zum Gelingen oder Nichtgelingen der frühen Bindungserfahrung beiträgt (s. unten). Eine Nichtpassung kann erhebliche negative Folgen für Psyche und Persönlichkeit haben.

5. Erfahrungen als Jugendlicher und Erwachsener: Es handelt es sich um all die positiven oder negativen Erfahrungen und Erlebnisse, meist emotionaler Natur, im Alter ab ca. 4 Jahren, wenn die erste nachgeburtliche Entwicklungsperiode abgeschlossen ist und der Eintritt in die »nichtfamiliäre Gesellschaft« in Form von Kindergarten, Schule und später berufliche Ausbildung und Berufsleben erfolgt.

Die Entwicklung von Persönlichkeit und Psyche auf unterschiedlichen Ebenen des Gehirns

Aus Sicht der Hirnforschung, die inzwischen auch von den meisten Psychologen geteilt wird, entwickeln sich Persönlichkeit und Psyche in engster Übereinstimmung mit der Entwicklung des Gehirns. In *Abbildung 1* wird das menschliche Gehirn in der Seitenansicht gezeigt. *Abbildung 2* zeigt die Mittelansicht des Gehirns mit dem limbischen System, welches all diejenigen Zentren umfasst, die der Persönlichkeit und der Psyche zugrunde liegen und die im Folgenden beschrieben werden. *Abbildung 3* zeigt Querschnitte durch das Gehirn mit diesen Zentren.

Die Entwicklung der Persönlichkeit und der Psyche eines Menschen erfolgt, von den benannten Faktoren gesteuert, in engster Verbindung mit der Entwicklung des Gehirns, die bereits kurze Zeit nach Beginn der Schwangerschaft einsetzt. Schon nach wenigen Tagen werden im winzigen Embryo die Umrisse des späteren Gehirns sichtbar, und das Endhirn und die Augen sind schon gut zu erkennen. Die ersten Funktionen, die das noch sehr kleine Gehirn ausübt, dienen der Lebenserhaltung, d.h. dem

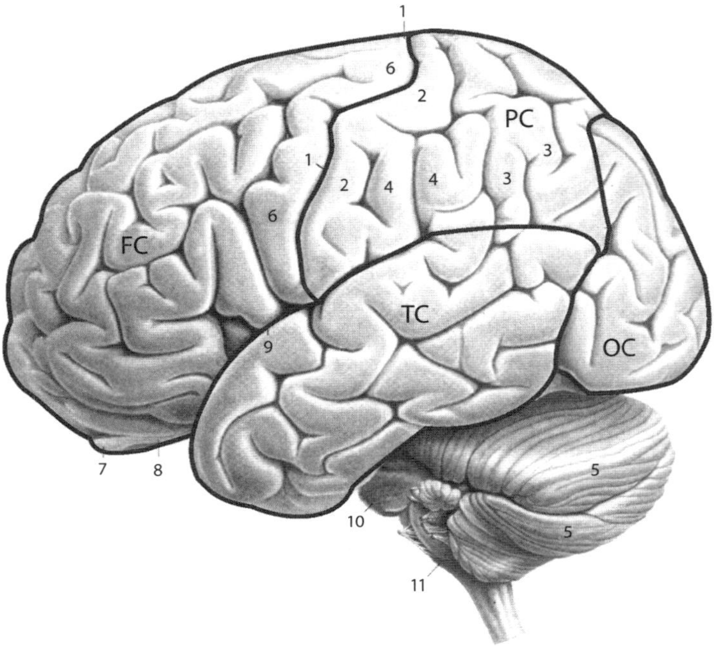

Abbildung 1: Seitenansicht des menschlichen Gehirns. Sichtbar sind die Großhirnrinde mit ihren Windungen (Gyrus/Gyri) und Furchen (Sulcus/Sulci) und das ebenfalls stark gefurchte Kleinhirn. Umrandet sind die »Lappen« der Großhirnrinde. Abkürzungen: FC = Stirnlappen; OC = Hinterhauptslappen; PC = Scheitellappen; TC = Schläfenlappen; 1 = Zentralfurche (Sulcus centralis); 2 = Gyrus postcentralis; 3 = Gyrus angularis; 4 = Gyrus supramarginalis; 5 = Kleinhirn-Hemisphären; 6 = Gyrus praecentralis; 7 = Riechkolben; 8 = olfaktorischer Trakt; 9 = Sulcus lateralis; 10 = Brücke; 11 = Verlängertes Mark (nach Nieuwenhuys et al. 1991; verändert).

Stoffwechsel, der Aufrechterhaltung des Kreislaufs und Blutdrucks, der Temperaturregulation, dem Verdauungs- und Hormonsystem, später der Nahrungs- und Flüssigkeitsaufnahme, der Regulation des Wachens und Schlafens und auch der Koordination der ersten Bewegungen. Später, aber noch vor der Geburt, kommt die Verarbeitung von ersten Sinnesreizen, also Sehen, Hören, Schmecken, Tastempfindungen, Temperaturempfindungen sowie sensomotorische Rückmeldungen von den Gliedmaßen und ihren Muskeln hinzu.

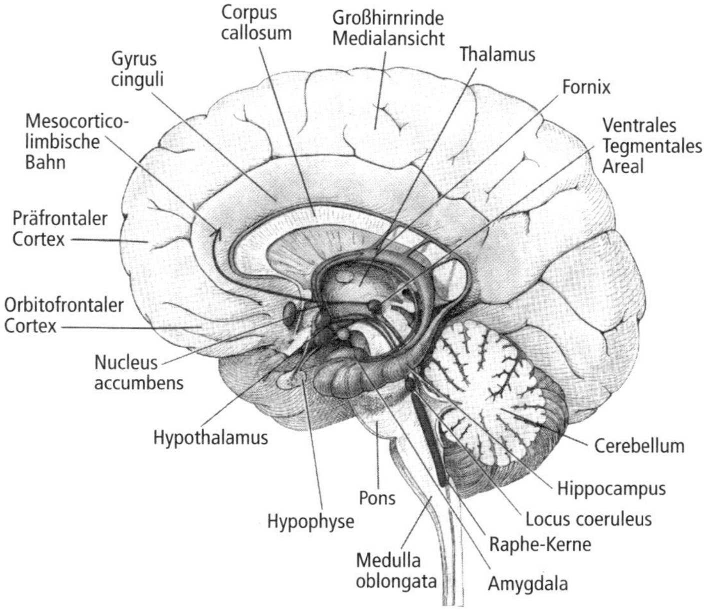

Abbildung 2: Mediananansicht des menschlichen Gehirns mit den wichtigsten limbischen Zentren. Diese Zentren sind Orte der Entstehung von Affekten, von positiven (Nucleus accumbens, ventrales tegmentales Areal) und negativen Gefühlen (Amygdala), der Gedächtnisorganisation (Hippocampus), der Aufmerksamkeits- und Bewusstseinssteuerung (basales Vorderhirn, Locus coeruleus, Thalamus) und der Kontrolle vegetativer Funktionen (Hypothalamus) (nach Spektrum/Scientific American 1994; verändert).

Im Gehirn ist es das *limbische System*, das die genannten lebenserhaltenden Funktionen ausübt und sich in der Folgezeit zu dem sehr kompliziert aufgebauten »Sitz« von Persönlichkeit und Psyche entwickelt. Dies erfolgt auf unterschiedlichen Ebenen, nämlich einer unteren, mittleren und oberen limbischen Ebene, zu der eine kognitiv-sprachliche Ebene hinzukommt. Auf dieser Grundlage haben der leider zu früh verstorbene Psychiater Manfred Cierpka und ich das »Vier-Ebenen-Modell« entwickelt, das im Folgenden vorgestellt wird (vgl. *Abbildung* 6).

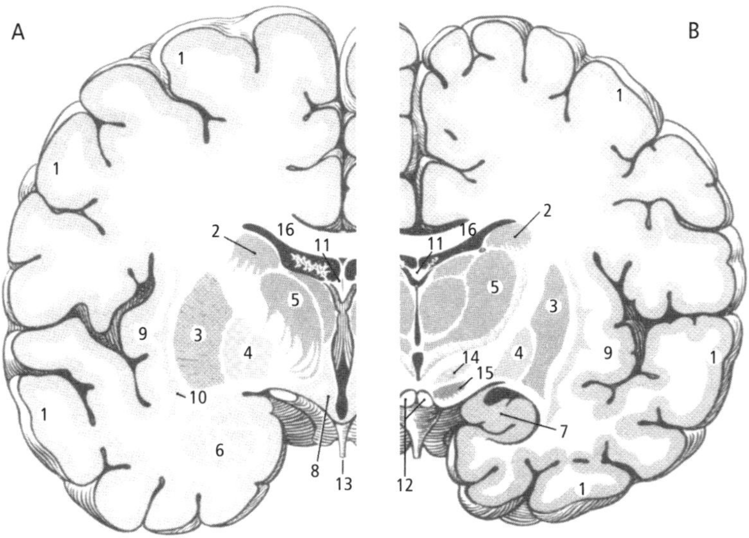

Abbildung 3: Querschnitte durch das menschliche Gehirn: **A** Querschnitt auf Höhe des Hypothalamus, der Amygdala und des Striato-Pallidum; **B** Querschnitt auf Höhe des Thalamus und des Hippocampus. 1 Neocortex, 2 Nucleus caudatus, 3 Putamen, 4 Globus pallidus, 5 Thalamus, 6 Amygdala, 7 Hippocampus, 8 Hypothalamus, 9 Insulärer Cortex, 10 Claustrum, 11 Fornix (Faserbündel), 12 Mammillarkörper (Teil des Hypothalamus), 13 Infundibulum (Hypophysenstiel), 14 Nucleus subthalamicus, 15 Substantia nigra, 16 Balken (Corpus callosum) (nach Kahle 1976; verändert).

Die untere limbische Ebene

Zusammen mit der Funktion der Lebenserhaltung beginnt die Entwicklung psychischer Funktionen. Von besonderem Interesse ist die Entwicklung zweier »psychoneuraler« Systeme, nämlich der Stressverarbeitung und des teilweise entgegenarbeitenden Systems der Selbstberuhigung. Hinzu kommt die Entwicklung der Grundlagen späterer, überwiegend angeborener »affektiver« Reaktionen wie Angriffs- und Verteidigungsverhalten, Flucht und Erstarren, Aggressivität, Wut und Sexualverhalten, bei denen wir Menschen uns nur wenig von anderen Primaten unterscheiden. Schließlich bildet sich auch ein zentraler Mechanismus aus zur – vorerst völlig unbewussten – Bewertung von allem, was der Organismus (auch der Fötus!) erlebt und tut, und zwar nach den Kategorien »unbekannt – bekannt«, »wichtig – unwichtig« und »gut – schlecht« für das biologische und psychische Überleben.

All dies vollzieht sich in unterschiedlichen Zentren des noch unreifen Gehirns. Dazu gehören Zentren wie der Hypothalamus und die Hypophyse als Quelle vieler wichtiger Botenstoffe (Transmitter, Neuropeptide; s. unten), weiterhin die Amygdala (Mandelkern) und der Nucleus accumbens (»anliegender Kern«) als Instanzen der unbewussten Bewertung, und die Basalganglien (dorsales Striatum, Pallidum usw.) als primäres motorisches Koordinations- und Lernzentrum (vgl. *Abbildung 3*, A und B).

Wie bereits angedeutet, entsteht zum Ende der vorgeburtlichen Entwicklung das *Temperament*. Es gab über lange Zeit in der Psychologie große Meinungsverschiedenheiten darüber, was darunter zu verstehen sei. Man setzte das Temperament eines Menschen mit seiner Persönlichkeit gleich, wie es in der immer noch populären, aber völlig überholten Lehre von den »vier Temperamenten« geschieht. Heute bezeichnet man mit Temperament meist die psychische Verfassung, mit der ein Kind auf die Welt kommt. Es kann ruhig und ausgeglichen und aus Sicht der Eltern »pflegeleicht« sein, oder als »schwieriges Kind«, als unruhig, quengelig, mit vielen Schlaf- und Essstörungen bis hin zum »Schreibaby«, das wochenlang mehrere Stunden ununterbrochen schreit und die Eltern fast in den Wahnsinn treibt. Manches von diesen frühen Merkmalen verschwindet in den folgenden Monaten von selbst, anderes verliert sich mithilfe einer fachgerechten Therapie für Baby und Eltern, aber in etwa einem Drittel der Fälle entwickeln sich diese Schreibabys zu schwierigen, ängstlichen und ständig besorgten Persönlichkeiten. Heute weiß man, dass – wenn nicht offensichtliche gesundheitliche Probleme vorliegen – ein Schreibabyverhalten vornehmlich durch eine Unterentwicklung der Selbstberuhigung verbunden mit einem hohen Spiegel an Stressstoffen wie Cortisol verursacht ist.

Die mittlere limbische Ebene

Mit der Geburt wird der Säugling in eine Welt hineingeboren, die ihm über die Stimme und den Geschmack und Geruch der Mutter (über das Fruchtwasser) teilweise bekannt, aber ansonsten fremd ist. Dieser Stress des ganz Neuen zusammen mit dem Geburtsstress wird gedämpft durch den erhöhten Ausstoß des »Bindungshormons« Oxytocin im Gehirn des Fötus kurz vor der Geburt und parallel dazu im Körper und Gehirn der Mutter, was zum einen die Wehen auslöst und zum anderen den Fötus als auch die Mutter auf »Bindung« vorbereitet. Auf beiden Seiten werden diejenigen Verhaltensweisen ausgelöst, die für eine positive Interaktion nötig sind, d.h. das »jämmerliche« Schreien, später das Anlächeln und Armeausstrecken des Säuglings und das entsprechende Fürsorgeverhalten der Mutter. Zugleich mit dem Oxytocin werden wiederum auf beiden Seiten »Luststoffe« wie die hirneigenen Opioide (d.h. opiumartige Stoffe) ausgeschüttet als Belohnung und als Antrieb, mit dem Bindungsverhalten weiterzumachen.

Im Zuge dieses Bindungsverhaltens vollzieht sich der Prozess der *emotionalen Konditionierung* durch die Mutter bzw. durch eine andere primäre Bindungsperson. Beim Säugling sind die angeborenermaßen vorhandenen Grundemotionen der Freude, des Schmerzes und der Furcht noch sehr unreif und undifferenziert und werden nun durch die Interaktion mit der Bezugsperson differenziert. Dies nennen wir die »primäre Sozialisation«. Sie kann sich im Kleinkind unbewusst, aber auch bewusst vollziehen. Im letzteren Fall werden diese Erfahrungen aber noch nicht längerfristig erinnerungsfähig im Langzeitgedächtnis niedergelegt, weil die dafür notwendigen Strukturen in der Großhirnrinde noch nicht ausgebildet sind. Die längerfristige Erinnerungsfähigkeit setzt erst mit drei bis vier Jahren ein. Die Aussage von Menschen, sie könnten sich an ihre Geburt erinnern, sollte man deshalb nicht ernst nehmen.

Grundlage der *unbewussten* emotionalen Konditionierung sind die Aktivitäten in der Amygdala und im Nucleus accumbens (vgl. *Abbildungen 2 und 3*). In der Amygdala findet die auf Konditionierung beruhende Verknüpfung emotional bedeutsamer, d. h. positiver und negativer Erfahrungen mit den rudimentär angeborenen Grundgefühlen der Furcht, Angst, Abwehr und Überraschung statt. Das Gehirn lernt dadurch genauer, was Freude oder Leid, Glück oder Schmerz bereitet. Dies geschieht auch das ganze Leben hindurch, nicht nur in früher Kindheit, aber es hat dann nicht dieselbe Nachhaltigkeit.

Partner der Amygdala ist das mesolimbische System, zu dem auch der Nucleus accumbens gehört. Dieses System dominiert bei der Registrierung und Verarbeitung natürlicher Belohnungsereignisse (»das ist gut gelaufen« bzw. »das hat Spaß gemacht«) und stellt über die Ausschüttung der endogenen Opioide das *Belohnungssystem* dar. Entsprechend ist alles, was Lust, Freude, Befriedigung usw. in uns erzeugt – so verschieden dies auch sein mag –, an die Ausschüttung solcher Stoffe gebunden. Zum anderen ist es das grundlegende *Motivationssystem*, das über die Ausschüttung des Neuromodulators Dopamin eine Belohnungserwartung und damit unser Verhalten motiviert. Natürlich wird auch das Vermeiden oder Beenden von Unlustzuständen als Belohnung empfunden, manchmal sogar noch stärker als die Erfahrung von Lustzuständen. Wie viel Dopamin in einer bestimmten Situation ausgeschüttet wird, hängt von der bisherigen *Lust-Unlust-Erfahrung* in dieser oder einer ähnlichen Situation und den daraus sich ergebenden Belohnungserwartungen ab.

Emotionen sind nahezu immer mit körperlichen Reaktionen verbunden. Sie drücken sich in der Produktion von Lust- oder Schmerzlauten aus, in der Mimik und Gestik, aber auch in vegetativen Reaktionen unseres Körpers wie Schwitzen oder Frieren, Erröten, Erweiterung oder Verengung der Pupillen. Unser Gedächtnis speichert die Gefühle zusammen mit den sachlichen Geschehnissen ab und »emotionalisiert« sie. So kann es passieren, dass ein scheinbar völlig neutrales Ereignis, etwa der Anblick einer bestimmten Person oder einer Szene in uns scheinbar irrationale Gefühle der Furcht oder der Freude hervorruft. Der portugiesisch-amerikanische Neurologe Antonio Damasio hat sie als »somatische Marker« bezeichnet: Sie zeigen an, dass etwas in uns steckt, das wir im Detail nicht (mehr) genau erinnern, das wir aber in seiner emotionalen Wirkung weiterhin erleben.

Zu den Prozessen, die auf dieser Ebene ablaufen, gehört auch das Erkennen der Bedeutung von emotional-kommunikativen Signalen wie Mimik, Gestik, Sprachintonation, Augenbewegungen, Körperhaltung wie Verkrampfungen und Zittern und vegetativen Reaktionen wie Pupillenveränderungen, Erröten und Schwitzen. Auch dies erlernen wir von unseren primären Bindungspersonen. Die Kleinkinder erfahren, dass bestimmte Handlungen der Mutter oder anderer nahestehender Personen durch eine bestimmte Mimik, Gestik oder Lautäußerung begleitet werden wie »ja, das macht dir jetzt Spaß« oder »da hast du dir die Finger verbrannt, das tut jetzt weh«. Auf diese Weise übernehmen wir große Teile der Gefühls- und

Gedankenwelt der Bezugspersonen, ihre »Weltanschauung«; wir werden auf sie »geprägt«. Das kann auch negativ verlaufen, nämlich dann, wenn die primären Bezugspersonen selbst emotionale bzw. psychische Schwierigkeiten haben, z.B. wenn die Mutter depressiv und der Vater gefühllos oder gar gewalttätig ist. So etwas hat meist dieselben Ursachen in deren eigener Kindheit. Spätere Arten des Fühlens, Denkens und Handelns eines Menschen, wie er mit sich und der Welt umgeht – ob friedlich oder konflikthaft –, haben ihre Wurzeln zumindest teilweise in dieser primären Sozialisation.

Diese Lernprozesse sind wie erwähnt nicht erinnerungsfähig, auch wenn sie vom Kleinkind bewusst erlebt wurden, da sich in den ersten zwei bis drei Jahren noch kein erinnerungsfähiges Gedächtnis ausgebildet hat. Sie finden in einer frühen Lebensperiode statt, die Sigmund Freud »infantile Amnesie« genannt hat. Sie verfestigen sich zunehmend, d.h., Erfahrungen werden selektiv zur Bestätigung von Vorerwartungen und Voreinstellungen gemacht.

Die obere limbische Ebene

Diese Ebene wird im Alter von 3 bis 4 Jahren erreicht, wenn das Kleinkind von der Kernfamilie in einen größeren Kreis von Personen eintritt, meist im Kindergarten. Dort lernt es etwas sehr Wichtiges, nämlich dass es Menschen gibt, die uns in bestimmter Weise ähnlich, in anderer Hinsicht aber unähnlich sind, dieselben oder ganz andere Wünsche haben. Manchmal stehen sich die Wünsche des Kindes und die seiner Kameraden und Kameradinnen entgegen, und das Kind muss den schwierigen Kompromiss zwischen dem finden, was es selbst möchte und was die anderen möchten. Es muss also lernen abzugeben, zu teilen, geduldig abzuwarten, bis andere reagieren (natürlich in bestimmten Grenzen), Gewalt nicht mit Gewalt zu beantworten, ohne dass es dabei selbst zu kurz kommt. Wir nennen dies die »sekundäre Sozialisation«: Das Kind wird zu einem Mitglied der Gesellschaft im Kleinen und später im Großen. Das ist ein schwieriger Prozess, der auch fehllaufen kann, wenn ein schwieriges, ungeduldiges Temperament und eine negative emotionale Konditionierung in der primären Sozialisation vorliegen, an denen auch geschultes Kindergartenpersonal scheitern kann.

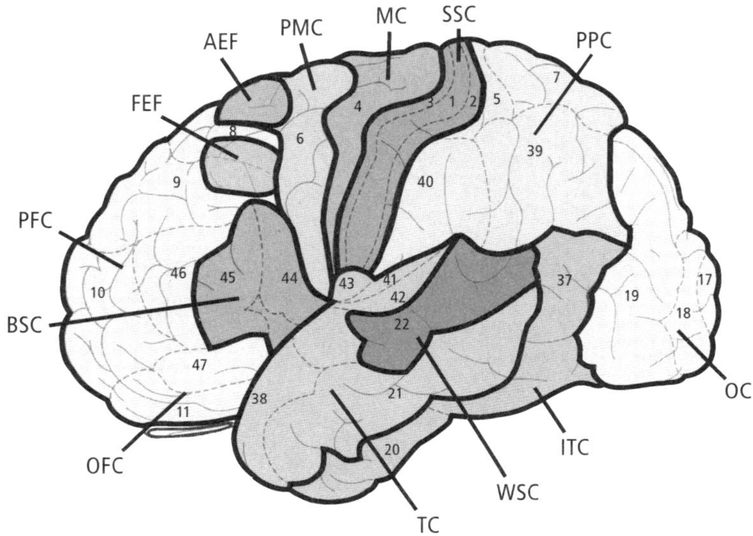

Abbildung 4: Anatomisch-funktionelle Gliederung der Hirnrinde von der Seite aus (*lateral*) gesehen. Die Zahlen geben die Einteilung in cytoarchitektonische Felder nach K. Brodmann an. Abkürzungen: AEF = vorderes Augenfeld; BSC = Broca-Sprachzentrum; FEF = frontales Augenfeld; ITC = inferotemporaler Cortex; MC = motorischer Cortex; OC = occipitaler Cortex (Hinterhauptslappen); OFC = orbitofrontaler Cortex; PFC = präfrontaler Cortex (Stirnlappen); PMC = dorsolateraler prämotorischer Cortex; PPC = posteriorer parietaler Cortex; SSC = somatosensorischer Cortex; TC = temporaler Cortex (Schläfenlappen); WSC = Wernicke-Sprachzentrum (nach Nieuwenhuys et al. 1991; verändert).

Diese obere limbische Ebene ist der Ort der bewussten bzw. intuitiv erfahrenen, überwiegend sozial vermittelten Emotionen und Motive. Sie umfasst untere und innenliegende Anteile des Stirnhirns (also des frontalen Cortex (vgl. *Abbildungen 4 und 5*). Hierzu gehören der insuläre, der vordere cinguläre, der orbitofrontale und ventromediale Cortex. Der insuläre Cortex ist der Verarbeitungsort des Körpergefühls einschließlich der Schmerzempfindung, d.h., er legt fest, wann und wie stark eine Körperverletzung schmerzt, und ist Ort der affektiv-emotionalen Eingeweidewahrnehmung, des berühmten »Bauchgefühls«. Hier entsteht auch das Gefühl der Empathie. Der vordere cinguläre Cortex hat mit Risikowahr-

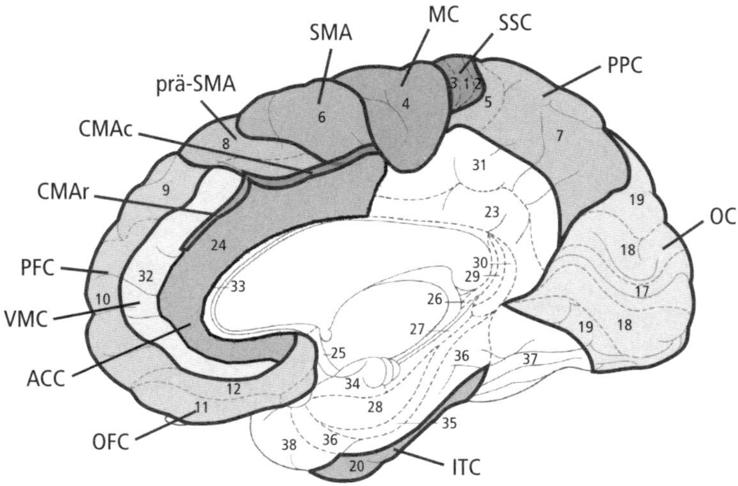

Abbildung 5: Anatomisch-funktionelle Gliederung der Hirnrinde von der Mittellinie aus (*medial*) gesehen. Abkürzungen: ACC = anteriorer cingulärer Cortex (Gyrus cinguli); CMAc = caudales cinguläres motorisches Areal; CMAr = rostrales cinguläres motorisches Areal; ITC = inferotemporaler Cortex; MC = motorischer Cortex; OC = occipitaler Cortex; prä-SMA = prä-supplementär-motorisches Areal; PFC = präfrontaler Cortex; PPC = posteriorer parietaler Cortex; SMA = supplementär-motorisches Areal; SSC = somatosensorischer Cortex; VMC = ventromedialer (präfrontaler) Cortex. Weitere Erläuterungen siehe Text (nach Nieuwenhuys et al. 1991; verändert).

nehmung und -bewertung und ebenfalls mit Schmerzempfindungen, insbesondere mit Schmerzerwartung zu tun und ist zudem mit kognitiver Aufmerksamkeit und Fehlerüberwachung befasst.

Der über den Augenhöhlen (Orbitae) liegende orbitofrontale Cortex, also das untere Stirnhirn, und der innen angrenzende ventromediale frontale Cortex stellen in gewissem Sinne den »höchsten« limbischen Cortex dar. Hier befinden sich Netzwerke, welche die positiven und negativen individuellen und sozialen Erfahrungen speichern und insbesondere die Regeln moralischen und ethischen Verhaltens repräsentieren, also diejenigen Verhaltensweisen, die geeignet sind, unser kleinkindliches egozentrisches Denken, Fühlen und Handeln abzumildern und uns die Unterstützung und Wertschätzung unserer Mitmenschen im engeren Sinne und der Gesellschaft im weiteren Sinne zu erhalten. Allerdings geschieht dies alles im Rahmen und nach den Vorgaben des Temperaments und der primären Sozialisation.

Der orbitofrontale und der ventromediale Cortex benötigen die längste Reifezeit und sind erst im Alter von 18 bis 20 Jahren voll ausgebildet. Menschen mit Störungen im unteren Stirnhirn entwickeln oft ein rücksichtloses und unempathisches, »antisoziales« Verhalten, das man auch »Psychopathie« nennt. Ursachen dafür sind offenbar genetisch-epigenetische Faktoren, die zusammen ein schwieriges Temperament bilden, in Kombination mit schweren negativen frühkindlichen Erfahrungen. Solche Entwicklungstendenzen sind oft schon sehr früh, d. h. im Kindergarten oder in der Grundschule zu erkennen, meist in Form von chronisch aufsässigen, konflikt- und gewaltbereiten kleinen Jungen; Mädchen sind hierbei deutlich in der Minderheit. Ich werde hierauf noch gesondert zurückkommen.

Die kognitiv-sprachliche Ebene

Diesen drei limbischen Ebenen steht die kognitiv-sprachliche Ebene gegenüber, die in der Großhirnrinde im engeren Sinne angesiedelt ist. Sie erreicht eine wichtige Entwicklungsstufe in einem Alter von 2 bis 4 Jahren, und zwar zuerst mit dem »Sprechen« in Form einer syntaktisch-grammatischen Art, wie sie als »einzigartig menschlich« angesehen wird. Natürlich können Kinder auch schon vorher sprechen, aber das beschränkt sich auf den Gebrauch von 1 bis 3 Wörtern ohne Grammatik und Syntax – eine Sprache, die sich auch bei einigen Tieren findet. Dies tun die Kinder mit dem sogenannten Wernicke-Sprachareal, das im (meist linken) Schläfenlappen angesiedelt ist (vgl. *Abbildung 4*). Mit rund zweieinhalb Jahren ist das vordere Broca-Sprachareal ausgereift, das – ebenfalls links – im Stirnhirn sitzt, und es beginnt die berühmte »rasende« Zunahme der Sprachfähigkeit ab Ende des dritten Lebensjahrs.

Parallel dazu entwickeln die Kinder das überwiegend sprachgebundene Denken, Vorstellen und Erinnern in einer Weise, die zunehmend den Formen bei Jugendlichen und Erwachsenen entspricht – man kann sich jetzt endlich mit ihnen »vernünftig unterhalten«. Sie entwickeln kognitive Fähigkeiten wie Geschehnisse und Inhalte miteinander zu verbinden, Ideen zu entwickeln, logische Schlüsse zu ziehen und Gedachtes, Vorgestelltes, Geträumtes oder Erinnertes von tatsächlich Vorhandenem zu unterscheiden. Auch die Fähigkeit zur Handlungsplanung entwickelt sich rasch (»was muss ich zuerst tun, um …?«), ebenso die Fähigkeit, sich in das Denken und Vorstellen anderer Menschen hineinzuversetzen, etwas unglücklich »Theory of Mind« genannt. Übrigens ist diese Theory of Mind keineswegs identisch mit Empathie – etwas, das Kinder viel früher lernen (in seltenen Fällen aber auch nicht). Gute Menschenkenner sind nicht unbedingt auch empathisch, und viele empathische Menschen sind leider keine guten Menschenkenner!

All dies vollzieht sich im oberen Stirnhirn, dem dorsolateralen präfrontalen Cortex (vgl. *Abbildung 4*). Dieses Hirngebiet ist Teil des sogenannten *Arbeitsgedächtnisses*, in dem wir alles bewusst verarbeiten, was uns an Sinneswahrnehmungen, Erinnerungen, Gedanken und Vorstellungen in den Sinn kommt und sich mit Gefühlen vermischt, die aus dem limbischen System kommen. Es ist auch Sitz der »allgemeinen Intelligenz«, von der wir noch hören werden, und damit unseres Verstandes. Es hat mit rationalem, planvollem und kontextgerechtem Handeln und Sprechen und mit der Entwicklung von Zielvorstellungen zu tun. Zum einen wird hier geprüft, was »Sache ist«, zum anderen geht es um Problemlösen und *zweckrationale* Handlungsplanung. Schließlich ist dies die Ebene der Darstellung und Rechtfertigung des bewussten Ich vor sich selbst und vor den anderen.

Dieser sprachbegabte Denkapparat steht oft im Gegensatz zu »irrationalen« Impulsen, etwa wenn wir in Wut, Verzweiflung oder hohen Stress geraten, und wenn starke Gefühle uns dazu anleiten, etwas zu tun, das nicht unbedingt vernünftig ist, z. B. zu Handlungen, die mit hoher Wahrscheinlichkeit schlecht für uns ausgehen könnten. Oft erleben wir, dass die »Stimme des Verstandes« nicht gegen solche Impulse und Gefühle ankommt. Das Umgekehrte geschieht hingegen seltener, nämlich dass wir auch unter Stress Handlungsmöglichkeiten reiflich überlegen, Konsequenzen ruhig abwägen, Dinge einfach abwarten, also allgemein Dinge »intelligent« angehen. Der Grund dafür liegt darin, dass das obere Stirnhirn nur wenige kontrollierende Verbindungen zu den drei Ebenen des limbischen Systems besitzt. Dies erklärt, warum rationale Einsicht allein unser Verhalten nicht zu ändern vermag.

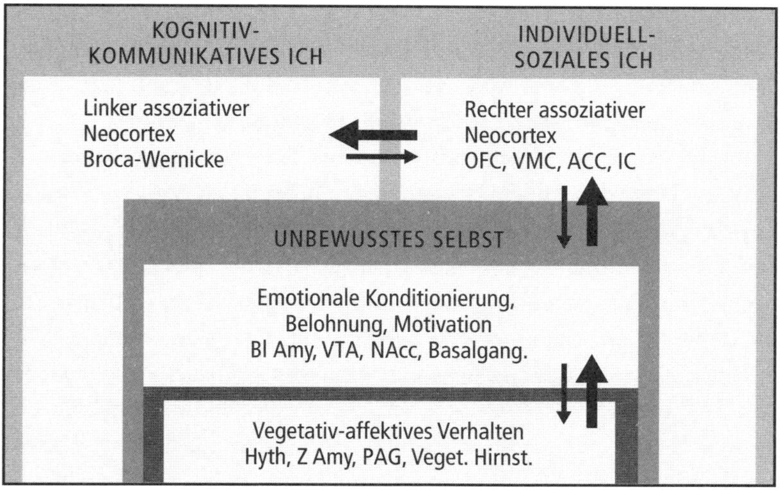

Abbildung 6: Das »Vier-Ebenen-Modell« der Persönlichkeit. Die untere limbische Ebene des vegetativ-affektiven Verhaltens und die mittlere limbische Ebene der emotionalen Konditionierung, Bewertung und Motivation bilden zusammen das »unbewusste Selbst«. Auf bewusster Ebene bildet die obere limbische Ebene das »individuell-soziale Ich«, dem das »kognitiv-kommunikative Ich« gegenübergestellt wird. Abkürzungen: *ACC* = anteriorer cingulärer Cortex; *Basalgang* = Basalganglien; *Bl Amy* = basolaterale Amygdala; *Hyth* = Hypothalamus; *IC* = insulärer Cortex; *NAcc* = Nucleus accumbens; *PAG* = zentrales Höhlengrau; *OFC* = orbitofrontaler Cortex; *Veget. Hirnst.* = vegetative Hirnstammzentren; *VMC* = ventromedialer präfrontaler Cortex; *VTA* = ventrales tegmentales Areal; *Z Amy* = zentrale Amygdala (nach Roth 2015)

Die Chemie der Persönlichkeit: die sechs psychoneuralen Grundsysteme

Wie dargestellt, vollzieht sich die Entwicklung von Persönlichkeit und Psyche auf den drei genannten Ebenen des limbischen Systems und der sprachlich-kognitiven Ebene, wobei sich die obere limbische Ebene und die Ebene der sprachlich-kognitiven Funktionen ab dem 4. Lebensjahr parallel zueinander in unterschiedlichen Bereichen des Gehirns entwickeln. Wir müssen jedoch bedenken, dass die Persönlichkeit und die Psyche nichts Einheitliches ist, sondern ganz unterschiedliche Systeme umfasst, von denen bereits zwei erwähnt wurden, nämlich das System der Stressverarbeitung und das der Selbstberuhigung. Ein drittes wichtiges System ist das Bindungssystem, ein viertes das Motivationssystem, ein fünftes die Impulshemmung und das sechste umfasst die Realitäts- und Risikowahrnehmung.

Wir haben sie die »sechs psychoneuralen Grundsysteme« genannt, weil sie eine klare Brücke bilden zwischen den neuronalen Prozessen im Gehirn, wie sie auf den vier Ebenen ablaufen, und dem psychischen Geschehen, das wir nur zum Teil bewusst erleben. Hierbei spielen charakteristische neuronale Botenstoffe die entscheidende Rolle, deren Namen die meisten von uns bereits gehört haben. Sie haben alle gemeinsam, dass sie die Informationsverarbeitung an den Synapsen in vielfältiger erregender und hemmender Weise beeinflussen.Wir unterscheiden bei diesen Botenstoffen zum einen *modulatorische Neurotransmitter* wie Dopamin, Serotonin, Adrenalin bzw. Noradrenalin und Acetylcholin. Daneben gibt es *Neuropeptide,* also komplexe Eiweißstoffe, die im Gehirn erzeugt werden und ebenfalls »modulierend« auf die neuronale Erregungsverarbeitung, aber viel langsamer als die modulierenden Neurotransmitter und auch viel diffuser einwirken. Werden sie ins Blut abgegeben, so nennt man sie *Neurohormone.* Hierzu gehören das bereits genannte Oxytocin, das adrenocorticotrope Hormon (ACTH) oder Substanz-P. Schließlich gibt es *Steroidhormone,* die im Körper produziert werden und auf das Gehirn einwirken wie das Stresshormon Cortisol und die Sexualhormone Testosteron und Östrogen. Sie haben eine langfristige und intensive Wirkung auf das Geschehen im Gehirn. Letztlich sind sie es, die unsere psychische Welt bestimmen, und zwar über die sechs psychoneuralen Grundsysteme.

Stressverarbeitung

In unserer Wahrnehmung und unserem Verhalten unterscheiden wir eine erste und schnelle Stressreaktion, die einsetzt, wenn etwas Unerwartetes geschieht und wir blitzartig reagieren, etwa wenn etwas Großes schnell auf uns zukommt oder das Auto vor uns unvermittelt bremst. Dann reagieren wir, ehe wir überhaupt genau wissen, was Sache ist und was wir tun. Gleichzeitig durchzuckt uns der Schreck, und das geht zurück auf das sofortige Freisetzen von Noradrenalin im Gehirn und Adrenalin im Körper. Ist alles gut gegangen, dann kommen wir langsam wieder zur

Ruhe. Dauert das Problem jedoch an, dann folgt die zweite Stressreaktion. Hierbei werden Stresshormone ausgeschüttet, die langsamer, aber umfassender wirken und uns auf eine längerfristige Auseinandersetzung mit dem Problem vorbereiten. Dazu gehört das Stresshormon Cortisol, das in den Nebennierenrinden freigesetzt wird, und zwar auf Befehl von Signal-Hormonen, die im Gehirn erzeugt werden, nämlich das Corticotropin-Ausschüttungshormon (CRF bzw. CRH) und das adrenocorticotrope Hormon (ACTH). Im Gehirn wacht eine Vielzahl von Rückkopplungs-Mechanismen darüber, dass die Stressantwort stets angemessen ist, d. h., dass viel Cortisol produziert wird, wenn viel nötig ist, und die Cortisolproduktion heruntergefahren wird, wenn nicht mehr so viel benötigt wird. Eines der wichtigsten Hirnzentren in dieser »Feedback-Steuerung« ist der Hippocampus, der auch – wie wir noch hören werden – eine zentrale Rolle bei den Lern- und Gedächtnisfunktionen spielt.

Es gehört zu den grundlegenden Persönlichkeitseigenschaften von Menschen, wie viel Stress sie vertragen können, d. h. ob sie eine genügende *Stress-Toleranz* zeigen, wie schnell und effektiv sie potenziell negative und bedrohliche Dinge erkennen, wie schnell die Stressachse Körper und Gehirn bei ihnen »hochfährt« und wie schnell sie die Aufregung wieder »herunterfährt«. Manche Menschen vertragen viel Stress und laufen unter Belastung zur Hochform auf, haben aber Schwierigkeiten, sich wieder »abzuregen«. Andere sind sehr stressempfindlich und vertragen kaum eine Belastung oder Aufregung. Sie neigen dann dazu, derartige Situationen generell zu vermeiden. Schließlich gibt es Menschen, die sich gar nicht aufregen können und deshalb den Unbilden des Lebens völlig schutz- und willenlos ausgeliefert sind.

Diese regulatorischen Prozesse werden schon früh, d. h. teilweise vorgeburtlich angelegt, und hier spielen vorgeburtliche, vom Gehirn und Körper der Mutter kommende und früh nachgeburtliche traumatisierende Ereignisse bzw. starke Bindungsdefizite eine große Rolle. Sie bestimmen nämlich, inwieweit der Hippocampus korrekte Informationen über die Stressreaktion liefert. Reagiert er zu stark, so versetzt er den betroffenen Menschen in ständige Angst, was schließlich in Depression enden kann; reagiert er aber zu schwach, so macht er den betroffenen Menschen unempfindlich gegen Bedrohungen und Probleme, mit denen er sich eigentlich beschäftigen müsste.

Selbstberuhigung und Emotionskontrolle

Dieses Grundsystem entwickelt sich zum Teil ebenfalls vor der Geburt und dann besonders früh nachgeburtlich. Es wirkt beruhigend und dämpfend vornehmlich über die Ausschüttung des Neurotransmitters bzw. -modulators Serotonin und bestimmte Rezeptoren (1_A-Rezeptoren). Es ist an der Unterdrückung schädlicher Handlungsimpulse beteiligt nach dem Motto: »Tu lieber nichts, als dass du etwas Falsches tust!« Es ist also anders, als oft dargestellt, kein »Glückshormon«, sondern erzeugt eine stille Zufriedenheit bis hin zur Passivität. Ein Mangel an Serotonin, meist in Kombination mit einem erhöhten Spiegel an Cortisol, ruft u.a. Depression, Ängstlichkeit, das Zurückschrecken vor Risiken, reaktive Aggression und Impulsivität hervor. Menschen interpretieren dann typischerweise die Welt als bedrohlich und fühlen sich ständig beunruhigt, was sich – meist bei Männern – oft in »reaktiver« körperlicher Gewalt (»man muss sich ja schließlich wehren!«), bei Frauen eher in Selbstverletzung und Selbstvorwürfen (»ich selbst bin an allem schuld«) und bei beiden Geschlechtern in Depression äußert. Der Mangel an Serotonin kann genetisch-epigenetisch verursacht sein oder auf vorgeburtliche oder früh nachgeburtliche negative Einflüsse zurückgehen und zeigt sich oft schon früh etwa bei den bereits erwähnten Schreibabys, die zugleich einen erhöhten Spiegel an Stresshormonen im Blut aufweisen.

Wir erkennen daran, dass ein Gleichgewicht zwischen der Produktion von Stresshormonen und von Serotonin (und anderen beruhigenden Faktoren) für ein erfolgreiches Stressmanagement nötig ist. Serotonin kann, wenn es auf irgendeine Weise erhöht produziert wird, die Stresshormone senken, und umgekehrt kann ein zu starker Stress die Serotoninproduktion senken. Wir werden gleich hören, wann und wie das passiert. Dasselbe System ist auch damit befasst, die eigenen Gefühle kennenlernen und deuten zu können, was auch über die emotionale Prägung durch die primären Bezugspersonen ermöglicht wird. Emotionen sind dann nicht »namenlos« wie ständige Unruhe, generelle Angst oder gar Panik, und wir können besser damit umgehen.

Bindung und Empathie

Das Bindungssystem entwickelt sich unmittelbar nach der Geburt, wenn der Säugling beginnt seine Mutter oder eine andere primäre Bezugsperson gezielt anzulächeln, die Arme nach ihr auszustrecken und mit ihr zu interagieren. Man nimmt an, dass sich durch dieses System die emotionale Kopplung zwischen Kleinkind und Mutter verstärkt und die Ausdifferenzierung der Gefühlswelt des Säuglings und Kleinkindes vorangetrieben wird. Eine wesentliche Rolle spielt hierbei das Neuropeptid Oxytocin, das bei Mutter-Kind-Beziehungen, bei erwachsenen Paarbeziehungen, beim Sexualverhalten, aber auch allgemein bei vertrauensvollen sozialen Kontakten zwischen Jugendlichen und Erwachsenen als »Bindungshormon« wirkt. Verstärkt wird diese Wirkung durch die Freisetzung von endogenen Opioiden und Serotonin, die das Wohlgefühl und den Zustand der Beruhigung bei intensiven sozialen Beziehungen verstärken. Oxytocin hat überdies sowohl im Kleinkind als auch im Erwachsenen den Effekt, dass es einen unnatürlich erhöhten Cortisolspiegel verringert: Bindung beruhigt und reduziert Ängste!

Dieses Bindungssystem bildet die Grundlage gegenseitigen Vertrauens im Jugend- und Erwachsenenalter, etwa zwischen Lehrenden und Lernenden, der Feinfühligkeit und des gegenseitigen Respekts, wie sie für eine erfolgreiche Schule notwendig sind. Ebenso geht die Fähigkeit zur Empathie auf die positive Erfahrung des Kleinkindes mit den primären Bezugspersonen zurück. Unempathische Menschen haben meist keine hinreichenden Bindungserfahrungen in ihrer frühen Kindheit gemacht. Dies bedeutet zugleich, dass ein Mangel an Empathie im Erwachsenenalter kaum wettgemacht werden kann. Ein Empathietraining, etwa bei gewaltbereiten Erwachsenen, ist deshalb in der Regel wenig wirksam.

Motivation

Dieses System hat mit dem erwähnten Bewertungssystem auf der mittleren limbischen Ebene zu tun. Es signalisiert dem Gehirn, dass bestimmte Geschehnisse und Handlungen in der Vergangenheit zu einem positiven, belohnenden Resultat führten. Auf der Bewusstseinsebene erleben wir dann über den Ausstoß der endogenen Opioide Befriedigung, Lust, Freude bis hin zu ekstatischem Glücksgefühl. Waren die Konsequenzen hingegen negativ, so erleben wir über den Ausstoß von Substanzen wie Substanz-P, Arginin-Vasopressin oder hohen Mengen von Cortisol Unruhe, Unlust, Enttäuschung und Schmerz, also negative Gefühle. An diese Bewertung schließt sich über das Antriebssystem die Aufforderung an, Dinge und Verhaltensweisen, die in der Vergangenheit zu Lust führten, zu wiederholen (»Appetenz«) und Dinge und Handlungen, die zu Unlust führten, zu vermeiden (»Aversion«). Diese Wiederholungstendenz beruht auf der unbewussten oder bewussten Annahme, dass sich bei einer Wiederholung der entsprechenden Verhaltensweise oder Situation die Belohnung oder Bestrafung *erneut* einstellt – sie ist also durch die Belohnungs- und Bestrafungserwartung getrieben. Dies stellt in Kurzform das dar, was man *Motivation* nennt, nämlich lustvolle Zustände anzustreben und unlusterzeugende Zustände zu beenden oder zu vermeiden.

Motivation als Belohnungserwartung ist an die Ausschüttung des Neuromodulators Dopamin gebunden. Dieses »motivationale« Dopamin (es gibt auch ein »motorisches« Dopamin) wird in einem sehr kleinen Gebiet im unteren Mittelhirn, dem ventralen tegmentalen Areal, abgekürzt VTA, produziert und zu verschiedenen anderen Hirnzentren weitergeleitet, so zum Nucleus accumbens (*Abbildung 3*, siehe oben). Dopamin-getriebene Nervenzellen signalisieren mit Erhöhung bzw. Erniedrigung ihrer Aktivitätszustände die individuellen Belohnungs- und Bestrafungserwartungen sowie unterschiedliche Aspekte der Erwartungen wie Höhe, Auftrittswahrscheinlichkeit, Risiko von Belohnung oder Bestrafung.

Bei der Frage der Motivation zeigt sich eine ungeheure Vielfalt. Zwar gibt es einige Grundmotive wie die Befriedigung biologischer Bedürfnisse wie die nach ausreichender Nahrung, nach Schutz vor zu großer Kälte oder Hitze, Trockenheit oder Nässe, nach Autonomie oder Bindung, nach Zusammensein und Für-sich-Sein, nach Gesundheit, befriedigender Sexualität, aber schon hier gibt es Unterschiede in der Stärke solcher Grundmotive. Es gibt eben nicht im strengen Sinne die in der Psychologie gern zitierte Bedürfnispyramide im Sinne von Maslow, die dieser sich nur ausgedacht hat, wie er selber zugab. Und über derartige Grundbedürfnisse und -motive gibt es fast nichts, was nicht der eine anstrebt und der andere ablehnt. Eine große Zahl davon geht auf prägende Einflüsse in früher Kindheit zurück, die oft zumindest die grobe Motivation vorgeben, manchmal aber auch ganz konkrete Zielvorstellungen (wie der Beruf oder die Hobbys des Vaters oder der Mutter).

Impulskontrolle

Das Verhalten von Säuglingen und Kleinkindern ist in der Regel egozentrisch und duldet keinen Belohnungsaufschub. »Ich will alles, und zwar sofort!«, heißt es bei ihnen, aber auch bei manchen Erwachsenen. Impulshemmung und Toleranz gegenüber Belohnungsaufschub bzw. Aufschub der Beseitigung negativer Dinge sind für die Reifung der Persönlichkeit von großer Bedeutung und entwickeln sich vom ersten Lebensjahr an bis zum Erwachsenenalter. Verantwortlich sind hierfür auf hirnorganischer Seite das Ausreifen des unteren und inneren Stirnhirns, also des orbitofrontalen und ventromedialen Cortex, und die Höhe von Cortisol, Dopamin und Testosteron als impuls*fördernde* Stoffe und Serotonin als impuls*hemmendem* Stoff. Das untere und das innere Stirnhirn bilden hemmende Bahnen zu unbewußten limbischen Zentren aus, vor allem zu Bereichen der Amygdala und des Nucleus accumbens. Diese sind ihrerseits auf impulsive Reaktionen und unmittelbare Befriedigung egozentrischer Motive ausgelegt. Die Sozialisierung eines Menschen zu einem »wertvollen Teil der Gesellschaft« geht direkt mit der Ausbildung dieser hemmenden Bahnen und der damit verbundenen effektiven Impulskontrolle einher. Manche Menschen können Dinge einfach nicht abwarten, greifen sofort zu oder drängeln sich überall vor.

Realitätssinn und Risikowahrnehmung

Dieses System entwickelt sich in stärkerem Maße nach dem dritten Lebensjahr, wenn sich die kognitiven Fähigkeiten des Gehirns, insbesondere in Hinblick auf Aufmerksamkeit und Gedächtnisleistungen, allmählich entwickeln. Es ist vornehmlich an die Neuromodulatoren Noradrenalin und Acetylcholin gebunden, die die kognitiven Bereiche der Großhirnrinde, besonders das Stirnhirn, sowie den für Lernen und Gedächtnis von Geschehnissen und Wissensinhalten (»deklaratives Gedächtnis«) wichtigen Hippocampus beeinflussen. Noradrenalin erhöht die generelle Aufmerksamkeit und Hinwendung, Acetylcholin erhöht die Konzentration durch eine Fokussierung neuronaler Aktivität im Arbeitsgedächtnis und beim gezielten Abruf von Gedächtnisinhalten.

Zu den Funktionen dieses Systems gehört auch die Fähigkeit, die Folgen eigenen Handelns möglichst realistisch abzuschätzen, Chancen und Risiken des eigenen Tuns zu erkennen. Hier spielt vornehmlich die Aktivität des oberen äußeren und inneren Stirnhirns (dorsolateraler präfrontaler und anteriorer cingulärer Cortex) eine Rolle. Dieses rational-kognitive System entwickelt sich zusammen mit der sekundären Sozialisation sehr langsam und ist erst zu Beginn des Erwachsenenalters mehr oder weniger ausgereift.

Das Erreichen des Erwachsenenalters ist entsprechend charakterisiert durch die Tatsache, dass junge Leute mit der Zeit (hoffentlich) zu Vernunft und Verstand kommen. Dies beinhaltet, dass sie in der Lage sind, zu erkennen, dass manche Verhaltensweisen fatale Konsequenzen nach sich ziehen können, und gleichzeitig gelernt haben, sich zu benehmen, d.h. gesellschaftlich korrekt zu handeln und damit die Zuneigung oder zumindest die Achtung der anderen zu gewinnen bzw. zu erhalten. Allerdings hält eine gute Risikowahrnehmung allein eine Person nicht automatisch davon ab, etwas Unvernünftiges zu tun. Hier ist die Zuarbeit des unteren und des inneren Stirnhirns (orbitofrontaler und ventromedialer Cortex) nötig, in dem die emotionalen Bewertungen unseres Handelns gespeichert sind. Dies erklärt, warum Menschen zuweilen schlechte Dinge wider besseres Wissen tun, nämlich wenn ihr unteres und inneres Stirnhirn keine diesbezüglichen Bewertungen enthält.

Zusammenfassung: Wie aus dem Zusammenspiel der sechs psychoneuralen Systeme die individuelle Persönlichkeit entsteht

Zuerst bildet sich die Fähigkeit aus, mit Problemen und Belastungen aller Art fertig zu werden, sich aufregen, die Probleme lösen und die Belastungen beseitigen zu können. Die Grundlagen hierzu werden bereits vorgeburtlich im Zusammenspiel von Genen, Epigenen und vorgeburtlichen hormonalen Einflüssen des Körpers und des Gehirns der Mutter gelegt. Alles zusammen bildet das Temperament, mit der ein Mensch auf die Welt kommt. Nun kommen »die Anderen« ins Spiel meist in Form der Kernfamilie. Es vollzieht sich früh nachgeburtlich die primäre Sozialisation, in der zum Zweck des Überlebens das Temperament als Urkern der Persönlichkeit an die Gedanken, Gefühle und Handlungen der primären Bezugsperson angepasst wird, soweit das Temperament dies zulässt. Gleichzeitig entwickelt das Kleinkind bei aller Bindungserfahrung erste Anzeichen von Unabhängigkeit: Es versucht seinen eigenen, meist noch gar nicht bewussten Willen durchzusetzen, teils erfolgreich, teils erfolglos. Dies führt zu der lebenslangen, auch fruchtbaren Spannung zwischen Autonomie und Bindung.

Zusammengenommen formt all dies den *Kern der Persönlichkeit eines Menschen*, nämlich eine mögliche Balance von Aufregung und Ruhe bzw. Herausforderung und Sicherheit und zwischen dem Streben nach Selbständigkeit und nach dem Zusammensein mit den Anderen, also Bindung. Daraus ergibt sich die erste große Richtungsentscheidung, nämlich entweder zu einem offenen, dynamischen und sozialen Menschen oder zu einem eher zurückhaltenden, auf Sicherheit und Risikovermeidung bedachten Menschen, zwischen *Dynamik* und *Stabilität*. Natürlich ist eine solche Grundtendenz nicht in Stein gemeißelt, aber die Entwicklung wird viel eher weiter in eine der Richtungen als gegen sie verlaufen.

Jetzt geht es um die Frage, *wonach* diese Kernpersönlichkeit im weiteren Leben streben wird, also um Motivation. Ein dynamischer Mensch wird eher die Chancen des Lebens sehen, sich Freunde und Verbündete suchen, vorwärtskommen wollen, leistungsbetont sein und erwarten, für seine Leistungen in irgendeiner Weise belohnt zu werden. In der Schule ist das der wissbegierige und offene Schüler, der Anerkennung und schulischen Erfolg sucht, aber nicht unbedingt sehr fleißig und nicht pingelig genau ist. Im Erwachsenenleben erkennen wir den kreativen, ehrgeizigen und nach beruflichem Erfolg strebenden Menschen, der aber zugleich ein ausgewogenes Bindungsverhalten in der Familie, Freundschaft und im Beruf zeigt. Wenn es Probleme gibt, wird er das Gespräch und den Rat der Anderen suchen. Hingegen wird ein nach Ruhe und Stabilität ausgerichteter Mensch vorsichtiger vorgehen, sich eher gründlich auf alles vorbereiten, große Risiken meiden und sich schnell zurückziehen, wenn es größere Probleme gibt, und die Sache vornehmlich mit sich selbst ausmachen.

Einen wichtigen Beitrag spielt das Ausmaß der Impuls- und Emotionskontrolle. Dynamische Menschen mit einer positiven Grundausrichtung neigen zu schnellem Einsatz und zum Zupacken, auch wenn die Gefahr besteht, dass dabei manchmal etwas schiefgeht. Man wird das schon schaffen! Abwarten wird zur Qual, alles muss schneller gehen! Dies kann dann in eine gewisse Rücksichtslosigkeit den Bedürfnissen und Befindlichkeiten anderer Menschen gegenüber einmünden – man denkt vornehmlich an das eigene Vorankommen, an das Verwirklichen der eigenen Vorstellungen und Pläne. Das muss aber nicht zwangsläufig nur in eine egoistische Richtung gehen, denn das dynamische Zupacken und Verwirklichen von Idealen kann auch relativ selbstlos vor sich gehen. Solche Menschen nennt man gewöhnlich »Idealisten«, die sich für die Belange anderer Menschen (z. B. Schüler) und des eigenen Betriebs, der eigenen Schule aufzuopfern bereit sind. Leider ist oft die Enttäuschung sehr groß, wenn die Verwirklichung der Ziele auf große Widerstände stößt. Dann endet eine solche Persönlichkeit oft in tiefer Verbitterung bzw. einem »Burnout«.

Der Vorsichtige ist durch eine geringe Impulsivität gekennzeichnet. Er kann sehr gut abwarten und erst einmal die Lage sondieren. Chancen und Risiken werden sorgfältig abgewogen, man geht in kleinen Schritten voran. Eigene Befindlichkeiten und die der Anderen werden genau wahrgenommen und berücksichtigt. Solche Menschen können immer zögerlicher und gewissenhafter werden, um Verluste und Niederlagen zu vermeiden, bis sie sich schließlich vehement gegen jede Neuerung wehren und starrsinnig werden.

Wir können dies in einer modellhaften Typologie zusammenfassen, wobei es eigentlich keine scharf umrissenen Typen gibt, sondern in begrenztem Maße auch Übergänge und Mischformen. Es lassen sich jedoch bestimmte statistisch gehäufte Ausprägungen der Persönlichkeit erkennen, die sich gut mit den geschilderten Geschehnissen im Gehirn in Übereinstimmung bringen lassen. Wir können nun verstehen, in welcher Weise die genannten sechs psychoneuralen Systeme auf der Grundlage der Ausschüttung von Neuromodulatoren miteinander wechselwirken. Diese Wechselwirkung besteht aus vier Polaritäten zwischen einer sehr geringen und einer sehr hohen Ausschüttung von Neuromodulatoren, nämlich (1) des »Stresshormons« *Cortisol,* (2) des »Beruhigungstransmitters« *Serotonin,* (3) des »Motivationstransmitters« *Dopamin* und (4) des »Bindungshormons« *Oxytocin.* Hinzu kommt – im Diagramm nicht gezeigt –

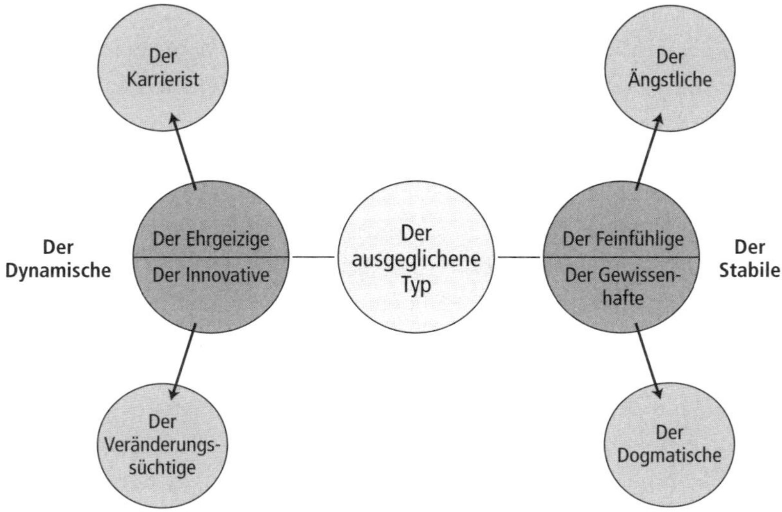

Abbildung 7: Typologie der Persönlichkeit aufgrund neurowissenschaftlicher Erkenntnisse. Sie geht von zwei positiven Haupttypen, dem Dynamischen und dem Stabilen, aus, die sich wiederum in den Ehrgeizigen und den Innovativen bzw. den Feinfühligen und den Gewissenhaften unterteilen. Allerdings kann sich der Ehrgeizige negativ zum Karrieretypen entwickeln und der Innovative zum Veränderungssüchtigen. Der Feinfühlige ist hingegen in Gefahr, sich zum Ängstlich-Unsicheren zu verändern, der Gewissenhafte zum Zwanghaft-Dogmatischen. Weitere Erläuterungen im Text.

die Ausschüttung *hirneigener (endogener) Opioide* als Verstärker (Agonist) der Wirkung von Serotonin, Dopamin und Oxytocin und als Gegenmittel (Antagonist) von Cortisol.

Die Kombination einer leicht erhöhten Ausschüttung von Dopamin und endogenen Opioiden sowie einer leicht verringerten Ausschüttung von Cortisol und Serotonin führt zu einer generell *dynamischen* Persönlichkeit. Diese zeigt ein hohes Maß an Unternehmungsgeist, Wagemut, Offenheit für andere Menschen, eine höhere Bereitschaft zur Veränderung, ohne allerdings zu große Risiken einzugehen. Hier können wir zwei positive Untertypen unterscheiden, nämlich den *Ehrgeizigen*, der aufgrund eines etwas verringerten Oxytocinspiegels vermehrt an sein eigenes Vorankommen denkt, und den *Innovativen*, der sich für kreative Neuerungen begeistern kann und aufgrund eines höheren Oxytocinspiegels dabei auch an seine Mitmenschen denkt. Der Ehrgeizige läuft bei weiter steigender Dopaminausschüttung und weiter verringertem Oxytocinspiegel jedoch Gefahr, sich zum *Karrieristen* zu entwickeln. Der Karrierist ist stark belohnungsorientiert, verkündigt große Ziele, um eine sichere Gefolgschaft um sich zu scharen, zeigt eine hohe Rücksichtslosigkeit bei der Durchsetzung seiner Ziele. Er geht dabei oft hohe Risiken ein und hat deutliche Empathiedefizite. Eine weitere Steigerung führt zur antisozialen Persönlichkeitsstörung (»Psychopathie«) bzw. einem bösartigen Narzissmus. Der Innovative kann auch ohne besonderen Gedanken an seine Karriere bei weiter erhöhter Dopaminausschüttung zum *Veränderungssüchtigen* (»Sensation Seeker«) werden. Er liebt Veränderungen um ihrer selbst willen, mag die mit den Veränderungen einhergehenden Aufregungen, hat immer neue Pläne, bevor er bisherige Projekte zu Ende geführt hat, zeigt eine erhöhte Sorglosigkeit und Unzuverlässigkeit. Er neigt zu Glücksspielen, Alkohol- und Drogenkonsum, um die innere Leere zu übertünchen. Der erhöhte Spiegel endogener Opioide verhilft diesen Personen zum »Kick« bei ihrem Belohnungsstreben. Der geringe Cortisol- und Serotoninspiegel vermindert dabei den Blick auf Risiken.

Eine Kombination eines leicht erhöhten Cortisol- und Serotoninspiegels bei gleichzeitiger geringerer Ausschüttung von Dopamin und endogenen Opioiden charakterisiert den Persönlichkeitstyp des *Stabilen*. Der Stabile liebt die Ordnung, sorgt für einen reibungslosen Ablauf der Geschäfte, wägt Möglichkeiten und Risiken sorgfältig ab, lässt Chancen ungenutzt, wenn sie mit höherer Unsicherheit verbunden sind. Auch hier gibt es zwei positive Untertypen, nämlich den *Feinfühligen*, der sozial und empathisch reagiert, und den *Gewissenhaften*, der auf Ordnung und korrekte Abläufe aus ist. Der Feinfühlige kann sich jedoch zum *Ängstlich-Unsicheren* entwickeln, der Gewissenhafte zum *Dogmatiker. Der* Ängstlich-Unsichere denkt sofort an all das, was an schlimmen Dingen passieren könnte. Er nimmt die Welt negativer wahr als der Durchschnitt, ist deshalb oft besorgt, unsicher, verlegen, nervös oder traurig. Ein Mangel an Serotonin und an endogenen Opioiden bei hohem Cortisolspiegel mindert seine Fähigkeit, Lust und Freude zu empfinden. Er kann sich schließlich in Richtung auf Angststörungen bzw. Depression entwickeln. Der Dogmatische ist ausschließlich auf Korrektheit bedacht, hält starr an seinen Ansichten und Gewohnheiten fest, auch wenn dies Nachteile bringt, pocht auf jahrzehntelange Erfahrung.

Er zeigt in Steigerung dieser Tendenzen eine deutliche Veränderungs-Aversion: Neues wird grundsätzlich abgelehnt, weil es als bedrohlich empfunden wird. Dieser Typ ist anfällig für Zwangserkrankungen.

Mischformen entstehen besonders dann, wenn es in der Entwicklung der Persönlichkeit zu »Gegenprägungen« kommt. Zum Beispiel kann ein Säugling oder Kleinkind ein ausgeglichenes und aufgeschlossenes Temperament besitzen, seine Mutter ist jedoch emotional instabil, ängstlich und risikoscheu, gar depressiv und vermittelt wenig Bindung. Dann kann es sein, dass nach dieser gegenläufigen primären Sozialisation das Kind und später der Erwachsene »zwei Seelen in der Brust« hat, einmal ein mutig in die Welt blickender und unternehmungslustiger Mensch ist, der aber zugleich bei seinem Tun Beklemmungen und Versagensängste hat und zwischen Zuversicht und Vorsicht hin und her gerissen ist. Oder er ist vom Temperament her ein eher verschlossener, kontaktarmer Mensch, ist aber etwa von Berufs wegen auf viele und gute Kontakte angewiesen. Jede soziale Nähe wird ihm Probleme bereiten.

Abgesehen von den Mischformen müssen wir beachten, dass es zum Wesen einer psychisch gesunden Person gehört, sich in geringerem oder größerem Maße in unterschiedlichen sozialen Kontexten unterschiedlich zu verhalten. Die Konstanz der Persönlichkeit bezieht sich dabei auf das *gleichbleibende Gesamtmuster des Verhaltens.* Manche Kinder benehmen sich zuhause aus Sicht der Eltern oft »unartig«, führen sich aber bei Geburtstagsfeiern in fremden Familien regelmäßig wohlerzogen auf (zur Überraschung ihrer Eltern!). Menschen, die im Privatleben ruhig und tolerant sind, können unter beruflichen Wettbewerbsbedingungen ein aggressiv-dominantes Verhalten an den Tag legen. Diese *Kontextabhängigkeit* des aktuell gezeigten Verhaltens gilt es in der Persönlichkeitsdiagnostik unbedingt zu beachten.

Stabilität und Veränderbarkeit der Persönlichkeit

Eine wichtige Frage sowohl für die Lehrperson als auch für ihren Umgang mit den Lernenden ist die Frage, wie stabil bzw. wie veränderbar die Persönlichkeit auch hinsichtlich ihrer Situationsabhängigkeit im Laufe des Lebens ist. Noch heute gibt es darüber stark abweichende Meinungen.

Während traditionell die »anlagemäßige« Stabilität betont wurde, nahm man in der Nachfolge eines behavioristischen Erziehungsoptimismus an, man könne die Persönlichkeit eines Menschen über das ganze Leben gleichermaßen in mehr oder weniger beliebiger Weise verändern – der Mensch sei bis ins hohe Alter gleichbleibend veränderbar. Auch in Teilen des Coaching und der Psychotherapie wird ein solcher Veränderungsoptimismus vertreten. So heißt ein einflussreiches Buch des finnischen Psychiaters Furman »Es ist nie zu spät für eine glückliche Kindheit«, in der auf eindrucksvolle Weise geschildert wird, wie der Autor durch negative frühkindliche Erlebnisse schwer geschädigte Personen zum Glück führen konnte. Leider trägt der Autor außer seinen eigenen Erfahrungen keinerlei seriöse, empirische Befunde für seine These vor.

Die seriöse Forschung kommt indes zu der Auffassung, dass mit dem Temperament und der frühkindlichen Prägung ein Grundsockel der Persönlichkeit angelegt wird, der bereits im Kindergarten und der Grundschule deutlich erkennbar ist. Es setzt im Normalfall eine *Stabilisierung dieser Grundpersönlichkeit* ein, die bis zum Erreichen des Erwachsenenalters ansteigt und dann für lange Zeit relativ stabil bleibt und erst zum Alter hin wieder instabil wird, meist aus hirnorganischen Gründen. Dieser Prozess der Selbststabilisierung wird unterstützt durch passende Erfahrungen und Einflüsse. Natürlich können auch unpassende Erfahrungen auftreten, und es kann in schwereren Fällen bei Kindern und Jugendlichen zu deutlichen Entwicklungskrisen kommen. Diese unpassenden Erfahrungen werden aber meist nicht kompromisshaft angeeignet, sondern führen eher entweder zu starkem Vermeidungsverhalten oder zu andauernden Konflikten, wenn etwa Eltern gegen die Berufswünsche eines jungen Menschen anarbeiten, der zum Beispiel Künstler werden will, anstatt den Betrieb des Vaters zu übernehmen, oder sich für den Lehrerberuf wegen der Verbeamtung und Lebenssicherheit entscheidet.

Die Persönlichkeitspsychologie geht dabei davon aus, dass sowohl die kognitive Entwicklung als auch die Ausbildung der Persönlichkeit in einem Alter von 12–14 Jahren schon relativ stabil ist und gute Prognosen zulässt. So kann man aufgrund des Intelligenzgrads eines Vierzehnjährigen den Intelligenzgrad im Alter von 40 Jahren mit einer relativ hohen Wahrscheinlichkeit vorhersagen. Interessanterweise vollziehen sich in der Phase der Pubertät, die vom Pubertierenden selbst und von anderen oft als

»emotionales Chaos« empfunden wird, nur relativ geringe Veränderungen der Kernpersönlichkeit. Vielmehr ist man danach in aller Regel wieder die Persönlichkeit, die man vorher war, natürlich mit Ausnahme des geschlechtsspezifischen Verhaltens. Auch in der Phase der Abnabelung von der Herkunftsfamilie vollzieht sich weniger eine Veränderung der eigenen Persönlichkeit als eine Anpassung an neue Umwelten, d. h., man wählt – wie der Berliner Persönlichkeitspsychologe Asendorpf gezeigt hat – vielmehr eher diejenige Umwelt, die am besten zu einem passt.

Es stellt sich hierbei die wichtige Frage, in welchem Ausmaß junge Menschen und Erwachsene überhaupt noch zu formen sind. Alle seriösen psychologischen und neurowissenschaftlichen Untersuchungen hierzu kommen zu dem Schluss, dass die Formbarkeit eines Menschen mit zunehmendem Alter deutlich abnimmt, allerdings mit starken individuellen Unterschieden. In früher Kindheit sind Menschen, wie erwähnt, durch die primäre Sozialisation positiv wie negativ stark beeinflussbar. Diese *frühkindliche Plastizität* nimmt jedoch bereits im vierten Lebensjahr ab, und die folgende sekundäre Sozialisation kann die Ergebnisse der primären Sozialisation nur noch in Grenzen verändern – bei einem Kind mehr, beim anderen weniger. Diese etwas eingeschränkte Plastizität reicht zum 10. bis 12. Lebensjahr, also bis zur Mitte der schulischen Ausbildung. Alles, was danach kommt, ist nur noch in deutlichen Grenzen veränderbar, von dramatischen und meist negativen emotionalen (traumatisierenden) Erfahrungen abgesehen. Vorsichtig in Prozentzahlen ausgedrückt bedeutet dies, dass das Temperament ca. 30 % der Gesamtpersönlichkeit festlegt, die primäre und sekundäre Sozialisation bis zum 12. Lebensjahr mit der Eigenentwicklung zusammen 30–40 %, und alles danach 10–20 % – plus einem Anteil von mindestens 10 % »unaufklärbarer Variablen« einschließlich des schlichten Zufalls.

Wir ersehen daraus, dass die frühkindliche Erfahrung und etwas geringer die Erfahrungen in der Grund- und Mittelschule die wichtigsten Faktoren für das Fühlen, Denken und Handeln einer Person sind. Was in der Oberstufe einer Schule und im späteren Leben an Erfahrungen gemacht wird, fügt sich eher dem bis dahin entwickelten Rahmen ein, als dass es ihn nachhaltig verändert – es sei denn, bestimmte meist negative Einflüsse dauern lange an. Für alle Erziehungs- und Bildungsmaßnahmen heißt dies: je früher, desto wirkungsvoller! Dies gilt auch für alle Versuche, junge

Menschen zu einer demokratischen, toleranten und gewaltfreien Grundeinstellung zu führen: Je später sie durchgeführt werden, desto geringer ist ihre Effektivität. Es geht dann eher um eine Festigung guter Anlagen, die dringend nötig ist, denn um eine tatsächliche »Umerziehung«.

Die Wirkung der Persönlichkeit des Lehrers auf die Schüler

Wie bereits festgestellt, machen drei Merkmale einen guten Lehrer aus, nämlich fachliche Kompetenz, Vertrauenswürdigkeit und Feinfühligkeit. Das Vorhandensein dieser Merkmale bei einer Lehrperson ist für die Lernenden allerdings nicht einfach festzustellen. Es nützt nichts, wenn der Klassenlehrer bei der ersten Begegnung mit seiner neuen Klasse sagt: »Schaut mich an, ich bin kompetent, vertrauenswürdig und feinfühlig – ihr werdet in mir einen tollen Lehrer finden!« Die Schüler werden lachen oder sich sagen: »Das wollen wir mal abwarten!« Denn ob die Lehrperson tatsächlich kompetent, vertrauenswürdig und feinfühlig ist, werden die Schüler erst nach Monaten oder gar einigen Jahren genauer wissen. Allerdings gibt es das Phänomen, dass Lehrpersonen bei ihrem ersten Auftritt einen bestimmten Eindruck »ausstrahlen«, der von den Schülerinnen und Schülern erst einmal gar nicht bewusst oder nur intuitiv wahrgenommen wird.

Zu Beginn einer jeden kommunikativen Begegnung wird die Vertrauenswürdigkeit des Gegenübers blitzschnell eingeschätzt. Dies geschieht über eine meist unbewusste Analyse des Gesichtsausdrucks (besonders der Augen- und Mundstellung), der Prosodie (d.h. der sprachlichen Merkmale wie Lautstärke, Stimmhöhe, Stimmführung usw.), der Gestik und der Körperhaltung. Dieser *erste Eindruck* sagt allerdings nichts Genaues über die fachlichen Fähigkeiten und die Intelligenz der beurteilten Person aus, sondern konstatiert nur, dass sie auf den ersten Blick vertrauenswürdig erscheint, und dieser Eindruck wirkt langfristig nach.

Forscher haben sich in den vergangenen Jahren intensiv mit den Grundlagen dieses schnellen Abschätzens der Vertrauenswürdigkeit befasst. Zu den beteiligten Gehirnteilen gehören bei der Mimik Zentren im rechten Schläfen- und Hinterhauptslappen, welche die Identität und die Dynamik des Gesichts registrieren. Diese schnelle Vertrauens- und Sympathieprüfung geschieht auch bei unbekannten Gesichtern. Beteiligt sind unbewusst arbeitende Zentren des limbischen Systems. So erhält die Amygdala Signale aufgrund unbewusst arbeitender Mimik-Erkennungszentren der Großhirnrinde, insbesondere im Hinblick auf die Glaubwürdigkeit bzw. Unglaubwürdigkeit von Gesichtern und Personen. Die Amygdala leitet dann ihre unbewussten Informationen zuerst zum Nucleus accumbens weiter, der auf positive Reize (z. B. auf einen freundlichen Blick) mit einer Erhöhung der Aktivität reagiert. Gleichzeitig werden positiv stimmende Hirnsubstanzen wie die endogenen Opioide oder negativ stimmende Substanzen wie Vasopressin und Substanz-P ausgeschüttet, was zu einer erhöhten oder verringerten Aktivität des Nucleus accumbens führt. Beide Zentren aktivieren dann bewusstseinsfähige limbische Teile der Großhirnrinde, nämlich den insulären und anterioren cingulären Cortex, in dem dann das intuitive Gefühl der Sympathie bzw. Antipathie erzeugt wird.

Man hat herausgefunden, dass eine solche Aktivität der Amygdala und des Nucleus accumbens durch Gesichter überraschend gut mit der sehr schnellen und intuitiven, d. h. vagen Einschätzung von Personen im Hinblick auf Glaubwürdigkeit bzw. Unglaubwürdigkeit der Träger dieser Gesichter übereinstimmt, wobei die Amygdala umso stärker aktiv ist, je unglaubwürdiger die Gesichter erscheinen – so als würde sie vor diesen »warnen«. Wir haben oft schon nach wenigen Sekunden das Gefühl, dass uns jemand »irgendwie sympathisch« ist und wir ihm entsprechend trauen können, oder »irgendwie unsympathisch« und Misstrauen erzeugt. Dieser erste Eindruck ist insofern relativ stabil, als rund zwei Drittel derjenigen, die auf Anhieb als sympathisch und vertrauenswürdig empfunden werden, auch noch nach einem Jahr entsprechend beurteilt werden.

Vor- und Nachteile des »ersten Eindrucks«

Das Bedeutsame an diesem ersten und sehr schnellen Eindruck ist, dass er unser Urteil und unser Verhalten nachhaltig beeinflusst, und zwar unabhängig davon, ob er sich später bewahrheitet oder nicht. So zeigen wir gegenüber einer Person, die uns auf Anhieb sympathisch war, sich später aber als nicht besonders verlässlich und qualifiziert erweist, erheblich mehr Nachsicht. Wir versuchen ihre Fehler und Versäumnisse zu entschuldigen. Im Gegensatz dazu werfen wir auf eine Person, die uns auf den ersten Blick eher unsympathisch war, immer einen eher kritischen Blick, auch wenn sich als äußerst qualifiziert und verlässlich erweist.

Was aber garantiert die relative Verlässlichkeit? Sie hängt mit der Tatsache zusammen, dass die genannten Teile des limbischen Systems, also Amygdala, Nucleus accumbens, anteriorer und insulärer Cortex sowie weitere Teile des limbischen Gehirns Blickbewegungen, Mimik, Gestik und Körperhaltung direkt steuern und man diese unbewusste Steuerung nicht oder nur mit einer Verzögerung von einer halben bis einer ganzen Sekunde willentlich steuern kann. Das bedeutet: In der ersten halben Sekunde enthüllt sich dem Gegenüber zu einem beträchtlichen Teil die Persönlichkeit einer Person, ohne dass diese Person dies verhindern kann, auch wenn sie sich zu verstellen sucht.

Dieses Phänomen ist für die Schule und den Unterricht hochbedeutsam. Schüler stellen bei der ersten Begegnung teils völlig unbewusst, teils intuitiv fest, ob der Lehrende motiviert ist, den Stoff beherrscht und sich mit dem Gesagten identifiziert und damit vertrauenswürdig ist. Wenn ein nach vielen Jahren des Lehrerdaseins ermüdeter und enttäuschter Lehrer Wissensinhalte vorträgt, von denen er selbst nicht weiß, ob sie überhaupt noch gültig sind, so drückt sich dies – ob er will oder nicht – innerhalb eines Bruchteils einer Sekunde in seiner Mimik, Gestik, Körperhaltung und Stimmführung aus, was in den Gehirnen der Schüler eine unbewusste oder intuitiv wahrgenommene Aufforderung zum Weghören ist. Umgekehrt kann ein sehr engagierter Lehrer seine Schüler für nahezu jeden beliebigen Stoff begeistern. Der Lehrer ist für den Schüler eine Leitfigur, ein Vorbild. Dies gilt auch für das »Weltbild«, das der Lehrer ausgesprochen oder unausgesprochen den Schülern vermittelt. Alle Schulreformbemühungen müssen dieser Tatsache Rechnung tragen, auch diejenigen, die die Eigenaktivitäten der Schüler zu Recht hoch bewerten.

Diese prägende Wirkung der ersten Begegnung erleben auch die Lehrenden in Hinblick auf ihre Schüler. Sie entwickeln etwa als Klassenlehrer gleich in den ersten Unterrichtsstunden (manchmal sogar in den ersten Unterrichtsminuten), ebenfalls meist vor- und unbewusst, höchst individuelle Grundeinstellungen der Sympathie und Antipathie gegenüber den Lernenden, oft ausgelöst durch zufällige Verhaltensweisen wie das freundlich-interessierte Anblicken des Lehrers oder das desinteressierte Ausdem-Fenster-Schauen. Da die so entstandenen Grundeinstellungen die weitere Interaktion mit den Schülern maßgeblich beeinflussen können, muss sich der Lehrende der Bedeutung dieser Vorgänge immer bewusst sein. Viele Lehrer haben bestimmte Schüler von der ersten Begegnung an »auf dem Kieker«, ohne dass ihnen diese Tatsache und die Gründe hierfür bewusst wären, und die Betroffenen können auch durch gute Leistungen an dieser Grundeinstellung oft nicht viel ändern. Umgekehrt kommen bestimmte Schüler von Beginn an gut mit bestimmten Lehrern aus und werden von diesen meist auch besonders günstig bewertet. Dies erklärt, warum ein Lehrerwechsel einige Schüler plötzlich deutlich besser oder schlechter werden lässt.

Können wir genauer erklären, worauf das »Ausstrahlen« von Vertrauenswürdigkeit bei der Lehrperson beruht?

Ein Lehrer hat eine glaubwürdige Persönlichkeit, wenn sich bei ihm die sechs psychoneuralen Systeme in einem relativen Gleichgewicht befinden, wenn die Person also »in sich ruht«, wenn sie »authentisch« wirkt. Dieses Gleichgewicht hat jedoch einen breiten Spielraum, je nachdem, ob es sich eher um eine dynamische oder eine ruhige Persönlichkeit handelt. Erstere Person, der *dynamische* Mensch, ist lebhaft, begeisternd-motivierend, offen für neue Ideen, lässt aber auch einmal Fünfe gerade sein. Letztere Person, der *stabile* Mensch, ist strukturiert, beharrlich und mehr auf Ruhe und Ordnung bedacht. Authentisch wirkt der eine wie der andere, wenn die bewussten und die unbewussten Anteile, also das, *was* sie sagen, mit dem, *wie* sie es sagen (»paraverbal«) und wie sie nonverbal über Gestik, Mimik und Körperhaltung wirken, im Einklang stehen. Dazu gehört auch, dass dasjenige, was sie sagen und wie sie sich verhalten, nicht zu sehr wechselt, wenn also die Personen keine starken Stimmungsschwankungen zeigen, Dinge nicht einmal so und einmal anders sagen oder entscheiden, inkonsequent oder gar ungerecht in ihren Beurteilungen sind, bei sich selbst andere Maßstäbe anlegen als bei anderen (z. B. selbst nicht pünktlich oder gewissenhaft sind, dies aber von den Schülern einfordern).

Letzteres geschieht meist dann, wenn das Stressverarbeitungs- und das Selbstberuhigungssystem sich nicht in einem relativen Gleichgewicht befinden, sondern miteinander innerlich kämpfen. Gleichermaßen problematisch ist es, wenn das Beziehungssystem nicht hinreichend stabil arbeitet, wenn der Lehrer also zwischen zu großer Nähe (»Anbiedern«) und zu großer Distanz (»Verachtung«) zu den Schülern schwankt, anstatt sich gleichbleibend respektvoll bzw. wohlwollend, aber nicht zu kumpelhaft zu verhalten. Schließlich spielt hier das System der Impulskontrolle eine wichtige Rolle: Regt sich die Lehrperson unangemessen auf, wirkt geradezu aggressiv, oder lässt sie im Gegenteil jede Disziplinlosigkeit durchgehen?

Ein besonders wichtiges Merkmal der Lehrerpersönlichkeit ist die Feinfühligkeit. Nach Meinung vieler Experten rangiert die vertrauensvolle Atmosphäre zwischen Lehrenden und Lernenden ganz oben, insbesondere die Fähigkeit des Lehrenden, eine konstruktive Rückmeldung über Leistungsfortschritte und -mängel an die Schüler zu geben. Der Lehrende muss aber auch dafür sorgen, dass die Schüler dem Lehrenden Rückmeldungen geben können, und er muss in der Lage sein, Rückmeldungen auch kritischer Art zu ertragen und positiv zu verarbeiten. Wie dargelegt, sind Frustrationstoleranz und die Fähigkeit, Kritik zu ertragen, zentrale Bestandteile einer reifen Lehrerpersönlichkeit, die tiefe Spuren in der Persönlichkeit der Lernenden hinterlassen.

Mit der Ermöglichung gegenseitiger Kritik und Erfolgskontrolle kann in der Schule eine *pädagogische Allianz* zwischen Lehrenden und Lernenden hergestellt werden – ähnlich der vielgerühmten »therapeutischen Allianz« zwischen dem Therapeuten und dem Patienten in der Psychotherapie. Dabei geht es darum, ein Klima des gegenseitigen Respekts herzustellen. Dies schließt ein, dass der Lehrende in der Lage ist, die individuelle Persönlichkeitsstruktur der Schüler, ihre Vorlieben und Abneigungen und natürlich insbesondere ihre Begabungen und Defizite hinreichend zu erfassen. Dazu gehört auch das möglichst frühzeitige Erkennen von Lernschwierigkeiten unterschiedlichster Art, von kognitiven und emotionalen Defiziten, von psychischen Störungen wie Depression, ADHS bis hin zu Autismus und Verhaltensstörungen wie der Neigung zu Gewalt und einer antisozialen Persönlichkeitsstörung. Davon wird im 3. Teil dieses Buches noch die Rede sein.

Die Lehrperson muss die Fähigkeit besitzen, Abweichungen vom »Normalverhalten« zu erkennen und gegebenenfalls Eltern, die Schulleitung und Experten (in der Regel Schulpsychologen) zu kontaktieren oder einen solchen Kontakt einzufordern. Sie muss erkennen können, welche möglichen Ursachen plötzliche Leistungseinbrüche bei Schülern haben, z. B. körperliche oder psychische Erkrankungen (Angststörungen, Depression, Phobien), Entwicklungsstörungen, Konflikte innerhalb der Klasse bzw. Schule, familiäre Konflikte oder Notsituationen. Bei alldem muss er kein ausgebildeter Persönlichkeitspsychologe, geschweige denn Psychotherapeut sein, aber er muss genügend Wissen über die Persönlichkeitsstruktur der Schüler besitzen, um zu entscheiden, welche Maßnahmen zu ergreifen sind. Ein solches Wissen, während der Ausbildung kompetent vermittelt und in der Fortbildung immer wieder erneuert, hilft außerordentlich, den Stress der Lehrenden abzubauen.

Wichtige Eigenschaften der Schülerpersönlichkeit

Was über die Lehrerpersönlichkeit gesagt wurde, gilt genauso für die Lernenden. Freilich ist deren Persönlichkeit meist noch nicht voll entwickelt – und das wird auch noch nicht ganz der Fall sein, wenn sie mit 18 Jahren »volljährig« werden. Zumindest die Ausbildung des sechsten psychoneuralen Systems der Realitäts- und Risikowahrnehmung kann noch bis zum 30. Lebensjahr andauern. In einem bedeutenden Maß wandelt sich noch die Art und Weise der sozialen Kommunikation und des sozialen Verhaltens. Schließlich braucht die Entwicklung eines mehr oder weniger ausgewogenen und realistischen Weltbildes noch viel Zeit.

Das bedeutet, dass eine Lehrperson es bei den Schülerinnen und Schülern etwa ab der Mittelstufe (also zwischen 13 und 15 Jahren) mit einer halbwegs stabilen Persönlichkeit zu tun hat. Für das schulische Lernen sind auf Seiten der Schüler die folgenden Persönlichkeitseigenschaften wichtig: kognitive Offenheit und Neugier, Gewissenhaftigkeit, Verträglichkeit und gute Impulskontrolle, geringe neurotizistische Angst vor dem Neuen und ein gutes Maß an Extraversion, d. h., soziale Offenheit, eine demokratische, tolerante und gewaltlose Geisteshaltung. Diese Merkmale haben mit einer guten Stressverarbeitung und Selbstberuhigung, mit einer ausgeprägten Bindungsfähigkeit, mit einer hohen Motivierbarkeit und mit der Fähigkeit, Gegebenheiten und Herausforderungen realistisch zu erkennen und Risiken abzuschätzen, zu tun. Sie befördern ihrerseits das

Zutrauen zu sich selbst und den eigenen Kräften, ohne diese zu überschätzen und ohne zu große Angst, zu versagen. Die Entwicklung dieser Merkmale benötigt auch in der Schule eine Unterstützung durch den Lehrer.

Wichtiger Bestandteil erfolgreichen schulischen Lernens ist eine klare Zielorientierung. Dies beinhaltet das genaue Erfassen des Ziels und der damit verbundenen Rahmenbedingungen (Höhe und Auftrittswahrscheinlichkeit der erwarteten Belohnung, Aufwand, widrige Umstände usw. – »Lohnt sich das alles?«), die Fähigkeit zur Abwehr konkurrierender Ziele (z. B. einer Fete mit den Freunden), eine realistische Einschätzung der eigenen Fähigkeiten und Fertigkeiten (»Kann ich das überhaupt schaffen?«), Ausdauer und – vor allem – Fleiß. Hier zeigen sich leider deutliche Unterschiede zwischen Jungen und Mädchen: Während Fleiß innerhalb der Altersgenossinnen als »neutral« angesehen wird, gilt er unter den gleichaltrigen Jungen als »uncool« – mit der Konsequenz, dass ein Schüler, der fleißig ist bzw. sein will, dies verbergen bzw. abstreiten muss, um nicht als Streber oder Schleimer zu gelten.

Die schwierige Phase der Pubertät

Eine wichtige Entwicklungsphase der Schülerpersönlichkeit stellt die Pubertät dar. Sie bildet den Übergang vom Kind zum jungen Erwachsenen in enger Verbindung mit der Geschlechtsreife. Dies umfasst bei Mädchen die Spanne vom 10. bis zum 16., bei Jungen zwischen dem 12. und 18. Lebensjahr. Hier kommt es neben den körperlichen Vorgängen zu psychisch-emotionalen Veränderungen wie Angeberei bei den Jungen und Zickentum bei den Mädchen, was allerdings sehr unterschiedlich ausfallen kann. Charakteristisch sind häufige Stimmungsschwankungen, die jedoch sowohl hormonal als auch situationsabhängig bedingt sein können. Die Jugendlichen versuchen sich mehr oder weniger ausgeprägt von ihren primären Bindungspersonen zu lösen und zu sich selbst zu finden. Das Hauptproblem besteht jedoch darin, dass die Betroffenen meist gar nicht wissen, was dieses Selbst eigentlich ist und wie sie dorthin gelangen. Dies führt zur psychischen Verwirrung über sich selbst und das Verhältnis zu den anderen, was in einem oft paradoxen Verhalten endet. Aufgrund der meist diffus empfundenen Vereinsamung und Orientierungslosigkeit streben die jungen Menschen nach Zielen, die sie übernehmen können, aber gleichzeitig werden diejenigen Menschen, die ihnen dabei helfen könnten, im Zuge der »Abnabelung« abgelehnt. Wie ein Psychiater es formulierte: Sie schreien nach Hilfe, aber lautlos. Man könnte auch sagen: Der junge Mensch will weg, weiß aber nicht, wohin.

Entsprechend ist es wichtig, dass die Lehrperson mit dieser Phase der vorübergehenden Orientierungslosigkeit und des gleichzeitigen Strebens nach Eigenständigkeit umgehen kann. Hilfsangebote sind unbedingt nötig, müssen aber angesichts der hohen Verletzlichkeit sehr feinfühlig und individuell dosiert angeboten werden. Insbesondere muss die Lehrperson noch viel geduldiger mit ihnen sein als vorher. Tröstlich und auch überraschend für Lehrende und Eltern ist die Tatsache, dass bis auf das geschlechtsspezifische Verhalten die Jugendlichen nach der Pubertät in hohem Maße zu der Grundstruktur der Persönlichkeit zurückkehren, die sie vorher hatten. Dies wird allein schon durch die Tatsache belegt, dass die Persönlichkeit eines Zwölfjährigen eine gute Voraussage der Persönlichkeit ermöglicht, die sie in einem Alter von 40 Jahren haben wird.

TEIL 2

Hirngerechter Unterricht

Im ersten Teil dieses Buches haben wir nach der Bedeutung der Persönlichkeit der Lehrperson und ihrer Beziehung zur Persönlichkeit der Lernenden gefragt. Jetzt geht es um die Frage, worin ein guter Unterricht besteht, und zwar sowohl aus praktisch-pädagogischer als auch aus kognitions- und neurowissenschaftlicher Sicht. Auch hierüber gibt es immer noch einen vehementen Streit, dem man nur dadurch begegnen kann, indem man danach fragt, was sich in der schulischen Praxis tatsächlich bereits bewährt hat und wissenschaftlich auch gut begründbar ist. Sehr viele Konzepte zum »guten Unterricht« wurden von Autoren entwickelt, die weder ausreichend Schulpraktiker waren noch über die notwendigen wissenschaftlichen Kenntnisse verfügten.

A Erfahrungen aus der Schulpraxis

Michael Koop

Aufmerksamkeit und Konzentration

Ich lege besonderen Wert darauf, dass die Schüler in bestimmten Phasen des Unterrichts sehr aufmerksam und konzentriert sind. Diese Phasen sind insbesondere der Stundenbeginn, der Einstieg in den Fach- oder Projektunterricht, die Vermittlung neuer Lerninhalte, die Wiederholungen sowie die Einzel-, Partner- und Gruppenarbeit. Zudem versuche ich durch Rhythmuswechsel während des Unterrichts für eine anhaltende Aufmerksamkeit zu sorgen.

Stundenbeginn und Begrüßung

Mein Unterricht beginnt grundsätzlich mit einer Begrüßung. Sobald sich eine Atmosphäre der Ruhe und Konzentration eingestellt hat, kann die Interaktion mit den Lernenden beginnen. Der Zeitpunkt der Begrüßung ist für den weiteren Verlauf des Unterrichts von großer Bedeutung. Gelingt es mir, genau den richtigen Zeitpunkt für den Einstieg in die Arbeit mit der Lerngruppe zu finden, kann ich mit großer Aufmerksamkeit (fast) aller Schüler rechnen. Gelingt dies nicht, ist es wahrscheinlicher, dass der Unterricht unkonzentriert und unruhig und damit wenig erfolgreich abläuft.

Auf Phasen größter Aufmerksamkeit vorbereiten

Die fehlende Aufmerksamkeit der Schüler und entsprechende Störungen verhindern meist den Einstieg in die Unterrichtsthematik zu Beginn einer Unterrichtsstunde oder eines Projekt- oder Thementages. Oft sind die Schüler noch nicht in der Lage, sich auf den Unterrichtsstoff einzulassen. Gründe hierfür sind meist persönliche oder familiäre Probleme, Streitigkeiten mit Mitschülern, Konfliktsituationen schulischer, aber auch außerschulischer Art oder einfach persönliche Interessen.

Wenn ich merke, dass die Bereitschaft zur Mit- und Zusammenarbeit (noch) nicht vorhanden ist, verwende ich, statt direkt in das Thema einzusteigen, einige Zeit darauf, die Unruhe abzubauen, in der Regel nicht mehr als fünf Minuten. Dieser Zeitraum reicht zwar meistens nicht aus, um Konflikte oder Probleme zu lösen, genügt aber in der Regel, die Lernenden für den Fachunterricht zu motivieren und ihre Aufmerksamkeit und Konzentration zu fördern.

Aufmerksamkeit und Konzentration sind insbesondere dann erforderlich, wenn ich neue Unterrichtsinhalte einführen möchte oder bereits behandelte Lerninhalte wiederhole. Vor einer solchen Phase hat sich eine kleine Pause, die im Unterrichtsraum verbracht wird und nicht länger als zwei Minuten dauern sollte, bewährt. Längere Pausen und das Verlassen des Unterrichtsraumes bewirken jedoch genau das Gegenteil, nämlich Unruhe und Unkonzentriertsein.

Bei der Einzel-, Partner- und Gruppenarbeit versuche ich stets für die Lernenden ansprechbar zu sein, um den Wechsel von konzentriertem Arbeiten und kleinen Pausen sicherzustellen und das Abschweifen von den Lernthemen zu verhindern.

Fallbeispiel 15: Eine »falsche« Sitzordnung verhindert die Aufmerksamkeit in einer 5. Klasse

Als Klassenlehrer einer neuen 5. Klasse hatte ich das Problem, dass die Schüler mit der Sitzordnung, die ich mit ihnen besprochen und auch teilweise vorgegeben hatte, nicht zurechtkamen. Das äußerte sich zu Beginn jeder Unterrichtsstunde in großer Unruhe und einer latenten Unkonzentriertheit der Schüler. Immer wieder wurde der Stundenbeginn dadurch gestört und der Einstieg in den Fachunterricht konnte nur verzögert stattfinden. Einigen Schülern gelang es einfach nicht, sich mit einem zugewiesenen Sitzplatz und neuen, noch nicht näher vertrauten Sitznachbarn abzufinden. Erst nach ca. acht Monaten, in denen in vielen Einzel- und Gruppengesprächen mit den unzufriedenen Schülern über die »richtige« Sitzordnung diskutiert worden war und als Folge immer wieder neue Sitzordnungen mit der gesamten Klasse vereinbart und erprobt wurden, kehrte die gewünschte Beruhigung ein und ein »normaler« Fachunterricht wurde möglich.

Fallbeispiel 16: Eine Unterbrechung bringt die Lernenden einer 9. Klasse aus dem Takt

Im Anschluss an eine 20-minütige Wiederholungsphase zum Mathematik-Thema »Zentrische Streckung« hatten die Schüler eine kleine Pause im Klassenraum, bevor ich mit dem Einstieg in das Thema »Strahlensätze« fortfahren wollte. Die Stimmung in der Klasse war ruhig, einige unterhielten sich noch über das besprochene Thema, einige nutzten die Pause auch, um etwas zu trinken und in ihren Sachen herumzukramen.

Ich wollte gerade damit beginnen, die Lernenden zur Ruhe zu bitten, als es an der Tür klopfte und der Jahrgangsleiter mich um ein kurzes Gespräch bat. Da es um eine Schülerin meiner Klasse ging, die nicht erschienen war, führten wir unsere Unterhaltung im Flur vor dem Unterrichtsraum bei geöffneter Tür. Das Gespräch dauerte etwa fünf Minuten, und ich nahm währenddessen schon die immer lauter werdenden Schüler wahr. Einige baten darum, zur Toilette gehen zu dürfen, andere verließen ihren Platz, um zu Mitlernenden zu gehen. Zurückgekehrt zu meiner Lerngruppe, brauchte ich eine gewisse Zeit, bis wieder die alte Ruhe hergestellt war. In der nächsten halben Stunde hielt ich den Einstiegsvortrag über die Strahlensätze, erkannte aber, dass die Schüler nicht mehr mit der nötigen Konzentration dem Unterricht folgten. Die längere Unterbrechung hatte sie also ganz »aus dem Takt« gebracht.

Fallbeispiel 17: Anna (5. Klasse) passt nicht auf und malt nur

Immer wieder folgte Anna, Schülerin einer 5. Klasse, dem Unterricht nicht. Stattdessen malte sie fast pausenlos auf einem Stück Papier herum. Auch nachdem ihr das Papier weggenommen wurde, hatte sie sich nach kurzer Zeit einen neuen Zettel geholt und malte weiter.

Meine Kolleginnen und Kollegen und ich konnten den Grund für ihr Verhalten nicht ermitteln. Nachdem sie nicht vom Malen lassen konnte oder wollte, trafen wir mit ihr eine Absprache, die vorsah, dass sie zwar ihrer »Nebenbeschäftigung« nachgehen durfte, sie aber gleichzeitig aufmerksam dem Unterricht folgen musste. Das gelang dann auch die meiste Zeit. Nach nicht ganz einem halben Jahr ließ sie von allein das Malen im Unterricht sein.

Fallbeispiel 18: Marcel (7. Klasse) ist immer müde

Im Mathematikunterricht einer 7. Klasse fiel mir Marcel auf, weil er müde und verschlafen an seinem Arbeitsplatz saß. Zudem wirkte er oft abwesend

und desinteressiert. Auf meine Nachfrage, warum er im Unterricht einen unausgeschlafenen Eindruck mache, gab er mir sichtlich gereizt zur Antwort, ich möge ihn in Ruhe lassen, er sei nicht unausgeschlafen.
Da sich an seinem Zustand auch in den weiteren Stunden keine Änderung einstellte, versuchte ich über seine Klassenkameraden Näheres zu seinem Befinden und Verhalten zu erfahren. Dabei erfuhr ich, dass Marcel zu seinem Geburtstag ein neues Computerspiel bekommen hatte. Seitdem saß er bis spät in die Nacht an seinem Rechner, ohne dass seine Eltern davon etwas bemerkt hatten. Die Klassenlehrerin, von mir unterrichtet, nahm Kontakt mit den Eltern auf, die für Abhilfe sorgten.

Fallbeispiel 19: Vera (9. Klasse) ist unkonzentriert und abweisend
Die ansonsten freundliche und konzentriert mitarbeitende Vera fiel mir dadurch auf, dass sie auf Ansprache gereizt und abweisend reagierte und nicht bei der Sache war. Wie ich in der anschließenden Pause von ihr erfuhr, hatte sie Streit mit zwei Mitschülerinnen aus einer parallelen Klasse. Ein Gespräch mit ihr und dem Sozialpädagogen der Klasse sowie weitere streitschlichtende Gruppengespräche beruhigten sie zumindest soweit, dass sie im Unterricht nicht mehr auffiel.

Fallbeispiel 20: Erik (6. Klasse) geht es oft schlecht
Erik hatte im Sportunterricht meiner 6. Klasse oft Bauchschmerzen, und ihm war immer wieder übel. Er musste daher oft ins Krankenzimmer gehen. Nach Verabreichung von einem Tee und einem Keks ging es ihm meistens besser, und er kehrte in den Unterricht zurück. Ein Gespräch mit seiner Mutter ergab, dass diese eine neue Arbeitsstelle angetreten hatte und daher morgens nicht mehr die Zeit fand, ihn zu wecken und ihm das Frühstück zu machen. So schlief er einfach länger und ging ohne Frühstück zur Schule.

Begrenzte Aufmerksamkeits- und Aufnahmefähigkeit

Die Möglichkeiten der Schüler, den Ausführungen im Unterricht über einen längeren Zeitraum konzentriert und aufmerksam zu folgen, sind generell zeitlich sehr begrenzt. Für die Vermittlung eines mir vertrauten Lernstoffs plane ich daher etwa die doppelte Zeit ein, die ich benötigen würde, wenn ich die begrenzte Aufmerksamkeits- und Aufnahmefähigkeit der Lernenden nicht berücksichtigen müsste. Nehme ich darauf keine Rücksicht oder unterschätze eventuelle Verständnisschwierigkeiten, laufe ich Gefahr, die Schüler zu überfordern, und schränke damit ihren Lerngewinn ein.

Bewährt haben sich immer wieder kleine Unterbrechungen bei der Vermittlung des Lernstoffs nach 10 bis 15 Minuten von 2 bis 3 Minuten Länge, um den Schülern die Möglichkeit zu geben, sich über das Vermittelte auszutauschen oder auch um gedanklich Atem zu holen.

Fallbeispiel 21: »Atem holen« – kurzfristige Vorbereitung auf ein Betriebspraktikum

Die Schüler einer 9. Klasse sollten drei Wochen vor den Herbstferien auf ein Betriebspraktikum vorbereitet werden. Dazu hatte eine meiner Kolleginnen eine Vorbereitungsstunde pro Woche bekommen. Wie ich kurz vor Beginn des Praktikums erfuhr, hatte sie diese Vorbereitungsstunden jedoch nicht durchgeführt.

Als Fachlehrer und einer der Betreuungslehrer stand ich nun unvermittelt vor der Aufgabe, die Schüler in zwei Unterrichtsstunden auf etwas vorzubereiten, das normalerweise einige Wochen an Vorbereitung in Anspruch nimmt. Hinzu kam, dass die schriftlichen Informationen zum Betriebspraktikum nicht allen zur Verfügung standen. Ich musste also innerhalb von 90 Minuten alle wichtigen und für die Durchführung des Betriebspraktikums notwendigen Information geben und zwar so, dass alle Schüler bestmöglich auf den Start des Praktikums vorbereitet waren.

Zu Beginn der Besprechung schilderte ich den Schülern die Problematik, »auf die Schnelle« die notwendigen Informationen vermitteln zu müssen. Es gab anschließend eine große Bereitschaft, meinen Ausführungen und Instruktionen konzentriert zu folgen. Ich schlug vor, einen Lehrervortrag zu halten, und forderte die Schüler auf, mich einfach zu unterbrechen, wenn ich zu schnell sein sollte. Auf Fragen wollte ich im Anschluss eingehen.

Die Zeitspannen bis zu dem Punkt, an dem die Ersten mich unterbrachen, um geistig Atem holen zu können, betrugen jeweils zwischen acht und zwölf Minuten. Schon nach einer kurzen Pause konnte ich dann mit meinen Ausführungen fortfahren. Letztendlich erreichten wir unser Ziel, nämlich die Vorbereitung auf das Praktikum. Dass wir den Unterricht um etwa 15 Minuten überzogen haben und ich zwei wichtige Informationen vergaß, nahmen mir die Schülerinnen und Schüler nicht übel.

Mit wiederkehrenden Aufmerksamkeits- und Konzentrationsproblemen umgehen

Bei wiederkehrenden stärkeren Problemen einzelner Schüler oder Schülergruppen versuche ich, mithilfe der sozial- oder sonderpädagogisch geschulten Kollegen zu klären, was die Ursache für die Unruhe bzw. die Störung des Unterrichts ist und mit welchen Maßnahmen ich diesen begegnen kann. Ich führe dazu auch Gespräche mit den Lernenden selbst und ihren Eltern.

Fallbeispiel 22: Paulina (6. Klasse) kann sich nicht konzentrieren

Paulina kam nach einem Schulwechsel in eine meiner 6. Klassen. Sie war eine eher schüchterne und zurückgezogene Schülerin, die den engeren Kontakt zu den Mitschülern mied. Zu Beginn der Unterrichtsstunden, insbesondere in den frühen und späten Unterrichtsstunden, war sie oft abwesend und unkonzentriert. Wenn ich sie darauf ansprach, reagierte sie verängstigt und verschüchtert oder begann zu weinen. Die für die Klasse zuständige Sozialpädagogin führte dann mit Paulina und ihrer Mutter Gespräche und erfuhr von den großen finanziellen und beruflichen Belastungen der Eltern und den schwierigen Familienverhältnissen für Paulina.

Im Rahmen einer innerschulischen Maßnahme führte die Sozialpädagogin daraufhin über mehrere Monate individuelle Beratungsgespräche getrennt für Paulina und ihre Eltern durch. Außerdem nahm Paulina an einem außerschulischen Trainingsprogramm zur Stärkung ihres Selbstvertrauens teil. Durch das Hinzuziehen des Sozialamtes (Amt für soziale Dienste) wurde eine für Paulina deutlich verbesserte Familiensituation erreicht. All diese Maßnahmen führten innerhalb gut eines Jahres zu einer Normalisierung ihres Verhaltens im Unterricht. Auch wenn Paulina weiterhin eher scheu und zurückhaltend auftrat, kam sie doch mit den schulischen Anforderungen und Belastungen weitgehend zurecht.

Fallbeispiel 23: Manfred (9. Klasse) sorgt für große Unruhe

In der 9. Jahrgangsstufe einer Klasse gab es zu Beginn der Unterrichtsstunden regelmäßig nach den Pausen Aufmerksamkeits- und Konzentrationsprobleme. Die Situation war insofern ungewöhnlich, als die Klassenlehrerin aus den vorangegangenen Unterrichtswochen den Eindruck gewonnen hatte, dass die

Schüler nach Aufmerksamkeitsproblemen in der 7. und 8. Jahrgangsstufe wieder zum konzentrierten Arbeiten und Lernen zurückgefunden hatten. Darauf angesprochen, kam von den Schülern nichts, was der Klassenlehrerin deren Verhalten erklären konnte. Auch die Nachfrage bei Einzelnen ergab keine Klärung. Im Gegenteil, die Unruhe wurde immer größer, je mehr sie nachhakte. Durch einen Zufall fand eine Kollegin heraus, dass Manfred, ein Schüler der Klasse, in den Pausen Schulinventar immer wieder mutwillig beschädigte. Die anderen Schüler sahen ihm dabei zu, wagten aber nicht, sein Fehlverhalten zu melden, da er sie durch Gewaltandrohung eingeschüchtert hatte. Darauf angesprochen, bestritt Manfred zuerst die Vorwürfe. Aufgrund der Aussagen seiner Mitschüler, die nach dem Bekanntwerden erleichtert über ihre Erlebnisse mit Manfred berichteten, konnte Manfred in mehreren Konferenzen zur Rechenschaft gezogen werden.

Ruhe in die Lerngruppe bringen

Um Ruhe in eine Lerngruppe zu bringen, ist es wichtig, Mittel zu wählen, die vertrauensbildend und wertschätzend sind. Grundsätzlich beginne ich mit einer Begrüßung der Lerngruppe und warte dann, bis Ruhe eintritt, und ich schaue stumm die Lerngruppe an. In der Regel lässt sich Ruhe nur mit Ruhe erzielen. Stellt sich diese nicht ein, bitte ich die Schüler, leise zu sein, und gebe ihnen die nötige Zeit, um zur Ruhe zu kommen. Ich beginne erst dann den Unterricht oder setze ihn erst dann fort, wenn es in der Lerngruppe wirklich still ist und keiner mehr stört, redet oder abgelenkt ist.

Neben der verbalen Ansprache setze ich auch nonverbale Signale ein. So schaue ich gezielt auf noch unruhige Lernende – das zeigt in der Regel Wirkung, ohne dass der Unterricht unterbrochen wird. Eventuell gehe ich zu einzelnen Lernenden, um sie um Ruhe zu bitten, oder stelle mich neben sie und schaue sie direkt an. In seltenen Fällen lege ich ihnen zur Entspannung die Hand auf die Schulter und sage ein paar freundliche Worte. Dazu muss ich den Schüler schon länger kennen und wissen, dass diese Art des Kontaktes akzeptiert wird. In Situationen, in denen dennoch keine Ruhe einkehren will, benutze ich drei der Lerngruppe vertraute Rituale. Ich zähle laut und deutlich rückwärts von fünf bis eins, ich hebe eine Hand mit gestreckten Arm und führe den nach oben zeigenden Zeigefinger der anderen Hand vor meinen geschlossenen Mund – ein aus der Grundschule bekanntes Ritual und in der 5. und 6. Jahrgangsstufe gut geeignet – oder ich schreibe die Namen der Lernenden an die Tafel, die noch unruhig sind. Schafft es die Lerngruppe, in relativ kurzer Zeit zur Ruhe zu kommen, oder kommen die Schüler meiner Aufforderung, ruhig zu sein, nach, so lobe ich sie dafür. Auch hier dient eine positive Verstärkung einer angenehmen Unterrichtsatmosphäre und einem reibungslosen Unterrichtsverlauf.

Aus meiner langen Erfahrung als Lehrkraft weiß ich, dass Toben oder Schreien zwar zu einer kurzfristigen Beruhigung führt, jedoch eine latente Störung des Unterrichtsklimas bewirkt. Dies trifft auch auf unangemessene Strafen zu. Lautwerden führt ebenso wie übertriebenes Strafen zum Verlust des gegenseitigen Respekts und wirkt sich lernmindernd aus.

Anschlussfähigkeit des Stoffes herstellen

Unter der Anschlussfähigkeit des Stoffes verstehe ich ein Ineinandergreifen von Wissen aus Unterricht, Alltagserleben und persönlichen Erfahrungen der Lernenden auf der einen Seite und den neu zu vermittelnden Unterrichts- und Lerninhalten auf der anderen. Diese Verzahnung ist Voraussetzung für das Verstehen der zu lernenden Inhalte.

Als Mathematiklehrer weiß ich, dass ich eine solche Anschlussfähigkeit nur dann herstellen kann, wenn das neue Wissen für die Schüler bedeutsam bzw. in ihren Lebensalltag oder ihre Lebenszusammenhänge eingebettet ist – ihnen also »etwas sagt«. Ich versuche daher, den Einstieg in ein neues Thema durch einen problemorientierten Ansatz mit Bezügen zur Erfahrungswelt der Lernenden zu entwickeln. Die Vermittlung reinen Faktenwissens ohne Beispiele aus der Lebenswirklichkeit der Lernenden vermeide ich in dieser Phase weitgehend.

Wenn die Lernenden mangelhaftes Vorwissen haben, muss ich mir die Zeit nehmen, diese Wissenslücken zu schließen oder zumindest zu verringern. Im normalen schulischen Alltag mit dem 45-Minuten-Unterrichtstakt ist dies allerdings nur schwer realisierbar. Die Vorgaben durch den Lehr- bzw. Bildungsplan lassen kaum Spielraum für die Wiederholung von bereits vermitteltem Stoff, wodurch die Wissenslücken bestehen bleiben und sich die Möglichkeiten der Anschlussfähigkeit weiter reduzieren.

Vorwissen der Lernenden überprüfen

Um das Vorwissens der Lernenden zu überprüfen, überlege ich mir zunächst, welches Wissen die notwendige Voraussetzung für die Vermittlung neuer Lerninhalte ist. In einem zweiten Schritt überprüfe ich das Vorwissen, indem ich den Schülern Checklisten mit Fragen und/oder Aufgaben an die Hand gebe, mit denen sie ihr Wissen selbst überprüfen können. Ich werte diese Listen aus oder teste in einem etwa ein- bis zweistündigen Unterrichtsgespräch das relevante Wissen. Werden hierbei Wissenslücken deutlich, biete ich entsprechende Materialien an. Es kann vorkommen, dass ich eine Woche lang ausschließlich mit der Aufarbeitung von Lerndefiziten beschäftigt bin. Dies ist eine aufwändige, aber sehr lohnende Investition!

Unterschiedliches Vorwissen, unterschiedliche Vorerfahrungen der Lernenden

Meine Klassen umfassen in der Regel vierundzwanzig Schüler. Das bedeutet, dass ich theoretisch auf vierundzwanzig Lernende mit unterschiedlichem Vorwissen und unterschiedlichen Vorerfahrungen treffen kann. Auch wenn ich davon ausgehen kann, dass rein statistisch rund zwei Drittel der Schüler sich in Intelligenz und Lernvermögen ziemlich ähnlich sind, gilt: Je verschiedenartiger die Lerngruppe ist, desto flexibler und differenzierter muss ich vorgehen. Auch wenn es kaum realisierbar ist, für jeden Einzelnen einen Förderplan zu erstellen, unbegrenzt Zeit für ihn zu haben und ihn mit individuellen Arbeitsaufträgen zu versehen, muss es mein Ziel sein, jedem Lernenden das Grundwissen zu vermitteln, auf dessen Basis er die nachfolgenden Lerninhalte bewältigen kann. Besondere Aufmerksamkeit (in Form von Fördermaßnahmen) müssen dabei die Schüler erfahren, die über dieses Grundwissen nicht verfügen. Eine zusätzlich unterstützende Lehrkraft und die inzwischen ausreichend vorhandenen Möglichkeiten von Lehrprogrammen auf Tablets und mit Einschränkungen auf Smartphones bieten dabei gute Chancen, diese Defizite aufzuarbeiten. Beispielhaft sei dafür die an der Gesamtschule Bremen-Ost im Fach Mathematik genutzte interaktive Lernsoftware namens »Bettermarks«.

Allgemeine Motiviertheit und Lernbereitschaft der Schüler und ihr Interesse am Lernstoff

In meinem Unterricht bemühe ich mich darum, das Interesse am Lernstoff zu wecken, um den Schülern auf diese Weise das Lernen zu erleichtern, ihnen zu helfen, Phasen der Unlust zu überwinden und auch schwierigere und anstrengendere Aufgaben mit Engagement und Geduld anzugehen. Auch wenn nicht immer alle Lernenden mit Spaß bei der Sache sind, ist es für den Lernerfolg von Bedeutung, durch eine methodisch abwechslungsreiche Unterrichtsgestaltung, eine Auswahl an geeigneten Beispielen und Materialien, die möglichst dem Lebensalltag der Schüler entstammen, sowie durch gezielte individuelle Anreize die Neugier und Motivation der Lernenden zu wecken bzw. zu steigern.

Lob als Belohnung und Motivation

Lob als Belohnung ist eine sehr effiziente Art, die Lernenden zu motivieren. Lob sollte jedoch nur dann erfolgen, wenn es verdient ist, etwa durch das Einhalten von Regeln, die Beteiligung am Unterrichtsgespräch, ein kooperatives Verhalten oder das Erbringen von Lernleistungen. Die Art, wie ich lobe, hängt insbesondere von der Persönlichkeit und dem Leistungsstand der Schüler ab. So kann z. B. ein leistungsschwacher Schüler für eine richtige Antwort in besonderer Weise gelobt werden, während ein leistungsstarker Schüler für dieselbe Antwort »nur« eine anerkennende Bestätigung bekommt. Mein Lob richtet sich an einzelne Lernende, an Gruppen oder an die ganze Klasse. Es erfolgt direkt und orientiert sich in Form und Inhalt zum einen am einzelnen Lernenden (»Was motiviert ihn besonders?«) und zum anderen am Alter der Lerngruppe. Materielle Belohnungen setze ich so gut wie nicht ein. Die gesprochene Anerkennung und die Körpersprache in Form von Mimik und Gestik sind die Mittel meiner Wahl.

Lob erfolgt in meinem Unterricht vor allem dann, wenn eine Steigerung oder Verbesserung eingetreten ist bzw. eine Leistung meine Erwartungen übertrifft. Diese Erwartungen erhöhen sich sukzessive und richten sich vermehrt auf das Lernen selbst und das Sozialverhalten. Kennen die Lernenden mich gut, so können sie zuverlässig einschätzen, wann sie mit einem Lob rechnen dürfen.

Vertretungslehrkräfte geben zwar immer wieder Rückmeldung über das, was sie im Unterricht gemacht haben, ob alle Lernenden anwesend waren, wer gefehlt hat oder zu spät gekommen ist usw. Selten jedoch geben sie dem Klassenlehrer eine Rückmeldung zum Verhalten seiner Klasse. Erhalte ich eine solche Rückmeldung, dann gebe ich diese in der nächsten Stunde an die Schüler meiner Klasse weiter. Besonders gerne übermittle ich ihnen ein Lob, das ihnen seitens der Vertretungslehrkräfte gegeben wurde.

Fallbeispiel 24: Vera (7. Klasse) macht »endlich mal« ihre Hausaufgaben
Vera war über einen Wechsel in die Parallelklasse in der 7. Jahrgangsstufe in die Klasse eines Kollegen gekommen. Sie hatte zuvor fast nie ihre Hausaufgaben gemacht. Dieses Fehlverhalten zeigte sie auch in meinem Unterricht. Einige Gespräche mit ihr führten dann dazu, dass sie sich endlich einen Ruck gab, die Hausaufgaben – wenngleich nicht vollständig – erledigte und mir vorzeigte. Während ich mir sonst für unvollständig erledigte Hausaufgaben keinen positiven Leistungsvermerk mache, bot sich hier zur Belohnung und Motivation ein solcher Vermerk an.

Gerechte und transparente Leistungsbeurteilung anhand der Beispielfächer Mathematik und Sport

Bei der Arbeit mit den Lernenden ist es wichtig, dass die Schüler in die Lage versetzt werden, ihre Lernentwicklung und im Vergleich dazu die ihrer Mitschüler einordnen zu können. Neben dem allgemeinen Stand ihres Wissens und ihrer Fähigkeiten und Fertigkeiten beurteile ich dabei auch ihren individuellen Lernfortschritt. Damit die Lernenden ihren Verständnis- und Lernfortschritt selbst einschätzen können, ist eine gerechte und transparente Leistungsbeurteilung und Leistungsbeschreibung für sie von großer Bedeutung.

Beispiel 1: Bewertungsschlüssel für Sachstand, Lernfortschritt und sonstige Leistungen im Fach Mathematik
Zu Beginn jedes Schuljahres erläutere ich im Fach Mathematik meinen Lerngruppen meinen Bewertungsschlüssel. Dieser sieht wie folgt aus: Die Durch-

schnittsnoten der Klassenarbeiten (Gewichtungsfaktor 2) und Kurztests Gewichtungsfaktor 1) gehen mit insgesamt 50 % (Beschluss der Fachkonferenz der Gesamtschule Bremen-Ost) in die Zeugniszensur ein. Die mündlichen Leistungen – unterteilt zu jeweils gleichen Teilen nach Wissensstand und Lernfortschritt – gehen mit 20 % in die Zeugniszensur ein. Die sonstigen schriftlichen Leistungen wie Hausaufgaben oder Ausarbeitungen in Einzel-, Partner- oder Gruppenarbeitsphasen gehen mit 20 % in die Zeugniszensur ein. Sie orientieren sich ebenfalls zu jeweils gleichen Teilen am Wissenstand und am Lernfortschritt. Alle weiteren Leistungen wie unverlangte Extraarbeiten, Hilfeleistungen bei Gruppen- oder Partnerarbeiten, das Anfertigen und Mitbringen von Gegenständen gehen mit 10 % in die Zeugniszensur ein.
Für Versäumnisse bei den Hausaufgaben, die allerdings nachgearbeitet und bis zur nächsten Stunde nachgereicht werden können, und bei den mitzubringenden Materialien wie Arbeitsbuch, Heft, Mappe, Geodreieck, Zirkel erfolgt im Wiederholungsfall eine Notenreduzierung um 0,05 bzw. 0,1.

Beispiel 2: Klassenarbeiten in Mathematik
Die Klassenarbeiten schließen Abschnitte von Lerninhalten ab. Mit Ausnahme einer Transferaufgabe bekommen die Schüler von mir nur solche Aufgaben gestellt, die sie im Unterricht kennengelernt haben und deren Schwierigkeitsgrad ihrer Altersstufe und ihrem Leistungsniveau entsprechen. Wir arbeiten an der Gesamtschule Bremen-Ost bei der Fachleistungsdifferenzierung im Fach Mathematik ab der 7. Jahrgangsstufe auf zwei Niveaus. Die Klassenarbeitsblätter informieren die Schüler über die zu erreichende Punktzahl, den Schwierigkeitsgrad der einzelnen Aufgaben und die für die Arbeit anzuwendende Notenskala. Darüber hinaus können, auch noch während der Arbeit, Verständnisfragen gestellt werden.
Die Notenskala A wird auf Grundlage eines Beschlusses des Fachbereichs Mathematik an der Gesamtschule Bremen-Ost in den Jahrgangsstufen 5 bis 10 angewendet. Die Notenskala B wird für die Benotung der Arbeiten im Rahmen der Zentralen Abschlussprüfungen (ZAP) in der 10. Jahrgangsstufe für das Fach Mathematik im Lande Bremen verwendet (siehe *Tab. 1*).
Die Rückgabe der Arbeiten erfolgt bei mir grundsätzlich innerhalb von zwei bis drei Tagen, in Ausnahmefällen spätestens nach dem auf den Testtag folgenden Wochenende.

Tabelle 1: Notenskala für die Klassenarbeiten und Tests im Fach Mathematik an der Gesamtschule Bremen-Ost, 2021. Angegeben sind die zum Erlangen der Note notwendigen Mindest-Prozentsätze der erreichbaren Punktzahlen

Notenskala	A	B
sehr gut (1)	91 %	85 %
gut (2)	80 %	70 %
befriedigend (3)	65 %	55 %
ausreichend (4)	50 %	40 %
mangelhaft (5)	25 %	20 %
ungenügend (6)	0 %	0 %

Beispiel 3: Bewertungsschema im Fach Mathematik
Mit dem folgenden Bewertungsschema für das Fach Mathematik an der Gesamtschule Bremen-Ost zeigen meine Kollegen und ich den Lernenden, wie sie neben der Beurteilung der Klassenarbeiten und Tests ihre Leistungen der laufenden Unterrichtsarbeit zu den Noten in Beziehung setzen können oder zumindest eine Orientierung erhalten, welche Differenzierungen den vergebenen Noten zugrunde liegen (siehe *Tab. 2*).

Beispiel 4: Bewertung von Können, Entwicklung und Lernverhalten im Fach Sport
Auch im Fach Sport, meinem zweiten Fach, informiere ich die Lernenden zu Beginn jedes Schuljahres darüber, wie ich die Leistungen und die Mitarbeit gewichte.
Die motorischen Leistungen und die sonstigen Leistungen gehen mit je 40 % und die sonstige Mitarbeit mit 20 % in die Zeugniszensur ein. Die motorischen Leistungen (Technik, Kondition, Koordination usw.) wiederum teilen sich in 50 % für die Fähigkeiten und Fertigkeiten und in 50 % für die Lernfortschritte auf. Auch die sonstigen Leistungen (Anstrengungsbereitschaft, Kooperation, taktisches Verhalten, Regelkenntnisse, Fairness usw.) teilen sich in 50 % für das Verhalten und das Wissen und in 50 % für den Lernzuwachs auf.
Die sonstige Mitarbeit, beispielsweise die Unterstützung beim Auf- und Abbau von Geräten oder Spielfeldern, das Übernehmen von Schiedsrichter- oder Punktrichteraufgaben, die Organisation der Einteilung von Mannschaften oder Teams, gehen mit 20 % in die Zeugniszensur ein. Wird die Sportkleidung

Tabelle 2: Bewertungsschema für das Fach Mathematik an der Gesamtschule Bremen-Ost (verändert nach Marcel Wolters, Fachbereich Mathematik, Gesamtschule Bremen-Ost, 2021)

Note	**Beteiligung am Unterrichtsgespräch**	**Qualität der Unterrichtsbeiträge**	**Arbeitsverhalten (alleine und in der Gruppe)**
1/sehr gut Leistung entspricht den Anforderungen in besonderem Maße	▪ konstante und permanente Beteiligung ▪ Schüler bezieht sich auf andere	Schüler ▪ argumentiert fast immer schlüssig und stimmig ▪ zeigt mathematisches Verständnis auch im Zusammenhang mit Beweisführung und Beweisnotwendigkeit ▪ entwickelt eigene Lösungswege und stellt sie dar	Schüler ▪ bearbeitet die Aufgaben immer konzentriert, zielgerichtet, ausdauernd ▪ nutzt selbständig Notizen und Arbeitsunterlagen ▪ übernimmt Verantwortung und behält den Überblick über den Arbeitsprozess
2/gut Leistung entspricht den Anforderungen voll	▪ häufige Beteiligung	Schüler ▪ kann aktuell erarbeitete Themengebiete und Strukturen sicher wiedergeben ▪ kann vorgeschlagene Lösungswege umsetzen und manchmal Alternativen finden ▪ kann Transfer leisten ▪ verwendet fachadäquate Darstellungsformen ▪ liefert im Unterricht inhaltlich wertvolle Beiträge ▪ kann sich mit anderen konstruktiv über mathematische Probleme austauschen ▪ kann gezielt Hilfen erfragen und umsetzen ▪ bringt auch neue, brauchbare Ideen bei der Bearbeitung neuer Themen und Probleme ein ▪ argumentiert oft stimmig	Schüler ▪ bearbeitet die Aufgaben im Wesentlichen konzentriert und ausdauernd/ arbeitet kooperativ und konstruktiv mit anderen

Note	Beteiligung am Unterrichtsgespräch	Qualität der Unterrichtsbeiträge	Arbeitsverhalten (alleine und in der Gruppe)
3/befriedigend Leistung entspricht im Allgemeinen den Anforderungen	▪ regelmäßige Beteiligung	Schüler ▪ kann einfache Aufgabenstellungen zu bereits erarbeiteten Themen sicher lösen ▪ kann Lösungswege einfacher Aufgaben weitgehend selbständig beschreiben ▪ kann einfache Zusammenhänge der aktuell behandelten Thematik richtig wiedergeben ▪ kann mit Hilfestellung stimmig argumentieren ▪ bringt seine Grundkenntnisse bei der Bearbeitung neuer Themen und Probleme ein	Schüler ▪ arbeitet überwiegend konzentriert und zielgerichtet ▪ fragt, wenn es notwendig ist ▪ arbeitet kooperativ und folgt bereitwillig anderen
4/ausreichend Leistung zeigt zwar Mängel auf, entspricht aber im Ganzen den Anforderungen	▪ gelegentliche Beteiligung	Schüler ▪ kann einfache Wiederholungsfragen häufig richtig beantworten ▪ kann einfache Zusammenhänge der aktuell behandelten Thematik meist richtig wiedergeben ▪ kann geübte Aufgabentypen mit kleinen Hilfestellungen selbständig lösen ▪ hat bei manchen Themen Lücken; diese scheinen in absehbarer Zeit behebbar ▪ zeigt im Unterricht, dass er bei der Bearbeitung neuer Themen und Probleme wesentliche Schritte aufnehmen kann	Schüler ▪ ist nicht immer konzentriert ▪ fragt wenig nach und zeigt wenig Eigeninitiative zum erfolgreichen Bearbeiten der Aufgaben ▪ bringt sich nur wenig ein, stört andere aber nicht

Note	Beteiligung am Unterrichtsgespräch	Qualität der Unterrichtsbeiträge	Arbeitsverhalten (alleine und in der Gruppe)
5/mangelhaft Leistung entspricht den Anforderungen nicht, lässt jedoch erkennen, dass die notwendigen Grundkenntnisse vorhanden sind und die Mängel in absehbarer Zeit behoben werden können	▪ keine Beteiligung, Schüler ist aber aufmerksam	Schüler ▪ gibt häufig falsche Antworten ▪ kann geübte Aufgabentypen oft nur mit Unterstützung lösen ▪ hat auch bei einfacheren mathematischen Sachverhalten oft Verständnisschwierigkeiten	Schüler ▪ arbeitet nur auf Aufforderung ▪ hat wenig Konzentration und Ausdauer bei der Bearbeitung ▪ macht keinen Gebrauch von Hilfen ▪ hält andere durch Gespräche oft von der Arbeit ab ▪ zeigt wenig Kooperationsbereitschaft ▪ trägt kaum etwas zum Gruppenergebnis bei
6/ungenügend Leistung entspricht den Anforderungen nicht. Grundkenntnisse sind so lückenhaft, dass die Mängel in absehbarer Zeit nicht behoben werden können	▪ keine Beteiligung, Schüler ist unaufmerksam	Schüler ▪ gibt fast immer falsche, unpassende oder gar keine Antworten ▪ kann geübte Aufgabentypen nicht lösen	Schüler ▪ kann die Aufgaben trotz Unterstützung nicht bearbeiten, da Grundlagen komplett fehlen ▪ zeigt keine Motivation, diesen Defiziten entgegenzuwirken ▪ unterstützt die Gruppe nicht ▪ kann nicht kooperieren ▪ trägt nicht zum Gruppenergebnis bei

Ergänzende Hinweise: Die regelmäßige und adäquate Bearbeitung der Hausaufgaben wird vorausgesetzt. Verstöße führen zu Abzügen bei der Bewertung der laufenden Unterrichtsarbeit. Besondere Leistungen (Erstellen einer Musterlösung, Vortrag zu einem Extra-Thema, Erstellen von Aufgaben mit Lösungen zu Klassenarbeitsvorbereitung etc.) können zur Verbesserung der laufenden Unterrichtsarbeit beitragen.

vergessen, so erfolgt im Wiederholungsfall eine Notenreduzierung um 0,05 oder 0,1.

Beispiel 5: Bewertungsschema im Fach Sport
Im Fach Sport an der Gesamtschule Bremen-Ost setzen wir ebenfalls ein Bewertungsschema zur Orientierung für die Schüler ein, um die Notenvergabe transparent und nachvollziehbar zu machen (siehe *Tab. 3*)

Die Bedeutung von Fleiß und Wiederholung

Ein nachhaltiger Lernerfolg hängt neben Begabung und Intelligenz stark von der Lernbereitschaft und vom Fleiß der Schüler ab. Nur wenn die Lernenden bereit sind, intensiv und konzentriert zu lernen und sich mit Ausdauer und Energie den Lernstoff anzueignen, stellt sich der Lernerfolg ein. Die Bereitschaft, sich wiederholt mit den Unterrichtsthemen auseinander zu setzen, ist die Grundlage für nachhaltiges Lernen und ein späteres Erinnern. Eine wesentliche Voraussetzung erfolgreichen Lernens besteht darin, dass die Lehrenden, insbesondere aber auch die Erziehungsberechtigten den Schülern eine positive Einstellung zum schulischen Lernen vermitteln. Nicht zuletzt bestimmt auch das Selbstbild des Lernenden seinen Lernerfolg.

Um das Selbstbild der Lernenden positiv zu beeinflussen und damit ihren Leistungswillen und ihre Fähigkeit, mit Misserfolgen umzugehen, zu fördern, belohne ich neben der Leistung auch den Fleiß und die Lernfortschritte. Schüler, denen das Lernen schwerer fällt, können mit Fleiß und Sorgfalt sehr viel ausgleichen und mit denjenigen mithalten oder sie sogar übertreffen, denen das Lernen leichter fällt oder die begabter, aber weniger fleißig sind. Wenn die Lernenden es zudem schaffen, sich effektiv zu organisieren, die Lernphasen gut einzuteilen und ihre Leistungen in der Schule ansprechend zu präsentieren, dann stehen ihnen alle Wege offen. Fleiß und Einsatz zahlen sich über einen längeren Zeitraum betrachtet allemal aus.

Um die Lernenden zum fleißigen Lernen zu animieren, bedarf es vieler Ausdauer und Frustrationstoleranz vonseiten der Lehrkraft. Aber auch intelligente Schüler, die keine Lust zum Lernen haben und deshalb weit

Tabelle 3: Bewertungsschema für das Fach Sport an der Gesamtschule Bremen-Ost (verändert nach Benedikt Helms und Sebastian Kriese, Fachbereich Sport, Gesamtschule Bremen-Ost, 2021)

Note	**Lernfortschritt und Können**		
	Lernfortschritt	Fähigkeiten	Sportartenbezogene Fertigkeiten
	▪ individuelle Verbesserung unter Berücksichtigung der körperlichen Voraussetzungen	▪ koordinatives Vermögen ▪ konditionelles Vermögen	▪ Vielseitigkeit ▪ Technik ▪ Effizienz ▪ Spielerfolg/Ästhetik
1/sehr gut	▪ Schüler hat sich im Laufe einer Unterrichtseinheit sehr verbessert ▪ die erbrachte Leistung ist zumindest dann sehr hoch, wenn man die körperlichen Gegebenheiten berücksichtigt (z. B. kleinere Schüler müssen für eine sehr gute Leistung nicht so hoch springen wie größere)	Schüler ▪ zeigt hervorragende Ausdauer und Kraftfähigkeiten (z. B. beim Ausdauerlauf, bei Fitnessübungen) ▪ besitzt besonders herausragende Koordination (z. B. beim Jonglieren, Werfen eines Frisbee, Fangen eines Rugbyballs)	Schüler ▪ zeigt sehr gute Technik in vielen unterschiedlichen Sportarten ▪ nutzt Fertigkeiten zielgerichtet, um sehr häufig im Spiel sehr gelungene Aktionen auszuführen
	▪ Schüler hat sich im Laufe einer Unterrichtseinheit verbessert	Schüler ▪ zeigt gute Ausdauer und Kraftfähigkeit ▪ besitzt gute Koordination	Schüler ▪ zeigt sehr gute Technik in vielen unterschiedlichen Sportarten ▪ nutzt Fertigkeiten zielgerichtet, um sehr häufig im Spiel sehr gelungene Aktionen auszuführen

<table>
<tr><th></th><th>Lernverhalten</th></tr>
<tr><td>Wissen</td><td rowspan="2">▪ Lernfähigkeit
▪ Lernbereitschaft
▪ Anstrengungsbereitschaft
▪ Selbstständigkeit
▪ Zuverlässigkeit
▪ Hilfsbereitschaft
▪ Rücksichtnahme
▪ Akzeptanz und Toleranz
▪ Fairness</td></tr>
<tr><td>▪ Regelkenntnis
▪ Biomechanik</td></tr>
<tr><td>Schüler
▪ kennt sehr viele Regeln der Sportspiele
▪ führt fast immer themenzentrierte Gespräche
▪ beachtet sehr häufig den Partnerbezug im Unterrichtsgespräch
▪ drückt sich fast immer präzise aus
▪ nutzt Fachausdrücke sehr sicher</td><td>Schüler
▪ hat immer angemessene Sportkleidung dabei
▪ passt immer auf, wenn etwas besprochen wird
▪ wendet das Besprochene immer sinnvoll in der nachfolgenden Übung an
▪ strengt sich sehr stark an
▪ übt selbstständig ohne Lehrerkontrolle
▪ räumt jedes Mal Übungsmaterialien auf
▪ hilft immer beim Auf- und Abbauen
▪ nimmt Rücksicht auf schwächere Schüler
▪ akzeptiert auch bessere Schüler
▪ hält immer Regeln ein</td></tr>
<tr><td>Schüler
▪ kennt viele Regeln der Sportspiele
▪ führt meistens themenzentrierte Gespräche
▪ beachtet häufig den Partnerbezug im Unterrichtsgespräch
▪ drückt sich meistens präzise aus
▪ nutzt Fachausdrücke sicher</td><td>Schüler
▪ hat fast immer angemessene Sportkleidung dabei
▪ passt fast immer auf, wenn etwas besprochen wird
▪ wendet das Besprochene fast immer sinnvoll in der nachfolgenden Übungen an
▪ strengt sich stark an</td></tr>
</table>

Note	Lernfortschritt und Können			
2/gut	▪ die erbrachte Leistung ist zumindest dann hoch, wenn man die körperlichen Gegebenheiten berücksichtigt		▪ zeigt gute Technik in vielen unterschiedlichen Sportarten ▪ nutzt Fertigkeiten zielgerichtet, um häufig im Spiel gelungene Aktionen auszuführen	
3/ befriedigend	▪ Schüler hat sich etwas im Laufe einer Unterrichtseinheit verbessert ▪ die erbrachte Leistung ist zumindest zufriedenstellend, wenn man die körperlichen Gegebenheiten berücksichtigt	Schüler ▪ zeigt zufriedenstellende, durchschnittliche Ausdauer und Kraftfähigkeit ▪ besitzt zufriedenstellende Koordination	Schüler ▪ zeigt zufriedenstellende Technik in unterschiedlichen Sportarten ▪ nutzt Fertigkeiten meistens zielgerichtet, um im Spiel überwiegend gelungene Aktionen auszuführen	
4/ ausreichend	▪ Schüler hat sich kaum im Laufe der Unterrichtseinheit verbessert ▪ die erbrachte Leistung ist zumindest dann ausreichend, wenn man die körperlichen Gegebenheiten berücksichtigt	Schüler ▪ zeigt ausreichende Ausdauer und Kraftfähigkeit ▪ besitzt für die Jahrgangsstufe ausreichende Koordination	Schüler ▪ zeigt noch ausreichende Technik in manchen Sportarten ▪ nutzt die Fertigkeiten häufig zielgerichtet, um im Spiel ab und zu gelungene Aktionen auszuführen	

		Lernverhalten
		▪ übt meistens auch selbstständig ohne Lehrerkontrolle ▪ räumt fast immer Übungsmaterialien auf ▪ hilft fast immer beim Auf- und Abbau ▪ nimmt Rücksicht auf schwächere Schüler ▪ akzeptiert auch bessere Schüler ▪ hält meistens Regeln ein
	Schüler ▪ kennt einige Regeln der Sportspiele ▪ führt häufig themenzentrierte Gespräche ▪ beachtet manchmal den Partnerbezug im Unterrichtsgespräch ▪ drückt sich überwiegend präzise aus ▪ nutzt Fachausdrücke ab und zu	Schüler ▪ hat fast immer Sportkleidung dabei ▪ passt meistens auf, wenn etwas besprochen wird ▪ wendet das Besprochene häufig sinnvoll in der nachfolgenden Übung an ▪ strengt sich meistens an ▪ übt auch mal selbstständig ohne Lehrerkontrolle ▪ räumt häufig Übungsmaterialien auf ▪ hilft meistens beim Auf- und Abbau ▪ nimmt Rücksicht auf schwächere Schüler ▪ akzeptiert auch bessere Schüler ▪ hält meistens Regeln ein
	Schüler ▪ kennt wenige Regeln der Sportspiele ▪ führt manchmal themenzentrierte Gespräche ▪ beachtet selten den Partnerbezug im Unterrichtsgespräch ▪ drückt sich manchmal präzise aus ▪ nutzt Fachausdrücke selten	Schüler ▪ hat häufig Sportkleidung nicht dabei ▪ passt häufig nicht auf, wenn etwas besprochen wird ▪ wendet das Besprochene gelegentlich sinnvoll in der nachfolgenden Übung an ▪ strengt sich manchmal an ▪ übt kaum ohne Lehrerkontrolle ▪ räumt manchmal Übungsmaterialien auf ▪ hilft manchmal beim Auf- und Abbau ▪ nimmt meistens Rücksicht auf schwächere Schüler ▪ akzeptiert meistens bessere Schüler ▪ hält manchmal Regeln und Absprachen ein

Note	Lernfortschritt und Können			
5/mangelhaft	▪ Schüler hat sich fast nicht im Laufe der Unterrichtseinheit verbessert ▪ die erbrachte Leistung genügt zumindest dann noch, wenn man die körperlichen Gegebenheiten berücksichtigt	▪ Schüler zeigt mangelhafte Ausdauer ▪ Schüler besitzt für die Jahrgangsstufe mangelhafte Koordination ▪ Mängel können in absehbarer Zeit behoben werden	Schüler ▪ zeigt nicht mehr ausreichende Technik in den meisten Sportarten ▪ nutzt Fertigkeiten selten zielgerichtet, um im Spiel wenigstens ab und zu gelungene Aktionen auszuführen	
6/ungenügend	▪ Schüler hat sich nicht im Laufe der Unterrichtseinheit verbessert ▪ selbst wenn man die körperlichen Gegebenheiten berücksichtigt, genügt die Leistung nicht	▪ Schüler zeigt ungenügendes koordinatives und konditionelles Vermögen	▪ Schüler kann ungenügende Technik entsprechend selten zielgerichtet einsetzen ▪ es werden sehr wenige gelungene Aktionen ausgeführt	

unter ihren Möglichkeiten bleiben, müssen dazu angeregt werden, sich anzustrengen, wenn sie etwas erreichen wollen.

Von meinen Kollegen höre ich immer wieder die Klage, dass die Schüler nach wenigen Wochen und Monaten das Erlernte größtenteils wieder vergessen haben. Lerninhalte gehen insbesondere dann wieder verloren, wenn sie unter Zeitdruck vermittelt wurden. Lerninhalte, die ich jedoch mit ausreichender Zeit und didaktisch gut vermitteln konnte, bleiben meiner Erfahrung nach auch nach Monaten im Gedächtnis verankert. Durch gezieltes Wiederholen in regelmäßigen Abständen kann ich bei den Lernenden eine Reaktivierung zumindest wesentlicher Teile dieser Lerninhalte erzielen. Selbst einfache Formen des Wiederholens führen in der

		Lernverhalten
	Schüler ▪ kennt sehr wenige Regeln der Sportspiele ▪ führt selten themenzentrierte Gespräche ▪ beachtet sehr selten den Partnerbezug im Unterrichtsgespräch ▪ drückt sich selten präzise aus ▪ nutzt keine Fachausdrücke	Schüler ▪ hat sehr häufig Sportkleidung nicht dabei ▪ passt sehr häufig nicht auf, wenn etwas besprochen wird ▪ wendet das Besprochene selten sinnvoll in nachfolgenden Übungen an ▪ strengt sich selten an ▪ kann kaum selbstständig ohne Kontrolle üben ▪ räumt selten Übungsmaterialien auf ▪ hilft selten beim Auf- und Abbau ▪ nimmt keine Rücksicht auf schwächere Schüler ▪ hält selten Regeln und Absprachen ein
	Schüler ▪ hat fast keine Regelkenntnis ▪ führt abschweifende Gespräche oder nimmt an Gesprächen nicht teil	Schüler ▪ zeigt sehr geringe Beteiligung ▪ stört oder ist abwesend ▪ behindert Lernprozesse der Mitschüler ▪ zeigt zum Teil Leistungsverweigerung ▪ hat geringe Sozialkompetenzen ▪ hält Regeln und Absprachen nicht ein

Regel zu einer Sicherung des Gelernten. Die Wiederholungen verankern nicht nur Gelerntes nachhaltig und abrufbar im Gedächtnis, sie geben schwächeren Schülern auch die Möglichkeit, Versäumtes nachzuholen oder Unverstandenes zu verstehen. Ich stelle immer wieder überrascht fest, wie motiviert auch schwächere Schüler sind, wenn sie über diesen Weg zu Erfolgserlebnissen im Unterricht gelangen.

Ausgesprochen effektiv sind Wiederholungen, bei denen die Schüler den Unterrichtsstoff aktiv erinnern müssen. Das geschieht in meinem Unterricht dadurch, dass ich die Lernenden die vermittelten Lerninhalte nicht im Ganzen, sondern häppchenweise, in Zusammenhängen oder anhand von Beispielen wiedergeben lasse. Diese Vorgehensweise löst bei einigen Lernenden unmittelbar ein umfangreiches Erinnern aus, während bei anderen nach und nach die Fakten und Zusammenhänge wieder ins Bewusstsein kommen. Dabei unterstütze ich die Lernenden, die sich anfänglich schlecht erinnern können, indem ich ihnen für das Beantworten meiner Fragen ausreichend Zeit und kleinere Hinweise oder Tipps gebe, während ich solche mit einem guten Erinnerungsvermögen nicht alles gleich erzählen lasse, sondern »bremse«. Wo dies möglich ist, erfrage ich zudem Querbezüge zu anderen bereits vermittelten Lerninhalten oder gebe den Schülern die Möglichkeit, die gelernten Inhalte in neuen Sachzusammenhängen zu erklären oder zu beschreiben. Zum Abschluss einer Wiederholung durch aktives Erinnern lasse ich besonders die Lernbegabteren den gesamten Lerninhalt noch einmal strukturiert wiedergeben.

Beispiel: Das Wiederholen und der Faktor Zeit helfen beim Verstehen eines Themas

Entsprechend dem Bildungsplan hatte ich im Mathematikunterricht zum Ende der 8. Jahrgangsstufe über sechs Unterrichtswochen das Thema »Lineare Funktionen« behandelt. Zusammenfassend betrachtet konnte nur bei einem Teil der Lernenden ein befriedigendes Verständnis für das Thema entwickelt werden. Sieben der 23 Schüler hatten auch nach der Unterrichtseinheit große Schwierigkeiten, die funktionalen Zusammenhänge zu verstehen.

Zur Mitte des 9. Jahrgangs führte ich eine Wiederholung zu diesem Thema über eine Unterrichtswoche durch. Anlass war die anstehende Behandlung des Themas »Lineare Gleichungssysteme«. Die meisten Schüler hatten die Lerninhalte dieses Themas nach wie vor parat oder waren zumindest in der Lage, sich im Laufe der Wiederholung daran zu erinnern. Diejenigen, die in der 8. Klasse große Verständnisprobleme hatten, konnten sich zwar durchaus noch erinnern, hatten aber auch weiterhin Schwierigkeiten, die Zusammenhänge zu verstehen. Es fiel ihnen aber leichter als in der 8. Klasse, Aufgaben auf einem niedrigen Anspruchsniveau zu bewältigen.

Im Rahmen einer Wiederholung der »Linearen Funktionen« zu Beginn des 10. Schuljahres als Vorbereitung auf das darauf aufbauende Thema »Quadratische Funktionen« stellte ich fest, dass mit Ausnahme von zwei Schülern alle ohne größere Probleme und innerhalb von nur vier Unterrichtsstunden das Thema in großen Teilen beherrschten. Nach dem Eindruck aus der 9. Klassenstufe war dieses Ergebnis überraschend, zumal ich in der Zwischenzeit fast keine zusätzlichen Anknüpfungspunkte in den Unterricht eingebracht hatte. Diese Beobachtungen verdeutlichen, dass unser Langzeitgedächtnis den Stoff »latent« weiterverarbeitet, auch wenn wir ihn nicht bewusst bearbeiten.

Einstellung der Erziehungsberechtigten zum schulischen Lernen

Die meisten Elterngespräche, die ich während meiner bisherigen Lehrertätigkeit geführt habe, basierten auf der Bereitschaft zur Kooperation zwischen Eltern und Schule. Eine solche Kooperation ist für die Schüler von großer Bedeutung, da sie damit zwei Anlaufstellen haben, an die sie sich bei Bedarf wenden können.

Ich erlebe es leider immer wieder, dass insbesondere Eltern, deren Kinder im Unterricht eine positive Einstellung zur Schule vermissen lassen, sich verantwortungslos verhalten und ihre Kinder darin bestärken, die Schule und das Lernen nicht ernst zu nehmen. Häufig solidarisieren sie sich mit ihren Kindern, indem sie Verständnis für ihren Lernunwillen zeigen. Sätze wie »Das habe ich damals auch nicht gekonnt, und aus mir ist doch etwas geworden« oder »Die Hausaufgaben brauche ich nicht zu kontrollieren. Ich vertraue meinem Kind« spiegeln eine beklagenswerte, bildungsferne Einstellung wider. Diese macht es ausgesprochen schwer, eine gemeinsame Grundlage für die Zusammenarbeit zu schaffen. Eine negative Haltung der Schule gegenüber wird so auf verhängnisvolle Weise von einer Generation zur nächsten weitergegeben.

In Gesprächen mit den Lernenden und ihren Eltern weise ich regelmäßig darauf hin, dass das Wiederholen im Unterricht die Schüler nicht der Verantwortung entbindet, durch eigenes Bemühen den Lernerfolg zu verbessern.

»Hirngerechter« Unterricht – Einsatz in der Schulpraxis

Seit dem Schuljahr 2012/2013 wird an der Gesamtschule Bremen-Ost ein reformierter Schulunterricht mit neuen Unterrichtsstrukturen auf der Grundlage der in diesem Buch dargestellten Erkenntnisse der Neurobiologie und Lernpsychologie durchgeführt.

Um den Lernerfolg unter Berücksichtigung der wissenschaftlichen Erkenntnisse über einen »hirngerechten« Unterricht zu optimieren, bilden zum Projektbeginn je teilnehmende Klasse zwei Lehrkräfte ein Team. Die Teams verständigen sich untereinander hinsichtlich der Lernziele und treffen Absprachen zum Unterricht am Projekttag. Unter Berücksichtigung der schulbehördlichen Vorgaben und der kritischen Überprüfung des Unterrichtsstoffes nach dem Motto »Weniger ist mehr« werden an einem solchen »Projekttag« ein oder zwei Themen aus dem Bildungs-, Rahmen- bzw. Lehrplan in möglichst fächerübergreifender Form behandelt.

In den ersten vier Jahren bildeten sich die beteiligten Kollegen systematisch in psychologischer und kognitionswissenschaftlicher Hinsicht weiter. Dazu nahmen sie an Fortbildungen des Erstautors zu den Themenbereichen der wissenschaftlichen Grundlagen dieses Buches teil. Sie erstellten eine Materialsammlung für die nachfolgenden Jahrgänge und trafen sich zu regelmäßigen Teambesprechungen mit der Projektleitung, bestehend aus den Autoren dieses Buches und Frau Karin Peterburs, stellvertretende Schulleiterin der Gesamtschule Bremen-Ost.

Abschied vom 45-Minuten-Takt, fächerübergreifende oder alternative Unterrichtsformen

Als enorme Erleichterung wird sowohl von den Schülern als auch von den Kollegen der Wegfall des Zeitdrucks empfunden, der durch den 45- oder 90-Minutentakt und die Notwendigkeit, nach jeder Unterrichtsstunde den Raum und das Fach wechseln zu müssen, entsteht.

Nicht immer ist es uns möglich, einen fächerübergreifenden Unterricht im eigentlichen Sinne im Schulalltag zu realisieren. Gründe dafür sind die üblichen Organisationsstrukturen mit dem 45-Minuten-Takt der nicht am Projekt beteiligten Klassen, die geringe Anzahl an Themen aus den beteiligten Fächern, die für ein übergeordnetes Thema infrage kommen, und die nicht immer vorhandene Möglichkeit, Fächer für einen übergreifenden Unterricht zusammenzulegen. Des Weiteren spielen im Hinblick auf die Verwirklichung fächerübergreifenden Unterrichts der hohe Arbeitsaufwand und die zeitliche Mehrbelastung eine Rolle sowie das mangelnde Interesse eines Teils der Kollegen, trotz mitunter vorhandener Rahmenbedingungen gemeinsam einen solchen Unterricht abzusprechen, zu planen, zu koordinieren und durchzuführen.

Im Folgenden werden die Unterrichtsformen, die an der Gesamtschule Bremen-Ost im Rahmen dieses Projekts praktiziert werden, in kurzer Form dargestellt. Auf eine detaillierte Beschreibung der Tagesabläufe bzw. -strukturen gehe ich anschließend ein.

Beispiel 1: Fächerübergreifender Unterricht

Wo dies möglich ist, wird im Rahmen des Projekts ein fächerübergreifender Unterricht realisiert. Lerninhalte aus zwei oder mehr Unterrichtsfächern werden an den Projekttagen gleichberechtigt innerhalb eines übergeordneten Themas vermittelt.

Fächerübergreifendes Thema: Die Römer	
Jahrgangsstufe: 5	
Dauer: 1–3 Projekttage	
Beteiligte Fächer	Themen der Fächer
Welt/Umwelt	Leben und Kultur
Mathematik	Römische Zahlzeichen
Deutsch	Lateinische Begriffe in der deutschen Sprache

Fächerübergreifendes Thema: Demokratie	
Jahrgangsstufe: 9 oder 10	
Dauer: 2–4 Projekttage	
Beteiligte Fächer	Themen der Fächer
Gesellschaft/Politik	Bundestags-/Landtags-/Kommunalwahlen
Deutsch	Wahlprogramme der Parteien
Mathematik	Angewandte Prozentrechnung
1. Fremdsprache	Wahlen in anderen Ländern

Beispiel 2: Fächerverbindender Unterricht

Ist ein fächerübergreifender Ansatz nicht möglich, so versuchen wir, einen fächerverbindenden Unterricht umzusetzen. Ein fachspezifischer Lerninhalt wird hierbei durch Inhalte aus weiteren Fächern ergänzt.

Fachspezifisches Thema: Spiralen (Fach Mathematik)	
Jahrgangsstufe: 6	
Dauer: 2–3 Projekttage	
Weitere beteiligte Fächer	Lerninhalte
Naturwissenschaften	Naturphänomene (Schnecken, Sonnenblumen, Galaxien)
Kunst	Ornamentmotive
Deutsch	Wortgebrauch (z. B. »Spirale der Gewalt«) und deren Bedeutung
Arbeitslehre	Flechtbänder

Fachspezifisches Thema: Fitness und Gesundheit (Fach Sport)	
Jahrgangsstufe: 9 oder 10	
Dauer: 2–5 Projekttage	
Weitere beteiligte Fächer	Lerninhalte
Naturwissenschaften	Ernährung und Stoffwechsel
Gesellschaft/Politik	Veränderungen in den Lebensgewohnheiten
Musik	Musikunterstützte Fitnessprogramme

Beispiel 3: Unterricht orientiert an Lebensalltag und Lebenswirklichkeit
Sind ein fächerübergreifender oder ein fächerverbindender Ansatz nicht möglich, so streben wir einen fachspezifischen Unterricht mit einem möglichst hohen Realitätsbezug an. Beispielhaft dafür werden im Folgenden Varianten aufgeführt:

I Unterricht, der sich an dem Lebensalltag der Schüler orientiert

Thema: Umgang mit Größen – Haustiere (Fach Mathematik)	
Jahrgangsstufe: 5	
Dauer: 1–3 Projekttage	
Aspekte des Themas	Lerninhalte
Anschaffung/Haltung	Geld und Preise
Ernährung	Mengen und Gewichte
Lebenserwartung	Alter und Zeiten
Auslauf/Bewegung	Weiten und Längen
Nachkommen	Schätzen und Überschlagen

(vgl. Böer et al. 2014)

II Unterricht mit vornehmlich praktischen Beispielen

Thema: Flächen und Körper – Wie wohnen wir? (Fach Mathematik)	
Jahrgangsstufe: 6 oder 7	
Dauer: 2–3 Projekttage	
Aspekte des Themas	Lerninhalte
Wohnungen/Grundriss	Maßstab – Vergrößerung/Verkleinerung
Zimmer/Räume	Wohnflächen – Flächen und Flächeneinheiten
Bodenbeläge/Leisten	Flächeninhalte und Umfänge
Umzug/Kisten	Körper – Räume und Raumeinheiten
Platzbedarf	Rauminhalte
Einrichtung	Oberflächen

(vgl. Göckel et al. 2015)

III Unterricht mit historischem und biografischem Bezug

Thema: Hochsprung – Von der Frontalhocke bis zum Fosbury-Flop (Fach Sport)	
Jahrgangsstufe: 7 oder 8	
Dauer: 2–3 Projekttage	
Aspekte des Themas	Lerninhalte
Geschichte	Antike – Neuzeit
Technik	Frontalhocke, Schersprung, Rollsprung, Fosbury-Flop
Regeln	Einbeiniger Absprung
Sportler	Ulrike Meyfarth/Javier Sotomayor
Rekorde	Weltrekorde und Olympische Rekorde

Neue Tagesstruktur – Beispiele für drei Varianten

Der reformierte Unterricht der am Projekt beteiligten Klassen der Gesamtschule Bremen-Ost wurde nach über vier Jahren der Erprobung in den unten aufgeführten drei Tagesstrukturen mit insgesamt sieben Varianten durchgeführt. Allen Varianten der neuen Tagesstruktur liegen die nachfolgend beschriebenen Abschnitte Vorbereitung, Zielsetzung, Anknüpfung und aktives Erinnern, Einführung bzw. Fortsetzung, Vertiefung und praktische Anwendung, differenzierte Vertiefung, Abschluss, Ausblick, Wiederholung I und Wiederholung II zugrunde.

Vorbereitung: Unter Anleitung der Klassenlehrkraft oder einer der Lerngruppe zugeteilten sozialpädagogischen Lehrkraft beginnt der Projekttag bei Bedarf mit einem Gespräch über Probleme in der Schule, der Klasse oder der Familie. Das Gesprächsangebot vermittelt den Schülern die Gewissheit, mit ihren Fragen und Sorgen wahr- und ernstgenommen zu werden. Darüber hinaus können die Pädagogen »Problemfälle« rechtzeitig erkennen und zu lösen versuchen.

Zielsetzung: Zu Beginn des themenbezogenen Unterrichts werden die Tagesthematik, der Tagesablauf und die Lernziele des Tages formuliert und erläutert.

Anknüpfung und aktives Erinnern: Der Unterricht beginnt mit der sorgfältigen Überprüfung des Wissens, das die Lernenden in den vorhergehenden Stunden gewonnen haben, und gegebenenfalls einer Wiederholung von Lerninhalten. Beim Überprüfen des aktuellen Wissensstandes der Lernenden ist es wichtig, nicht nur abzufragen: »Habt ihr das verstanden?«, sondern gezielte Fragen zu stellen.

Einführung bzw. Fortsetzung: Der Lehrende führt entweder den Stoff des Tages ein oder setzt das Thema des vorangegangenen Projekttags fort. Dies erfolgt als direkte Instruktion, d. h. als Lehrervortrag, und sollte ohne größere Schülerbeteiligung in der Regel nicht länger als 30 bis 40 Minuten dauern, in den unteren Jahrgängen bis zur 7. Stufe nicht länger als 20 Minuten. Sofern die Schüler gleich Fragen stellen können, darf dies (in allen Jahrgangsstufen) maximal eine Stunde dauern. Der vorgetragene Lernstoff sollte in drei- bis fünfminütige »Spannungsbögen« gegliedert werden, um Konzentration und Arbeitsgedächtnis der Lernenden nicht zu überlasten. Beispiele zur Veranschaulichung und Rückfragen vonseiten der Lernenden sind zwischen den »Spannungsbögen« sehr wichtig.

Vertiefung und praktische Anwendung: Nach der Ausgabe des Materials und der Besprechung der Aufgaben und Arbeitsaufträge beginnt die Partnerarbeit bzw. Gruppenarbeit mit jeweils maximal vier Lernenden. Der Lehrende geht von Tisch zu Tisch und gibt bei Bedarf Hilfestellung. Ziel dieser Gruppenarbeitsphase ist es *nicht*, neues Wissen eigenständig zu erarbeiten, sondern das soeben vermittelte Wissen anzuwenden und zu vertiefen. Dabei sollten auch praktisches Tun und manuelle Tätigkeiten eingeplant werden. Die Lehrkraft achtet darauf, dass die für die Gruppenarbeit notwendige Ruhe gegeben ist und alle Gruppenmitglieder mitarbeiten.

Differenzierte Vertiefung: Das Vertiefen findet in Einzelarbeit mit differenzierten Aufgaben für Normal-, Hoch- und Minderbegabte bzw. Lernende mit Lernschwierigkeiten oder sonstigen Behinderungen statt. Diese Einzelarbeit wird nur unterbrochen von »aktiven Bewegungspausen« aus dem Fach Sport oder »kreativen Bewegungspausen« aus den Fächern Kunst, Musik und Darstellendes Spiel. Die Einzelarbeit dient vornehmlich der individuellen Aneignung des vermittelten Lernstoffs. Praktisches Tun und aktive Bewegungspausen sind wichtig für die Arbeit des Zwischengedächtnisses und damit für den Prozess der Konsolidierung und Überführung der Lerninhalte ins Langzeitgedächtnis. Die (Hoch-)Begabten sollten Zusatzaufgaben erhalten oder die Aufgabe erhalten, die Arbeitsgruppen als Helfer zu unterstützen. Bevor sie die Helferrolle übernehmen, sollten sie instruiert werden, wie sie schwächeren Lernern helfen können (beispielsweise Aufgabenstellungen und Lösungswege erklären). Die Lernenden mit Minderbegabung oder Lernschwierigkeiten sollten in jedem Fall ein geringeres Lernpensum und damit mehr Zeit erhalten, da ihr Hauptdefizit meist in einer stark verlangsamten *Lerngeschwindigkeit besteht.*

Abschluss: Mit einer knappen Wiederholung des Tagesstoffes in Form des »aktiven Erinnerns« von Fragen, Antworten oder Beispielen endet der themenbezogene Unterrichtstag. Nach Abschluss der o.g. Unterrichtsphasen hat eine erste Konsolidierung des neuen Wissens stattgefunden, und es beginnt die Überführung ins Langzeitgedächtnis.

Ausblick: Die Schüler erhalten eine Themenvorschau auf den nächsten Projekttag. Auf diese Weise wird das zuvor Gelernte eingebettet, die weitere Beschäftigung mit der Tagesthematik eingefordert und gegebenenfalls Vorfreude geweckt.

Wiederholung I und II: Nach drei bis vier Wochen und drei bis vier Monaten finden Wiederholungen des Stoffes in abgewandelter und verkürzter Form statt. Dabei werden Verständnis- und Wissenslücken gefüllt. Nichts wird mit einem Mal gelernt! Neben Begabung, Motivation und Fleiß ist die Wiederholung des Stoffes das A und O des Lernerfolges.

Im Rahmen der neuen Tagesstruktur hatten wir versucht, feste Pausenzeiten für alle Lerngruppen einzubauen. Da die Belastungsunterschiede in den verschiedenen Klassen in der Regel jedoch groß sind, haben wir uns für eine variable und klassenabhängige Pauseneinteilung entschieden, die ein Gleichgewicht von Be- und Entlastung am Projekttag gewährt.

Beispiel 1: Neue Tagesstruktur Variante I

An einem Ganztagsschultag von acht Zeitstunden vermitteln zwei Team-Fachlehrende einen Lerninhalt bzw. eine Thematik in fächerübergreifender Weise. In den Untervarianten B und C des Einsatzes ist eine »Übergabe« von Team-Fachlehrer zu Team-Fachlehrer zwingend notwendig.

Tabelle 4: Neue Tagesstruktur Variante I; K = Klassenlehrer; S = Sozialpädagoge; T1, T2 = Team-Fachlehrer.

<table>
<tr><td rowspan="3">Dauer (Min.)</td><td rowspan="3">Phase</td><td colspan="3">Einsatz</td></tr>
<tr><td colspan="3">Untervarianten</td></tr>
<tr><td>A</td><td>B</td><td>C</td></tr>
<tr><td>15–45</td><td>Vorbereitung</td><td>K od. S</td><td>K od. S</td><td>K od. S</td></tr>
<tr><td>ca. 5</td><td>Zielsetzung</td><td rowspan="9">T1 u. T2</td><td rowspan="4">T1</td><td rowspan="3">T1</td></tr>
<tr><td>ca. 30</td><td>Anknüpfung und aktives Erinnern</td></tr>
<tr><td>ca. 30</td><td>Einführung oder Fortsetzung</td></tr>
<tr><td>90–120</td><td>Vertiefung und praktische Anwendung</td><td>T1 u. T2</td></tr>
<tr><td>60–90</td><td>Differenzierte Vertiefung</td><td>T2</td><td rowspan="3">T2</td></tr>
<tr><td>ca. 30</td><td>Abschluss</td><td rowspan="4">T1 u. T2</td></tr>
<tr><td>ca. 5</td><td>Ausblick</td></tr>
<tr><td>ca. 30</td><td>Wiederholung I</td><td rowspan="2">T1 od. T2</td></tr>
<tr><td>ca. 30</td><td>Wiederholung II</td></tr>
</table>

Beispiel 2: Neue Tagesstruktur Variante II

An einem Ganztagsschultag von acht Zeitstunden vermitteln zwei Team-Fachlehrende zwei Lerninhalte bzw. Thematiken nacheinander zu einem fächerübergreifenden Thema. Eine »Übergabe« von Team-Fachlehrer zu Team-Fachlehrer ist zwingend notwendig.

Tabelle 5: Neue Tagesstruktur Variante II; K = Klassenlehrer; S = Sozialpädagoge; T1, T2 = Team-Fachlehrer

Dauer (Min.)	Phase	Einsatz
15–45	Vorbereitung	K od. S
ca. 5	Beginn des 1. Themas mit Zielsetzung	T1
ca. 15	Anknüpfung und aktives Erinnern	
15–30	Einführung oder Fortsetzung	
60–90	Vertiefung, praktische Anwendung und Differenzierung	
ca. 15	Abschluss	
ca. 45	Mittagspause	
ca. 5	Beginn des 2. Themas mit Zielsetzung	T2
ca. 15	Anknüpfung oder aktives Erinnern	
15–30	Einführung oder Fortsetzung	
60–90	Vertiefung, praktische Anwendung und Differenzierung	
ca. 15	Abschluss beider Themen	
ca. 5	Ausblick	
ca. 30	Wiederholung I	T1 u. T2
ca. 30	Wiederholung II	

Beispiel 3: Neue Tagesstruktur Variante III

An einem Halbtagsschultag von fünf Zeitstunden vermitteln ein oder zwei Team-/Fachlehrende einen Lerninhalt bzw. eine Thematik in fächerübergreifender Weise.

Tabelle 6: Neue Tagesstruktur Variante III; K = Klassenlehrer; S = Sozialpädagoge; T1, T2 = Team-Fachlehrer.

Dauer (Min.)	Phase	Einsatz		
		Untervarianten		
		A	**B**	**C**
15–45	Vorbereitung	K od. S	K od. S	K od. S
ca. 5	Zielsetzung	T1 u. T2	T1	T1
ca. 30	Anknüpfung und aktives Erinnern			
ca. 30	Einführung oder Fortsetzung			
60–90	Vertiefung, praktische Anwendung und Differenzierung		T1 od. T2	
ca. 30	Abschluss			
ca. 5	Ausblick			
ca. 30	Wiederholung I			
ca. 30	Wiederholung II			

Effekte der neuen Tagesstruktur

Von den Projektbeteiligten wird die neue Tagesstruktur in den folgenden Punkten als positiv angesehen:

(1) Der Tageseinstieg mit einer Phase der Vorbereitung wirkt beruhigend und aufmerksamkeitsfördernd im Hinblick auf den nachfolgenden Unterricht. Durch den ritualisierten Tagesbeginn mit einer Besprechung im Stuhlkreis, geleitet von einem Sozialpädagogen oder vom Klassenrat, können noch vor Beginn der Behandlung der Tagesthematik lernmindernde Effekte vermieden oder zumindest reduziert werden.

(2) Die für eine Tagesthematik zur Verfügung stehende zusammenhängende Unterrichtszeit ermöglicht Lernenden wie Lehrenden ein entspanntes Arbeiten. Die Schüler arbeiten konzentrierter und ausdauernder und genießen es, nicht ständig zwischen den Unterrichtsthemen wechseln zu müssen. Die Pausen nach Bedarf empfinden sie

als angenehmer als zeitlich festgelegte Pausen. Einige Schüler finden es ausgesprochen »cool«, zu Zeiten Pause zu haben, in denen andere im Unterricht sind. Die Lehrer wiederum genießen es, sich auf eine Thematik konzentrieren zu können und nicht ständig den Unterrichtsraum wechseln zu müssen.

(3) Fach- und Sachprobleme, die im Unterricht auftreten, können direkt gelöst werden. Da deutlich mehr Zeit zur Verfügung steht, ist es einfacher, Unvorhergesehenem oder Widrigkeiten zu begegnen: So stellen beispielsweise ein fehlendes Arbeitsblatt oder Arbeitsgerät, eine unerwartete Fachraumbelegung, eine längere Einführung in die Unterrichtsthematik oder eine nicht geplante Diskussion kein größeres Problem mehr dar.

(4) Die Lernenden können ohne Unterbrechungen durch vorgegebene Pausen oder durch einen Fachwechsel über längere Zeit an einem Thema arbeiten und schätzen dieses Mehr an Zeit, da sie ihre Aufgaben und Arbeitsaufträge ohne Druck bearbeiten können.

(5) Die Lernenden haben mehr Zeit zur Verfügung, in der Gemeinschaft zu lernen und sich beim Lernen gegenseitig zu helfen. In den auf 45 oder 90 Minuten begrenzten Unterrichtsstunden gibt es in der Regel nur wenige, meist kurze Gruppenarbeitsphasen, zum Teil wird ganz auf sie verzichtet.

(6) Die Lehrer können die Lernprozesse über einen längeren Zeitraum beobachten und sind damit in der Lage, die Lernfortschritte und Leistungen der Schüler besser zu beurteilen. Sie haben die Möglichkeit, Veränderungen in der Tagesstruktur vorzunehmen, wenn sie den Eindruck haben, dass damit bessere Lernergebnisse erzielt werden können.

(7) Durch das »aktive Erinnern«, die Wiederholung der Lerninhalte zum Ende des Tages, wird nachweislich mehr Wissen im Gedächtnis verankert als im regulären Unterricht. Präsentieren die Lernenden einer anderen Lerngruppe das neu Erlernte, so ist ein genaueres und umfangreicheres Erinnern zu beobachten.

(8) Die Wiederholungsphase ermöglicht darüber hinaus eine Rückmeldung von Lehrer zu Schüler, Schüler zu Lehrer und auch von Schüler zu Schüler.

Die neue Tagesstruktur bringt allerdings auch Probleme mit sich, an deren Lösung gearbeitet wird:

(1) Die Einarbeitung in die neue Tagesstruktur stellt einen nicht unerheblichen Aufwand dar: Das Zusammenstellen fächerübergreifender Unterrichtsthemen und die notwendige Kooperation der Kollegen eines Teams benötigen deutlich mehr Zeit als die Unterrichtsvorbereitung im Rahmen des regulären Unterrichtsablaufs. Um diese Mehrarbeit auszugleichen, erhielten an unserer Schule vier Schuljahre lang die Lehrer im ersten Jahr ihrer Arbeit mit der neuen Struktur eine Entlastungsstunde.

(2) Für den fächerübergreifenden Unterricht eignen sich manche Fächer bzw. Fächerkombinationen besser als andere. So gibt es beispielsweise für die Fächer Deutsch und Gesellschaft/Politik viele Themenbereiche, die sich miteinander kombinieren lassen. Das gilt mit Einschränkungen ebenso für die Fächer Gesellschaft/Politik, Mathematik und Naturwissenschaft sowie Deutsch und Englisch/Fremdsprachen. Dagegen lassen sich nicht so viele gemeinsame Themen aus den Fächern Kunst, Musik und Arbeitslehre entwickeln. Diese Fächer bieten aber die Möglichkeit, in Sachzusammenhängen einzelne Themenschwerpunkte anderer Fächer zu verdeutlichen, oder wie im Fach Sport in Übergangsphasen der Tagesstruktur sogenannte aktive Pausen einzuschieben.

(3) Nicht immer ist es möglich, dass Kollegen aus einem Team gemeinsam in den Unterricht gehen. Das führt gerade bei einem fächerübergreifenden Unterricht dazu, dass Lehrkräfte Lerninhalte aus Fächern vermitteln müssen, die sie nicht studiert haben. Mit dem fachfremden Unterrichten kommen nicht alle Lehrkräfte gleichermaßen zurecht, einige beschränken sich daher auf einen fächerverbindenden Unterricht, der sich inzwischen als dominante Unterrichtsform an der Gesamtschule Bremen-Ost durchgesetzt hat.

(4) Für Schüler, die etwa aus Krankheitsgründen einen ganzen Unterrichtstag mit der neuen Tagesstruktur versäumt haben, ist das Nachholen an einem regulären Unterrichtstag kaum zu schaffen. Dieses Problem dürfte sich aber bei einer Erhöhung der Unterrichtstage pro Woche mit der neuen Tagesstruktur erledigen.

Vorschläge zur Umsetzung der neuen Tagesstruktur

Meiner Erfahrung nach muss für die Umstellung auf die neue Tagesstruktur ein Vorlauf von ca. einem Jahr eingeplant werden. Ein Jahr vor dem Start sollten dem Kollegium Idee und Konzept des Reformmodells erläutert werden. Da es bei Planung und Umsetzung des Reformprojekts immer wieder zu Meinungsverschiedenheiten, was die Bereitschaft zur Mehrarbeit oder fachbezogene Ansichten angeht, kommen kann, ist eine freiwillige Teilnahme am Projekt sinnvoll.

Die Verantwortung für das Projekt sollte von einer Steuergruppe von mindestens vier und höchstens sechs Personen, bestehend aus Vertretern der Schulleitung, des Kollegiums und der Stundenplanung, übernommen werden. Die Steuergruppe hat die Verantwortung für die zeitliche und inhaltliche Organisation des Reformprojekts in kleinen Schritten. Sie muss ermitteln, mit welchen Lerngruppen oder in welchen Jahrgängen mit dem reformierten Unterricht begonnen werden soll, wobei sich der Beginn mit allen Klassen aus nur einem Jahrgang bei uns sehr bewährt hat. Die Steuergruppe unterstützt die Kollegen bei der Bildung von Lehrer-Teams und hilft bei der Erstellung von Lehrer-Stundenplänen für die Projekttage. Günstig ist es, eine Regelung zu treffen, bei der die beteiligten Kollegen an den Projekttagen nur im reformierten Unterricht eingesetzt sind. Dies erleichtert den Lehrenden die Durchführung sehr und bringt durch das gemeinsame Unterrichten der Teamlehrkräfte große Vorteile für das Lernklima in den Lerngruppen. Die Steuergruppe kümmert sich außerdem um eine Stundenentlastung und organisiert die Fortbildung der beteiligten Lehrkräfte.

Spätestens ein halbes Jahr vor dem Start sollten die Lehrer-Teams gebildet sein und mit ihren Vorbereitungen beginnen. Sie sollten Ziele, Ablauf und Inhalt ihres gemeinsamen Unterrichts planen, Konzepte für einen fächerübergreifenden oder fächerverbindenden Unterricht, unter Berücksichtigung der Persönlichkeiten der Lernenden und ihrer Begabungen (Normalbegabung, Minderbegabung, Hochbegabung), ihres Wissensstandes und ihrer familiären Situation, entwerfen und unter der Maxime »Weniger ist mehr« vorbereiten. Bei dieser Reduktion und Umgestaltung des Unterrichtsstoffes sollte ein fächerübergreifender Unterricht angestrebt werden, wo immer dies möglich ist. Zudem sollten sich die

Lehrenden auf den Gebieten Persönlichkeits-, Entwicklungs- und Lernpsychologie, wie sie in den wissenschaftlichen Grundlagen dieses Buches dargestellt werden, fortbilden.

Im reformierten Unterricht, in dem ein fächerübergreifendes, fächerverbindendes oder alternativ ein Fachthema pro Tag im Lehrer-Team vermittelt wird, sollte zum Start eine Eingewöhnungszeit bei den Lehrenden und den Lernenden von mindestens einem Dreivierteljahr berücksichtigt werden. Gerade in der Anfangszeit ist es wichtig, dass die Steuergruppe mit einzelnen Teams die gesammelten Erfahrungen bespricht und bei Problemen gemeinsam nach Wegen sucht. Zusammenkünfte aller Teams, also Plenarveranstaltungen, sollten vorrangig der Fortbildung dienen.

Nicht alles klappt sofort! Wir taten uns über ein Jahr oft schwer und ein Lehrer-Team stieg zur Mitte des ersten Jahres aus dem Projekt aus. Letztendlich haben sich aber Arbeit und Mühe aller am Reformprojekt Beteiligten gelohnt. Jede Woche erleben wir den Erfolg in unseren Projektklassen.

B Wissenschaftliche Grundlagen

Gerhard Roth

Der schulische Unterricht hat neben der Hilfe zur Persönlichkeitsentwicklung das Ziel, ein bestimmtes Wissen so zu vermitteln, dass die entsprechenden Inhalte möglichst lange im Gedächtnis der Schüler hängenbleiben. Mit welchen Mitteln dieses Ziel zu erreichen ist, darüber gibt es bis heute sehr unterschiedliche Vorstellungen und zum Teil erbitterte Auseinandersetzungen. Die einen betonen klassische lehrerzentrierte Lehr- und Lernmethoden wie den Frontalunterricht, die anderen legen Wert auf eine klare Strukturierung des Stoffes, ein Lernen mit Aufmerksamkeit und Fleiß, das Vertiefen durch Hausaufgaben und das Überprüfen durch Prüfungen und Noten. Schließlich sehen heutzutage viele »selbstreguliertes« und »selbstorganisiertes« Lernen als Allheilmittel an, bei dem der Lehrende nur noch anfänglichen Input liefert und dann darauf zu achten hat, dass es im Unterricht halbwegs gesittet zugeht.

Diese Kontroversen sind insofern weitgehend obsolet, als es seit langem gesicherte lernpsychologische und neurobiologische Erkenntnisse hinsichtlich der Frage gibt, auf welche Weise schulisches Wissen so vermittelt werden kann, dass es sich langfristig im Gedächtnis der Lernenden verankert. Überdies hat die Hattie-Studie nur bekräftigt, was gute Lehrer immer schon wussten und praktizierten und gute Didaktiker und Pädagogen immer schon propagierten: Es gibt nämlich nicht *die eine* optimale Unterrichtsform, sondern ein Methodenmix ist die beste Art »hirngerechten« Unterrichts. Leider ist diese Erkenntnis nicht hinreichend in der Schulpraxis angekommen.

Lernen und Gedächtnisbildung aus neurobiologischer Sicht

Lernen ist eine Grundleistung des Menschen und auch bei allen Tieren vorhanden, selbst den einfachsten. Vieles Lernen geht »von selbst« und ohne Anstrengung, anderes hingegen ist mühsam. Auch beim Menschen ist dies so: Kleine Kinder lernen per Imitation oder durch Ausprobieren anstrengungslos viele wichtige Dinge, und zwar solche, auf die sie über bestimmte biologische Anlagen vorbereitet sind. Dem Spielen kommt hier eine besondere Rolle zu. Aufrecht gehen und sprechen lernen ist für die Kleinkinder mühelos, auch wenn es langsam passiert. Sie erkennen blitzschnell die Gesichter und die Stimmen ihrer primären Bezugspersonen. In der Schule geht es hingegen um den Erwerb von Wissen, auf das die Lernenden nicht in dieser Weise biologisch vorbereitet sind. Es gibt keine spezifischen biologischen Anlagen für Lesen, Schreiben und Rechnen, sondern hierzu werden Hirnfunktionen benutzt, die eigentlich mit anderen Dingen zu tun haben, und deshalb sind sie mit jahrelanger Mühe verbunden.

Nach wissenschaftlichen Erkenntnissen hängt der Lernerfolg neben dem Faktor der Lehrer- und der Schülerpersönlichkeit von folgenden Faktoren ab:

1. Intelligenz und Begabung des Schülers,
2. seine Aufmerksamkeit,
3. seine allgemeine Motiviertheit für schulisches Lernen und sein spezielles Interesse für ein bestimmtes Fach oder einen bestimmten Inhalt,
4. die Anschlussfähigkeit des Lernstoffs an die Lebenswelt des Schülers und an das bereits vorhandene Wissen,
5. die Art und Strukturierung des Unterrichts,
6. Fleiß und aktive Aneignung des Schülers,
7. Wiederholung des Lernstoffs in zunehmenden zeitlichen Abständen.

Diese Faktoren sind wirksam, indem sie die grundlegenden Mechanismen des Lernens und der Gedächtnisbildung beeinflussen, die die Lehrpersonen natürlich berücksichtigen müssen.

Lernen beruht aus neurowissenschaftlicher Sicht generell auf der mittel- und langfristigen Verstärkung oder Abschwächung synaptischer Kontakte zwischen den Nervenzellen im Gehirn aufgrund einer bestimmten Information, die von einem *neuronalen Bewertungssystem* kommt. Diese Veränderung synaptischer Kontakte verändert die Funktion der Neuronen-Netzwerke, welche die Träger der Information und damit Teil des Gedächtnisses sind, wie wir noch sehen werden.

Man unterscheidet unterschiedliche Gedächtnisformen, die auf unter-

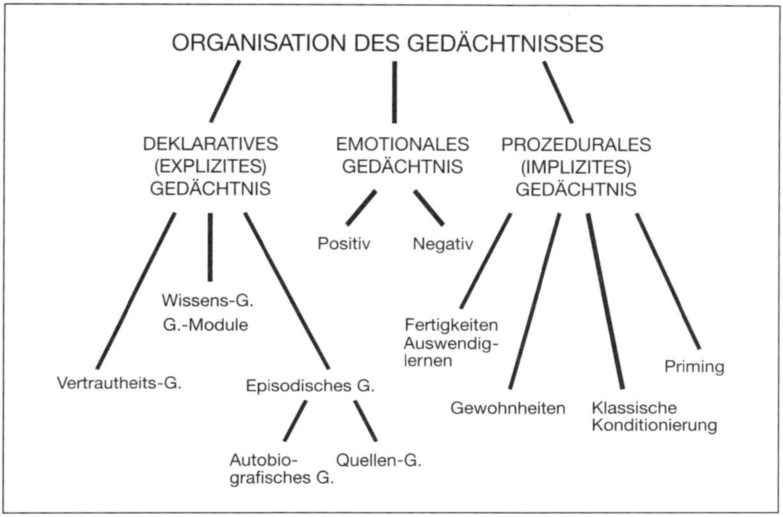

Abbildung 8: Schema der menschlichen Gedächtnisarten. Weitere Erklärung im Text.

schiedlichen Lernvorgängen beruhen und sich in ihren neuronalen Grundlagen deutlich voneinander unterscheiden (Abbildung 8). Für das Lernen und die Gedächtnisbildung schulischen Wissens ist vornehmlich das sogenannte deklarative bzw. explizite Gedächtnis von Bedeutung. Es hat mit Inhalten zu tun, die zumindest im Prinzip sprachlich detailliert wiedergegeben (»deklariert«) und damit über Erinnerung »sprachlich-explizit« gemacht werden können. Man unterscheidet hierbei *episodische* Gedächtnisinhalte, die mit konkreten Geschehnissen und Erlebnissen, insbesondere hinsichtlich der eigenen Person, zu tun haben (»was ich letzte Woche in Hamburg erlebt habe«), und *semantische* Gedächtnisinhalte, die kontext- und erlebnisunabhängige Wissensinhalte im engeren Sinne betreffen (»wie heißt die Hauptstadt von Frankreich?«, »wie lautet die chemische Formel von Wasser?«). Oft werden durch Wiederholung Inhalte des episodischen Gedächtnisses zu Inhalten des semantischen Gedächtnisses, indem die variablen Kontexte ausgeblendet werden und der abstrakte Bedeutungskern übrigbleibt. Schließlich gibt es noch das *Bekanntheitsgedächtnis*, das angibt, ob eine entsprechende Information neu oder bekannt ist (z. B. »das kommt mir irgendwie bekannt vor – aber Genaueres kann ich nicht sagen!«).

Vom deklarativen Gedächtnis unterscheidet man das *prozedurale* Gedächtnis. Es ist viel heterogener und umfasst alle *Fertigkeiten*, seien sie kognitiver Art wie das schnelle Erkennen von Fehlern in einem Ablauf, oder motorischer Art wie Klavierspielen und Fahrradfahren sowie die Ausbildung von *Gewohnheiten* des Denkens, Fühlens und Handelns. Hierzu gehört interessanterweise auch (1) das »sture« Auswendiglernen; (2) das Erinnern von Wissen aufgrund von Lernhilfen, auch »Priming« genannt; (3) kategoriales Lernen, d.h. das Klassifizieren anhand von Prototypen; (4) klassische Konditionierung; und (5) nichtassoziatives Lernen, d.h. Gewöhnung und Sensitisierung, d.h. unempfindlicher oder empfindlicher werden gegenüber bestimmten Reizen.

Bei den *Fertigkeiten* wissen wir gewöhnlich, *dass* wir über sie verfügen, haben jedoch meist keine Kenntnis über die Details. Normalerweise habe ich keine Ahnung davon, was mit meinen Fingern und den Klaviertasten passiert, wenn ich eine Bach-Fuge spiele. Bewusstsein kann sogar störend sein, wenn ich während des Klavierspielens darüber nachdenke, wie meine Finger ihre Aufgabe erledigen. Allerdings ist es für Fertigkeiten charakteristisch, dass wir *zu Beginn ihres Einübens* ein hohes Maß an Konzentration aufwenden müssen; wir können dabei auch gut beschreiben, was wir wie machen und wo unsere spezifischen Schwierigkeiten liegen. Je mehr wir aber mit dem Üben voranschreiten und je besser der Ablauf klappt, desto weniger Konzentration ist notwendig und desto unbeschreiblicher wird die Sache. Wenn uns dann jemand fragt: »Wie machst du das eigentlich?«, sagen wir meist: »Keine Ahnung, ich kann's eben«.

Das Auswendiglernen von Wissensinhalten wie Jahreszahlen, PINs, Vokabeln, Formeln oder von Gedichten, die wir als Kinder bei festlichen Gelegenheiten vortragen mussten, geschieht genauso wie die Ausbildung einer Gewohnheit. Anfangs geht es ganz langsam voran, dann werden wir besser. Schließlich können wir die Inhalte herunterspulen, ohne nachzudenken. Wichtig ist, dass wir dabei gar nicht wissen müssen (oder auch können), was das Ganze bedeutet. So musste ich wie viele andere Schüler Schillers Gedicht »Die Glocke« auswendig lernen, ohne dass es dabei als notwendig angesehen wurde zu verstehen, was Schiller damit eigentlich sagen wollte.

Das Gedächtnis als magische Kommode

Das deklarative Gedächtnis, auf das es in der Schule hauptsächlich ankommt, ist in unserer *assoziativen* und *bewusstseinsfähigen* Großhirnrinde lokalisiert. Es besteht aus dem Abspeichern, Konsolidieren und Abrufen bzw. Erinnern. Um eine Anwendung in der Schulpraxis besser zu erläutern, greifen wir zum Bild des deklarativen Gedächtnisses als einer »magischen Kommode«, weil sie scheinbar seltsame Eigenschaften hat.

Diese Kommode hat sehr viele Schubladen. Jede Schublade enthält einen Speicher, den wir uns als einen Kasten vorstellen können, in dem übereinanderliegende Netze bzw. Siebe aufgespannt sind. Dabei sind die obersten Siebe sehr grobmaschig, nach unten werden sie engermaschig und ganz unten haben sie nur noch sehr kleine Maschen. Wir stellen uns nun die abzuspeichernden Inhalte als *Kugeln mit Ärmchen* vor, die auf das Maschensystem fallen. In welchem Maße sie durch die Maschen fallen, hängt von der Anzahl, Richtung und Länge der Ärmchen ab. Die Länge dieser Ärmchen wird bestimmt durch die Stärke gedächtnisrelevanter Eigenschaften wie Auffälligkeit, Bedeutungshaftigkeit, Emotionalität, und die Anzahl und Richtung korreliert mit der Anschlussfähigkeit zu vorhandenen Inhalten. Wenn die Ärmchen sehr lang sind, dann werden die Informationen vermehrt in den oberen Maschenebenen hängen bleiben und sind gut hervorholbar, d. h. erinnerbar. Sind sie kurz und reichen nicht in viele Richtungen, weil die Inhalte nur von geringer Bedeutung, nur von wenig Emotionen begleitet oder wenig anschlussfähig sind, so fallen sie tief und sind nur schwer oder gar nicht erinnerbar.

Die Zeitstruktur unseres Gedächtnisses

Jedem von uns ist geläufig, dass Lerninhalte in Hinblick auf ihr Erinnern einem bedauerlichen zeitlichen Verfall unterliegen. So können wir uns an etwas, das wir im Unterricht vor wenigen Sekunden gehört haben, fast vollständig erinnern und es wiedergeben. Bereits nach einigen Minuten wird das Erinnern lückenhaft, besonders wenn neue Inhalte auftreten. Am Abend erinnern wir uns an die Inhalte nur noch bruchstückhaft, sofern wir uns damit nicht mehr beschäftigt haben, und am nächsten Tag ist das Vergessen dann noch ausgeprägter. Es gibt meist einen Kerninhalt, den wir wiedergeben können, aber die Details werden kaum mehr erinnert. Nach einer Woche wissen wir nur noch nebelhaft, was an dem besagten Vormittag im Unterricht dran war, und nach vier Wochen scheint alles vergessen zu sein, sofern nicht gegen dieses Vergessen angekämpft wurde, etwa durch Wiederholung.

Dieser für die Schule bedauerliche Vorgang ist ein wirksamer Schutzmechanismus gegen eine Überlastung unseres Gedächtnisses: Es gibt Menschen, die buchstäblich alles behalten, was sie einmal gehört oder gesehen haben, und sie leiden darunter, weil das meiste davon nicht erinnerungswürdig ist. Die Kognitionswissenschaften haben indes herausgefunden, dass auch wir alle in gewissem Sinne ein solches »Supergedächtnis« haben, denn alles, was jemals in unser Langzeitgedächtnis geraten ist (wovon noch zu sprechen sein wird), verbleibt dort. Die Inhalte können aber so weit absinken, dass sie nicht mehr aus eigener Kraft erinnert werden können. Wenn man also etwas vergessen hat, so ist der Inhalt keineswegs verschwunden, sondern nur nicht mehr willentlich abrufbar.

Der genannte Vorgang des Vergessens und Wiedererinnerns kann sehr unterschiedlich ablaufen, und zwar sowohl zwischen den Menschen – die einen haben generell ein hervorragendes und die anderen ein schlechtes Gedächtnis – als auch bei uns selbst. An manche Dinge erinnern wir uns auch nach langer Zeit sehr gut, während wir uns an anderes ganz gegen unseren Willen nicht mehr erinnern können. Es wäre also schön, wenn wir diesen Vorgang genauer verstehen und dann auch beeinflussen könnten.

Der Prozess der explizit-deklarativen Gedächtnisbildung beginnt mit der Arbeit des Kurzzeitgedächtnisses, auch *Arbeitsgedächtnis* genannt. Es hat eine Spanne von 2–30 Sekunden, sofern wir nicht besondere Maßnahmen treffen. Die neuronale Speicherung ist erst einmal rein physiologischer Natur, d.h., sie beruht auf schnellen Veränderungen der synaptischen Übertragung und ist deshalb sehr störungsanfällig. Inhalte, die in diesem Kurzzeit- oder Arbeitsgedächtnis sinnhaft (vor)verarbeitet wurden, gelangen von dort in ein *Zwischengedächtnis* (intermediäres Gedächtnis), das eine Spanne von ca. 30 Sekunden bis 30 Minuten aufweist. Von da an beginnt sehr allmählich die Einspeicherung ins Langzeitgedächtnis mit einer Spanne von 30 Minuten bis zu Jahrzehnten. Die Kapazität des

Langzeitgedächtnisses ist praktisch unbegrenzt und beruht auf strukturellen Veränderungen der Nervennetze, d. h. der Ausbildung neuer und dem Abbau oder der anatomischen Veränderung vorhandener Synapsen. Es ist deshalb viel unempfindlicher gegen Störungen, obgleich es ebenfalls nicht statisch, sondern höchst dynamisch ist, d. h., es schreibt sich aufgrund neuer Erfahrung ständig um, wenngleich in einem viel langsameren Tempo über Monate und Jahre.Für die Überführung von Inhalten vom Kurzzeit- oder Arbeitsgedächtnis in das Langzeitgedächtnis sowie für die Erinnerung an diese Inhalte sind der Hippocampus und die ihn unmittelbar umgebende Hirnrinde verantwortlich. Bei Störungen des Hippocampus kann ein Mensch für wenige Sekunden bis Minuten etwas behalten – was zeigt, dass das Arbeitsgedächtnis im Prinzip unabhängig vom Hippocampus arbeiten kann –, aber danach ist der Inhalt tatsächlich ganz verloren und nicht mehr erinnerbar.

Die Bedeutung des Arbeitsgedächtnisses

Das Kurzzeit- bzw. Arbeitsgedächtnis bildet den Eingang in das Gedächtnissystem. Es ist zuständig für die kurzfristige Verarbeitung von Sinnesinformationen, z. B. wenn wir etwas hören oder lesen, und von aktuell abgerufenen Inhalten des Gedächtnisses, wenn uns etwas gerade einfällt oder wenn wir einen Gedanken verfolgen. Es ist deshalb auch weitgehend identisch mit dem bewussten Erleben dessen, was gerade passiert. Darum nennen wir es oft auch »Aktualgedächtnis«.

Dieses Arbeitsgedächtnis hat die schwierige Aufgabe, die aktuellen Inhalte, zum Beispiel was der Lehrer gerade erzählt oder was ich gerade lese, zu einem *möglichst sinnvollen Ganzen* zusammenzufügen. So muss es in Zusammenarbeit mit den Sprachzentren (dem Wernicke- und dem Broca-Sprachzentrum; vgl. *Abbildung 4*) aus gehörten oder gelesenen Wörtern mithilfe von sprachlicher Vorerfahrung einen bedeutungsvollen Satz machen. Dazu muss es zu den aktuellen Inhalten jeweils das passende *Vorwissen* aus dem Langzeitgedächtnis aufrufen. Ansonsten wäre ein Verstehen nicht möglich, denn Verstehen neuer Inhalte heißt, sie in einen sinnvollen Zusammenhang mit bereits vorhandenen Wissensanteilen zu bringen.

Das kennt jeder von uns: Jemand erklärt uns etwas, benutzt dabei aber

Vokabeln, die uns nicht geläufig sind. Er versucht etwa, uns die Erregungs- und Informationsverarbeitung an einer Synapse mithilfe von Transmittern und Neuromodulatoren zu erklären. Wir haben aber noch nie etwas von Synapsen, Transmittern und Neuromodulatoren gehört und verstehen rein gar nichts.

Die im Arbeitsgedächtnis aktiven Nervenzellen brauchen sehr viel Stoffwechselenergie, vornehmlich in Form von Sauerstoff und Zucker, und dies umso mehr, je mehr Arbeit sie bei der bedeutungshaften Verarbeitung der Sinnesinformationen leisten müssten. Die Verarbeitungs- und Speicherkapazität des Arbeitsgedächtnisses ist allein deshalb schon sehr begrenzt. Dies ist der Grund dafür, warum es für uns so schwierig ist, länger als wenige Minuten einer komplizierten Sache, z. B. den Ausführungen des Lehrers, zu folgen – der »Akku« ist einfach leer und muss wieder aufgeladen werden, was allerdings im Gehirn sehr schnell in Kurzpausen geht. Daher ist es so wichtig, dass die Lerninhalte *strukturiert* und *sinnhaft* dargestellt werden, denn nur dies kann im Arbeitsgedächtnis gut verarbeitet werden und hat dann gute Chancen, über das Zwischengedächtnis im Langzeitgedächtnis nachhaltig verankert zu werden. Alles andere wird im Allgemeinen nicht weitergeleitet und verschwindet unabgespeichert – es ist wirklich »ganz weg«.

Das Arbeitsgedächtnis bildet also den kritischen »Flaschenhals« für die Aufnahme und die primäre Verarbeitung von Wissen, und daher muss der Lehrende im Unterricht besonders diese kritischen Eigenschaften des Arbeitsgedächtnisses berücksichtigen (siehe unten). Wir lernen daraus die Tatsache, dass der Grad der Strukturiertheit und Sinnhaftigkeit eines Lerninhalts in direktem Verhältnis zu seiner Erinnerbarkeit steht. Ohne besondere Unterstützungsmaßnahmen findet beim Übergang vom Arbeitsgedächtnis in das Zwischengedächtnis und schließlich in das Langzeitgedächtnis ein starker Informationsverlust statt. Noch weniger Inhalte schaffen es, sich dort dauerhaft zu verankern, es sei denn, bestimmte Faktoren, die im Folgenden besprochen werden, treten in Aktion. Wir können uns dies anhand des Modells der »magischen Kommode« so vorstellen, dass die Ärmchen der Kugeln (also der Lerninhalte) durch diese Maßnahmen länger werden und in den oberen Netzen hängen bleiben. Dort sind sie dann gut zugänglich, d. h. relativ leicht erinnerbar.

Die Arbeit des Zwischengedächtnisses

Das Zwischengedächtnis ist im sogenannten Hippocampus (lateinisch für »Seepferdchen«, wegen des Querschnittes dieser Hirnstruktur) sowie in den direkt anliegenden Teilen der Großhirnrinde (entorhinaler, perirhinaler und parahippocampaler Cortex) lokalisiert (vgl. *Abbildung 3*). Dieses System wird »medialer temporaler Lappen« genannt. Wie in Abbildung 9 gezeigt, erhält es Eingänge von praktisch allen Teilen der Großhirnrinde als Sitz des Langzeitgedächtnisses (s. unten) und schickt Verbindungen dorthin zurück

Hier werden die Lerninhalte in einer von uns nicht bewusst erfahrbaren Weise nach bestimmten sensorischen und kognitiven Merkmalen zusammengestellt, und es wird entschieden, in welche der vielen Schubladen der »magischen Kommode« des Langzeitgedächtnisses sie abgelegt werden. Außerdem werden diese sensorisch-kognitiven Inhalte mit Emotionen versehen, die aus bewussten wie unbewussten limbisch-emotionalen Gehirnzentren kommen und bei der Wahrnehmung dieser Inhalte aufgetreten waren – gleichgültig, ob bewusst oder unbewusst. Sie werden mit den sensorisch-kognitiven Inhalten »verklebt«, und zwar desto stärker, je intensiver die Emotionen waren. Beide Bestandteile, die sensorisch-kognitiven und die limbisch-emotionalen werden als Gesamtpaket im Langzeitgedächtnis verankert. Dies hat zur Folge, dass ein Erinnern des Geschehens immer mit einem Erleben der »aufgeklebten« Gefühle erfolgt. Wenn wir uns an unsere eigene Schulzeit erinnern, dann kommen automatisch positive oder negative Gefühle hoch, je nachdem, wie angenehm der Schulbesuch für uns war.

Das gilt natürlich auch für jeden Schüler, der mit dem Unterricht bzw. den Lehrpersonen positive oder negative Erfahrungen macht, und jede entsprechende Neuerfahrung ist nicht nur von sachlichen, sondern auch von entsprechenden Gefühlen begleitet und bestimmt sie als »Vorurteil«. Gefühle sind ein wesentlicher Bestandteil der Bewertung von Inhalten nach dem Kriterium »wichtig«, und deshalb entscheidet die Emotionalität eines Inhaltes ganz wesentlich über seine Erinnerbarkeit: Dinge fallen uns dann besonders leicht ein, wenn sie mit starken Gefühlen positiver oder negativer Art verbunden sind, so als ob sie mit besonders auffälligen Farben angemalt wären.

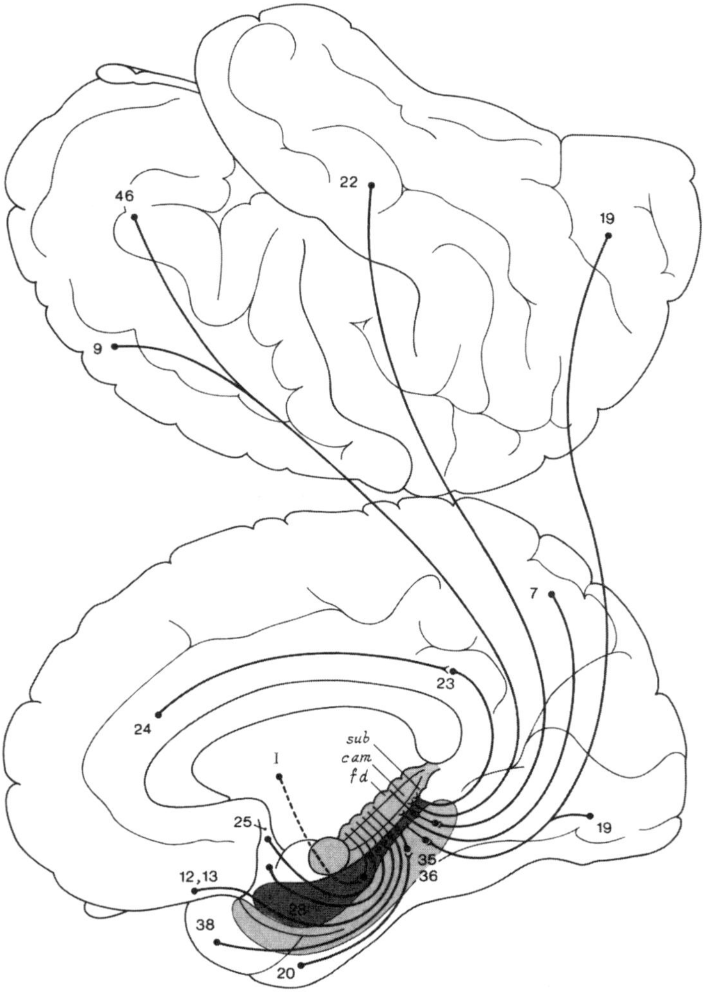

Abbildung 9: Corticale Eingänge in das medial-temporale Gedächtnissystem. Abkürzungen: i = insulärer Cortex, c am = Ammonshorn, fd = Fascia dentata (Gyrus dentatus), sub = Subiculum, 1 = primäres sensorisches Areal, 7 = parietaler Cortex, 9 = dorsolateraler präfrontaler Cortex, 12/13 = ventromedialer präfrontaler Cortex, 19 = tertiärer visueller Cortex, 20 = unterer temporaler Cortex, 23 = posteriorer cingulärer Cortex, 24 = anteriorer cingulärer Cortex, 25 = subgenualer cingulärer Cortex, 28 = entorhinaler Cortex, 35–36 = perirhinaler Cortex, 38 = anteriorer temporaler Cortex, 46 = lateraler präfrontaler Cortex (nach Nieuwenhuys et al. 1991, verändert).

Die Arbeit des Langzeitgedächtnisses

Das explizite Langzeitgedächtnis mit seinem Sitz in der Großhirnrinde ist keine Festplatte im üblichen Sinn, sondern unterliegt einer ständigen Überarbeitung und auch einem relativ langsamen inneren Verfall, der aber erst einmal nichts mit dem Prozess des Vergessens zu tun hat. Im Gegensatz zur sehr begrenzten Verarbeitungskapazität des Arbeitsgedächtnisses und auch des Zwischengedächtnisses besitzt das Langzeitgedächtnis eine fast unbegrenzte Speicherkapazität – die einzige Beschränkung, die es kennt, betrifft die Schnelligkeit des »Zugriffs«, also der Erinnerung. Die ständige Überarbeitung besteht zum einen darin, dass alle neu ankommenden Inhalte in bereits vorhandene Inhalte eingefügt werden. Das wird bestimmt durch die Anschlussfähigkeit der Inhalte, von denen gleich die Rede sein wird.

Die Träger der Gedächtnisinhalte sind Netzwerke von Nervenzellen sehr unterschiedlicher Größe. Nervenzellen kommunizieren in der Regel mit Salven von Aktionspotenzialen unterschiedlicher Frequenzen (d.h. Impulsen pro Sekunde). Diese treten innerhalb sogenannter Frequenzbänder auf, z.B. im sogenannten Theta-Band mit 4–7 Hertz (Hz), Alpha-Band mit 8–12 Hz, Beta-Band mit 13–30 Hz und Gamma-Band mit 31 Hz und höher. Diese Salven von Aktionspotenzialen können sehr regelmäßig bis sehr unregelmäßig ausfallen. Wenn nun viele direkt verknüpfte Nervenzellen (von zehn bis Millionen) miteinander kommunizieren, überlagern sich die einzelnen Salven der beteiligten Nervenzellen, sie können sich untereinander synchronisieren und dabei sehr komplexe raumzeitliche Muster elektromagnetischer Schwingungen bilden, die unterschiedlich labil oder stabil sind. Labile Muster von rund einer Sekunde treten bei Veränderungsprozessen auf und stabilisieren sich dann für längere Zeit. Sie ändern sich aber erneut, wenn es heißt: »Es liegen neue Erfahrungen vor, also verändere dich!« Wichtig zu beachten ist, dass ein »Umschreiben« von Inhalten des Langzeitgedächtnisses aufgrund neuer Erfahrungen in der Regel nur dann geschieht, wenn die Inhalte erinnert werden. Darauf werde ich noch genauer eingehen.

Wenn bestimmte Erfahrungen immer und immer wieder gemacht werden, so tritt ein besonderer Stabilisierungs- und Konsolidierungsprozess ein, d.h., die betroffenen Gedächtnis-Netzwerke nehmen eine immer engere Verknüpfungsstruktur und ein immer stabileres Schwingungsmuster an und werden dadurch resistenter gegen Veränderungen durch weitere Erfahrungen. Diesen Vorgang kennen wir zu Genüge: Was wir vielmals erfahren haben, verändert sich kaum mehr, auch wenn wir gegenteilige Erfahrungen gemacht haben. Gedächtnisinhalte ähneln dann immer mehr Automatismen, die abgespult werden.

Die Rolle der Aufmerksamkeit

Die leichte Erinnerbarkeit wird im Zusammenwirken mit der Strukturiertheit und Sinnhaftigkeit stark vom Grad der Aufmerksamkeit bestimmt. Hört man einer Mitteilung nicht genau zu oder konzentriert man sich nicht beim Lesen, dann bleibt kaum etwas hängen. Deshalb sagt der Lehrer oft: »Hört genau zu, schaut genau hin, sonst kapiert ihr es nicht!« Recht hat er!

Die psychologisch-neurobiologische Aufmerksamkeitsforschung unterscheidet zwei Arten von Aufmerksamkeit, nämlich eine »von unten nach oben« (bottom up) und eine »von oben nach unten« (top down) gesteuerte Aufmerksamkeit. Zur ersten Kategorie gehören alle Bewusstseinsinhalte, die von sensorisch auffälligen Reizen (Farben, Geräusche, Bewegungen, Gestaltveränderungen usw.) hervorgerufen werden, welche mehr oder weniger automatisch unsere Aufmerksamkeit auf sich ziehen. Alles Überraschende und Auffallende, etwa ein lauter Knall, schreiende Farben, bizarre Bewegungen usw., ist erst einmal an sich bedeutsam, wenngleich oft nur für kurze Zeit, nämlich wenn unser Gehirn feststellt, dass es keine bedeutsamen Konsequenzen hat. Zur zweiten Kategorie gehören all die Ereignisse in der Umwelt oder in unserem Körper, denen unser Gehirn aufgrund eigener Erfahrungen eine Bedeutung zumisst, auch wenn die Ereignisse selbst sensorisch unauffällig sind. Dies äußert sich in unserem Interesse an den Ereignissen, das meist mit aktiver Hinwendung unserer Augen bzw. unseres Kopfes und Körpers zum Reiz begleitet wird.

Neurobiologisch gesehen, verstärken sich bei beiden Typen von Aufmerksamkeit die Aktivitäten derjenigen Hirnzentren, die neue und wichtige Dinge verarbeiten (vgl. *Abbildung 4*). Diese Zentren sind – das ist nicht überraschend – mehr oder weniger identisch mit den Hirngebieten, in denen sich auch das Arbeitsgedächtnis befindet. Hierzu gehört das obere Stirnhirn (der dorsolaterale präfrontale Cortex), das vornehmlich für bedeutungsgeleitete Aufmerksamkeit zuständig ist. Weiterhin gehört hierzu der hintere Scheitellappen (der posteriore parietale Cortex), der vornehmlich mit räumlicher Aufmerksamkeit und entsprechenden Orientierungsreaktionen zu tun hat und Ort räumlicher und handlungsbezogener Gedächtnisinhalte ist. Beim Zuhören kommen Bereiche des auditorischen Cortex im oberen Schläfenlappen hinzu, beim Zuschauen der visuelle Cortex im Bereich des unteren Schläfenlappens und des Hinterhauptslappens. Wenn sich eine Person auf etwas räumlich und geistig konzentriert, dann steigt die Aktivität der beteiligten Nervenzellen (die »Feuerrate«) stark an. Es erniedrigt sich dasjenige der nicht »aufmerksamen« Neuronen, das zum Hintergrundrauschen wird. Dadurch erhöht sich, technisch gesprochen, der Signal-Rausch-Abstand, und das Erkennen der Signale wird verlässlicher. Ein weiterer der Aufmerksamkeit zugrunde liegender neuronaler Mechanismus scheint die bereits erwähnte Synchronisation der Entladungssalven der Neurone sein, und zwar innerhalb unterschiedlicher Frequenzbänder (s. oben).

Für diese Mechanismen ist die intensive Zusammenarbeit des sogenannten basalen Vorderhirns und des Hippocampus erforderlich. Das basale Vorderhirn, das in der Trennwand (dem »Septum«) zwischen den beiden Endhirnventrikeln angesiedelt ist, produziert den Neurotransmitter und -modulator Acetylcholin, der den Grad der Aufmerksamkeit steuert und auf den Hippocampus beim Sortieren der potenziellen Gedächtnisinhalte einwirkt. Die zumindest vorübergehend aufmerksamkeitserhöhenden Stoffe wie Nikotin und Koffein wirken auf dieses Gehirnzentrum ein. Umgekehrt beruht eine beginnende Altersdemenz auf einem vorzeitigen Absterben von Nervenzellen im basalen Vorderhirn, die Acetylcholin produzieren. Eine verringerte Konzentrationsfähigkeit und ein entsprechender Verlust von Funktionen des Hippocampus sind erste warnende Anzeichen einer beginnenden Altersdemenz.

Im Zustand der Aufmerksamkeit ändert sich nicht nur die sensorische Auflösung, sondern auch die Art der Informationsverarbeitung der beteiligten Nervenzellverbände, d. h., die Informationen werden detailreicher verarbeitet, und zwar umso mehr, je stärker wir uns konzentrieren. Allerdings ist das Ausmaß dieser Erhöhung dadurch begrenzt, dass die in einer

Zeiteinheit verfügbare Menge an Aufmerksamkeit entweder auf wenige Inhalte oder gar nur einen Inhalt konzentriert oder aber flach auf viele Inhalte verteilt werden kann. Deshalb geschieht es oft, dass bei starker Konzentration auf einen Inhalt (etwa eine spannende Lektüre) die übrige Welt um uns buchstäblich versinkt (»Unaufmerksamkeitsblindheit« genannt), während im Zustand flacher Konzentration mehrere Dinge verfolgt, gleichzeitig aber nur oberflächlich wahrgenommen werden. Eine oft angewandte Alternative ist, dass unsere Aufmerksamkeit schnell hin und her springt, wie dies beim oft propagierten Multitasking geschieht. Dies verbraucht erhebliche mentale und physiologische Ressourcen und ist weniger effektiv, als allgemein angenommen wird.

Für den Unterricht ist es wichtig, dass ein Lehrender das Arbeitsgedächtnis und damit das Aufmerksamkeitssystem nicht überbeansprucht und den Schülern Zeit lässt, geistig »Luft zu holen«, und dies umso mehr, je neuer und schwieriger der zu vermittelnde Stoff ist. Der Lehrende muss entsprechend den Stoff in *Spannungsbögen* von wenigen Minuten präsentieren und Unterbrechungen in Form anschaulicher Beispiele, launiger Bemerkungen usw. liefern, um zu vermeiden, dass die Lernenden in ihrer Aufnahmefähigkeit überfordert werden und »aussteigen«, d. h. weghören bzw. wegsehen. Dasselbe geschieht, wenn wir einen schwierigen Text lesen oder komplizierte Dinge genau beobachten. Das können wir nur für kurze Zeit und müssen geistig kurz »Luft holen«, z. B. indem wir uns fragen, was wir gerade an wichtigen Dingen gelesen haben.

Gegen dieses Erfordernis wird leider von Seiten der Lehrpersonen oft verstoßen und zwar aus zwei Gründen: erstens aufgrund des an sich verständlichen Bestrebens, in einer Unterrichtsstunde von 45 Minuten mit einem bestimmten Stoff »durchzukommen«, und zweitens aufgrund der Vertrautheit des Lehrenden mit dem Stoff. Je vertrauter den Lehrenden ein Stoff ist, desto weniger geistigen Aufwand müssen sie beim Befassen mit ihm treiben. Dem Lehrenden ist alles (hoffentlich) »sonnenklar«, die Zusammenhänge liegen für ihn auf der Hand, während für den Lernenden das meiste neu und ungewohnt ist und Zusammenhänge erst mühsam hergestellt werden müssen. Je größer diese Verständnisschwierigkeiten sind, desto weniger bleibt vom Gehörten oder Gelesenen hängen.

Der gute Lehrer muss sich auch hier konsequent auf den Standpunkt des Schülers stellen, dem das alles eher unvertraut ist und der oft Mühe hat, dem Lehrenden zu folgen. Er fragt sich: »Wie wäre es, wenn das, was verkündet wurde, mir selbst ganz neu ist?«

Die Anschlussfähigkeit des Stoffes

Wie gehört, verankert sich ein neuer Stoff umso nachhaltiger im Langzeitgedächtnis und wird umso leichter erinnert, je besser er sich an das bereits vorhandene Wissen anschließt. Ebenso gilt das Umgekehrte, d.h., was sich nicht an vorhandenes Wissen anschließen kann, wird nur schwer gelernt. Dies gilt etwa für den Erwerb von Grundkenntnissen, z.B. das Lernen der ersten Vokabeln in einer Fremdsprache. Hier hilft oft nur stures Auswendiglernen, ehe eine genügende Menge an anschlussfähigem Wissen vorhanden ist. Entsprechend unserem Modell fällt der nicht anschlussfähige Wissensinhalt durch die Netzwerke des Langzeitgedächtnisses hindurch und sammelt sich schwer hervorholbar am Boden an.

Für den Unterricht bedeutet dies, dass vor jeder Vermittlung neuen Stoffes eine sorgfältige Überprüfung des Vorwissens, also des aktuellen Wissensstandes der Schüler, dringend notwendig ist. Ist nicht genügend Vorwissen vorhanden, z.B. wenn die Mehrzahl der Schüler den Stoff der vorigen Stunden nicht verstanden hat, mit dem sich der neue Stoff gut verbinden lässt, oder wenn ihnen der Inhalt völlig fremd war, so ist der anschließende Behaltensgrad des neuen Stoffes gering. Der Lehrer muss in einem solchen Fall erneut und geduldig versuchen, den Stoff zu vermitteln, wie dies Michael Koop eindrucksvoll geschildert hat.

Auch wenn der Druck der Lehrpläne dazu verführt, schnell zur Sache kommen zu wollen, muss jeder Lehrende den Wissensstand der Schüler zumindest exemplarisch feststellen und den neuen Stoff diesem Stand anpassen. Vor dem Hintergrund des 45-Minuten-Taktes und der oft großen Begabungsunterschiede innerhalb einer Klasse ist das mühsam, aber unerlässlich. In der Praxis werden von den Lehrenden nach deren eigenem Bekunden oft zwei Drittel der Schüler »abgeschrieben«, und man ist froh, wenn ein Drittel dem Unterricht gut folgen kann. Für den Wirkungsgrad schulischer Bildung ist allerdings eine solche Praxis katastrophal.

Die allgemeine Motiviertheit und Lernbereitschaft der Schüler und das Interesse an einem bestimmten Stoff

Wie im ersten Teil unseres Buches dargestellt, gibt es im Gehirn eines jeden von uns ein System, das vor jeder Situation, in der eine Person etwas tun soll, prüft, ob das verlangte Verhalten eine Belohnung verspricht bzw. Unlust vermeiden hilft, was in der Regel eine besonders starke Belohnung darstellt. Dieses System umfasst bereits genannte subcorticale Zentren wie die Amygdala, den Nucleus accumbens, das basale Vorderhirn, den Hippocampus und das untere und das innere Stirnhirn (orbitofrontaler und ventromedialer Cortex), die ihrerseits die Ausschüttung bestimmter lernfördernder Stoffe wie Noradrenalin (Neugier), Dopamin (Belohnungserwartung) und Acetylcholin (Aufmerksamkeit) regulieren und das Eintreten bzw. Nichteintreten der Belohnung genau registrieren. Diese Zentren und Stoffe beeinflussen in unterschiedlichster Weise die Verankerung von Inhalten im Langzeitgedächtnis und legen das Interesse und die Motiviertheit beim Lernen fest, sei es allgemein oder bezogen auf einen bestimmten Inhalt.

Das Gehirn des Schülers entwickelt im Zusammenhang mit schulischem Lernen schnell Belohnungserwartungen, die erfüllt oder enttäuscht werden können. Es ist also wichtig, dass ein Kind bei seinen Eltern und der weiteren sozialen Umgebung früh die Erfahrung macht, dass Lernen etwas Schönes und Nützliches ist. Dies drückt sich in generell erhöhter Lernbereitschaft und Motiviertheit aus, denn Lernen macht besonders dann Spaß, wenn die Eltern das Kind loben. Werden dagegen Lernen und Schule früh als mühselig und lästig empfunden oder abgewertet, z. B. durch abfällige Bemerkungen der Eltern über ihre Schulzeit und ihre Lehrer, so muss man sich nicht wundern, dass sich bei den Kindern erst gar keine Lernmotivation einstellt. Ein wesentlicher Teil der Bildungsnähe einer Familie besteht in der Vermittlung einer *Wertschätzung* schulischer Bildung durch die Eltern. Dabei kommen Büchern, dem Lesen und den Gesprächen über das Gelesene und natürlich einem konflikt- und gewaltfreien Umgang miteinander eine besondere Bedeutung zu.

Ebenso wichtig ist es für jeden Lehrer, Interesse für den zu unterrichtenden Stoff bei den Schülerinnen und Schülern zu wecken. Ein guter, d. h. vertrauenswürdiger, kompetenter und feinfühliger Lehrer kann die Schüler für fast jeden Stoff begeistern, indem er die Lebens- und Erfahrungswelt der Schüler anspricht und den Stoff anschlussfähig macht. Hier sind dem Einfallsreichtum der Lehrenden keine Grenzen gesetzt!

Anstrengungsbereitschaft und Lernerfolg

Von vielen pädagogisch-didaktischen Autoren werden ein *anstrengungsfreier* Unterricht bzw. ein *spielerisches* Lernen propagiert. Dem steht die gesicherte Erkenntnis gegenüber, dass ein leichter, anregender Stress in Form von Herausforderung generell lernfördernd ist. Hierbei wird im Gehirn der Neuromodulator Noradrenalin ausgeschüttet, der in geringen Dosen das Gehirn allgemein aufnahmebereit macht, indem er u.a. auf Hippocampus, Nucleus accumbens und insbesondere das basale Vorderhirn einwirkt, das für die Aufmerksamkeit zuständig ist. Aus Sicht der Neurobiologen und Lernpsychologen ist es deshalb nachteilig, wenn die Lernsituation zu entspannt und »kuschelig« ist und der Unterricht ohne jegliche Anstrengung auf niedrigstem Niveau abläuft. Hierbei wird insbesondere das Aufmerksamkeitssystem nicht genügend aktiviert, und die Anstrengungsbereitschaft bleibt gering.

Während das Kleinkind ohne besondere Herausforderung und rein spielerisch lernen sollte und das eigentlich auch von selbst tut, muss Lernen – zumindest mit Beginn des 4. Lebensjahres – als positive Anstrengung und Herausforderung empfunden werden. Die Verankerung von Inhalten im Langzeitgedächtnis wird stark über die dabei aufgewendete Anstrengung bestimmt, denn für das Gehirn gilt: »Wofür ich mich sehr angestrengt habe, das merke ich mir auch gut!« Was mir hingegen ohne Anstrengung zufliegt, kann nicht wichtig und behaltenswert sein. *Starker* Stress jedoch, verbunden mit Versagensangst und dem Gefühl des Bedrohtseins durch den Lehrenden, führt zu einer Hemmung des Lernerfolges. Das Gehirn stellt über ein spezielles »Monitor-System« im cingulären Cortex auch fest, wenn eine Belohnung, etwa in Form eines Lobes durch den Lehrer, verdient oder unverdient war, und stellt sich sofort hierauf ein. Es muss entsprechend klare Regeln der Bewertung des Lernerfolges geben, die der Schüler nachvollziehen kann.

Es ergibt sich dadurch die berühmte umgekehrte U-Kurve, die entsprechend dem Dodson-Yerkes-Gesetz sagt, dass die schulische Leistung bei niedriger Herausforderung ebenso wie bei maximalem Stress gegen Null strebt, während sie bei gut dosierter Herausforderung optimal ist. Selbstverständlich fällt diese U-Kurve bei jedem Menschen und damit auch beim Lernenden je nach seiner Persönlichkeit unterschiedlich aus: Manche geraten mit einer steigenden Herausforderung ins Schwitzen und resignieren, andere wachsen mit den Ansprüchen und laufen zu großer Leistung auf, aber auch für sie wird irgendwann der Stress zu groß. Wir erinnern uns an das, was weiter oben über die Stress- und Problembewältigung gesagt wurde, nämlich dass dies ein Grundmerkmal der Persönlichkeit eines Menschen ist, das jedoch von positiven und negativen Erfahrungen, von Erfolgen und Niederlagen beeinflusst werden kann. Ein Lehrer kann Mut machen, indem er sagt »Zeig mal, was du kannst!«, er kann aber auch Leistungen blockieren durch die Feststellung »Das schaffst du sowieso nicht!« Deshalb ist ein »feinfühliges« Stressmanagement bei jedem einzelnen Lernenden so wichtig, auch wenn dies viel Zeit und Aufwand für den Lehrenden bedeutet.

Fleiß und Wiederholung

Fleiß ist eine wichtige Voraussetzung für den Lernerfolg und bezieht sich vornehmlich auf einen konzentrierten und sorgfältigen Umgang mit dem anzueignenden Wissen einschließlich der Wiederholung. Fleiß ist wie Intelligenz teils abhängig von tiefsitzenden Persönlichkeitsmerkmalen wie Gewissenhaftigkeit, Ausdauer, Zielorientierung, Belohnungserwartung, teils ist er abhängig von prägenden Faktoren in Kindheit und früher Jugend wie einem lernbegünstigenden und intellektuell offenen Familienklima, dem Vorbild der Eltern, Ermutigung und frühen Lernerfolgen. Dies erklärt, warum neben Motivation auch Fleiß signifikant mit dem Bildungsgrad der Eltern korreliert (und nicht mit dem Einkommen!).

Die Einstellung zum Fleiß ist, wie bereits erwähnt, unter deutschen Schülerinnen und Schülern geschlechtsspezifisch deutlich unterschiedlich. Bei vielen Jungen und jungen Männern gilt es als besonders männlich, schlechte Noten zu haben und nicht als Streber zu gelten. Dies drückt allerdings signifikant die Schulleistung der Jungen im Vergleich zu denen der Mädchen und resultiert in deutlich schlechteren Abiturnoten, was negative Auswirkungen auf die weiteren Ausbildungs- und Berufschancen junger Männer hat. Die Gründe für diese offenbar weit verbreitete »Fleiß-Aversion« sind unklar, zumal sie in vielen Ländern wie den USA, Großbritannien und insbesondere den asiatischen Ländern nicht anzutreffen ist.

Wiederholung ist das A und O des Lernens, wie wir bereits von Michael Koop gehört haben. Mit Ausnahme stark emotionaler Geschehnisse, die meist ungesteuert ins Gedächtnis eindringen, wird nichts mit einem Mal gelernt. Wir können uns das so vorstellen, dass im Langzeitgedächtnis die Inhalte relativ stabil vorliegen und sich ganz allmählich immer weiter »kompaktieren«. Um verändert zu werden, müssen sie über den Hippocampus in das Arbeitsgedächtnis »hochgeladen« und somit bewusst werden, denn nur so werden die Inhalte hinreichend plastisch, d.h., sie lockern die inneren Netzwerkverbindungen. Auf diese Weise können neue Inhalte (Erfahrungen, neue Gedanken, Vorstellungen, Gefühle) in die bestehenden Netzwerke eindringen, sofern es eine genügende Passung mit vorhandenen Netzwerken gibt. Diese veränderten und vergrößerten Inhalte werden dann wieder über das Zwischengedächtnis ins Langzeitgedächtnis übertragen. Dadurch werden die Inhalte vermehrt an der Gedächtnisoberfläche und zugriffsnah angesiedelt. Besonders effektiv sind Wiederholungen eines bestimmten Inhalts in unterschiedlichen Kontexten und in unterschiedlicher Vermittlungs- bzw. Aneignungsform, denn hier wird die Verknüpfung mit anderen Inhalten verstärkt, was – wie erwähnt – das Erinnern stark erleichtert. Daher ist ein fächerübergreifender Unterricht, der sich mit einer zentralen Thematik befasst, für die Verankerung im Langzeitgedächtnis außerordentlich nützlich.

Neuere Untersuchungen zeigen, dass im Vergleich zu bloßem nochmaligem Wiederholen des Stoffes durch den Lehrer das *aktive Erinnern und Wiederholen* des Stoffes durch den Schüler für die Konsolidierung besonders wirksam ist. Statt eines stereotypen Abfragens des Stoffes oder eines erneuten Lehrervortrags soll der Schüler sich möglichst intensiv an den Stoff erinnern. Die Forscher gehen davon aus, dass dadurch die spezifischen Inhalte des Langzeitgedächtnisses reorganisiert werden und der Zugriff erleichtert wird. Eine Wiederholung erfolgt am besten in Form zunehmender Intervalle. Wichtig ist eine Wiederholung am Ende des Schultages, und dann etwa in drei Wochen und nach drei Monaten. Letzteres kann aber variiert werden. Die zunehmenden Intervalle entsprechen der Dynamik der Konsolidierung der Inhalte im Langzeitgedächtnis.

Kritisch muss gesagt werden, dass an den meisten Schulen Wiederholen ein Fremdwort ist, weil es als mühsam empfunden wird und man ja als Lehrender schnell mit dem Stoff durchkommen will. Man hat es dann einmal »durchgenommen«, aber der Behaltenswert strebt gegen Null, wie einschlägige Untersuchungen zeigen. Man könnte deshalb den Unterricht gleich bleiben lassen.

»Methoden-Mix«

Über Jahrhunderte hinweg war die deutsche Schulpraxis vornehmlich durch einen lehrerzentrierten Frontalunterricht gekennzeichnet, wie er auch heute noch im Rahmen der konfuzianischen Pädagogik in den asiatischen Ländern üblich ist. Demgegenüber wird heute in Deutschland vehement ein schülerzentrierter Unterricht propagiert, der vorrangig oder gar ausschließlich »selbstorganisierte«, »selbstregulierte« oder »eigenverantwortliche« Wissensaneignung durch die Lernenden ohne spezifische Anleitung durch den Lehrenden vorsieht. Freilich steht eine solche Sichtweise in klarem Widerspruch zu der empirisch fundierten Aussage der Hattie-Studie, dass einer der wichtigsten Faktoren für den Lernerfolg die Strukturierung des Unterrichts durch den Lehrenden ist, von Hattie »Classroom Management« genannt. Auch hochbegabte Schüler bzw. Studierende kommen oft zu falschen Ergebnissen, wenn sie sich Wissen ohne Anleitung und Rückmeldung durch eine kundige Person anzueignen versuchen. Trotz der Tatsache, dass ein »selbstregulierter«, »selbstverantwortlicher« oder »selbstorganisierter« Unterricht als »allein seligmachende« Unterrichtsform von vielen selbsternannten Schulexperten angepriesen wird und man auch in manchen Bundesländern auf diese Karte setzt, gibt es hierfür keinerlei empirische Beweise, aber viele dagegen.

Diese Befunde sollten aber keineswegs als Aufforderung zum rein lehrerzentrierten Unterricht verstanden werden. Vielmehr deuten alle vorliegenden Untersuchungsergebnisse darauf hin, dass eine Mischung von lehrergeführtem Unterricht, Gruppen- bzw. Tandemarbeit und Einzelarbeit als Form selbstregulierten Lernens besonders günstig ist.

Sowohl die Hattie-Studie als auch vergleichbare Studien neueren Datums unterstreichen die große Bedeutung der direkten Instruktion, sprich des Lehrervortrags. Dieser ist besonders geeignet, um in neue Wissenszusammenhänge einzuführen, bereits behandelten Stoff zusammenzufassen und die Ziele und den Ablauf des weiteren Unterrichts zu erläutern und damit vorzustrukturieren. Der Lehrervortrag sollte allerdings auch in der Oberstufe nicht über 30–40 Minuten hinausgehen, in der Mittelstufe kürzer, und die Inhalte in der geschilderten Weise »hirngerecht«, d. h. ohne Überlastung des Arbeitsgedächtnisses vermitteln.

Die Arbeit in kleinen Gruppen oder in Tandems dient in der Regel der Vertiefung und praktischen Anwendung dessen, was die Lehrperson in der direkten Instruktion vorgetragen und erläutert hat. Das selbständige Erarbeiten neuer Inhalte in der Gruppe sollte nur bei guter Überwachung durch die Lehrperson erfolgen, sonst drohen die Gruppenmitglieder schnell, gemeinsam in die Irre zu gehen. Gruppenarbeit ist wichtig, da sie zum einen kommunikative und kooperative Möglichkeiten deutlich stärkt und zum anderen den Mitgliedern die Möglichkeit bietet, sich bei Verständnisschwierigkeiten gegenseitig zu helfen. Die schnelleren Lerner sollten angehalten werden, ihre Fähigkeiten hier gezielt einzusetzen, und in der Regel machen sie dies mit Begeisterung.

Die Einzelarbeit dient der weiteren Vertiefung des Stoffes und ist der geeignete Ort für das Berücksichtigen von Begabungsunterschieden und Lernschwierigkeiten, mit denen wir uns im dritten Teil beschäftigen werden. Hier sollte der Lernende sich darin üben, wie man am besten Wissen erwirbt und es verfestigt, z. B., wie man einen Aufsatz so liest, dass besonders viel hängen bleibt. Man überfliegt den Aufsatz, so dass man ungefähr weiß, worum es geht und was die Kernbotschaften sind. Dann erfolgt ein sorgfältiges Lesen mit Unterstreichungen, Randnotizen und Schlagwörtern, anhand derer man professionell wiederholt. All dies muss aber wiederum sorgfältig von der Lehrperson überwacht werden, bis ein hohes Maß an »selbstreguliertem« Lernen erreicht ist.

Thema »Ganztagsunterricht«

Die in Deutschland immer noch dominierende Struktur eines Unterrichtstags besteht in einer im Wesentlichen auf die Verfügbarkeit der Lehrpersonen ausgerichtete Abfolge unterschiedlicher Fächer wie Deutsch, Englisch, Mathematik, Geschichte, Musik usw., in der Regel sechs Fächer pro Vormittag, die im 45- (in Österreich 50-)Minuten-Takt nach der Verfügbarkeit der Lehrenden und deshalb ohne irgendeinen inhaltlichen Zusammenhang nacheinander unterrichtet werden. Eine solche Unterrichtsstruktur mit wahlloser Fächerfolge ist widersinnig und widerspricht allen neueren Erkenntnissen der Lern- und Kognitionsforschung. Die Hauptdefizite bestehen zum einen darin, dass innerhalb von 45 Minuten, aber auch innerhalb der gelegentlich praktizierten 90 Minuten für die genannten lernfördernden Maßnahmen nicht annähernd genügend Zeit bleibt, d.h., der Lehrende kann weder das Vorwissen der Lernenden hinreichend feststellen noch kann er den geschilderten Methoden-Mix anwenden. Zum anderen lässt der willkürliche Wechsel der Fächer keine fächerübergreifende oder zumindest fächerverbindende Wissensvermittlung zu, welche in besonderem Maß vertieftes Wissen über Zusammenhänge liefert.

Im Rahmen eines Ganztagsunterrichts oder zumindest eines Halbtagsunterrichts ist es dagegen möglich, ein fächerübergreifendes oder zumindest fächerverbindendes Thema im Zusammenspiel mit den dafür geeigneten unterschiedlichen Fächern zu behandeln. Nur so lässt sich ein »vernetztes Wissen« erreichen, das überall gefordert, aber nur selten professionell gefördert wird.

Fazit: Wie sieht also ein »hirngerechter« Unterricht aus?

Ein »hirngerechter«, also ein dem guten pädagogisch-didaktischen Wissen und den empirischen Evidenzen entsprechender Unterricht besteht grundsätzlich darin, eine bestimmte Thematik in einem größeren sachlichen Kontext und, wo immer es möglich ist, in einer fächerübergreifenden Weise über den ganzen Vormittag und den frühen Nachmittag verteilt zu behandeln. Vorteilhaft ist die zumindest teilweise zeitlich überlappende Präsenz zweier Lehrpersonen, was von den Schülern fast immer als sehr positiv angesehen wird und gleichzeitig die Lehrenden entlastet.

Der Unterricht beginnt mit dem Überprüfen des gegenwärtigen Wissensstandes, was – wie geschildert – für die Anschlussfähigkeit eines neuen Stoffes unabdingbar ist. Für die Behandlung eines neuen Stoffes gilt ganz allgemein: »Weniger ist mehr!« D. h., der Stoff muss so dargeboten werden, dass er bei den Schülern tatsächlich ankommt. Gefolgt wird der Frontalvortrag von der Gruppenarbeit. Diese sollte entweder als kognitiv-emotionales Kontrastprogramm dienen, d. h., die Schüler beschäftigen sich in der Gruppe oder im Tandem mit anderen Aspekten des Themas, oder es wird kooperativ dasjenige Thema vertieft, das der Lehrer vorgetragen hat. Wichtig ist das sozial eingebundene praktische Tun, das eine hohe gedächtnisstützende Wirkung hat.

Anders sieht dies bei der Projektarbeit aus, bei der sich Lehrer und Schüler auf ein bestimmtes Thema und einen Projektablauf einigen. Hier wird die Eigeninitiative mehr gefordert und gefördert. Allerdings gilt auch hier, dass ein solch kreatives Lernen den Begabteren mehr hilft als den weniger Begabten. Die generellen Langsamlerner und Schüler mit größeren Wissensdefiziten sollten zwar grundsätzlich im Klassenverband bleiben, bedürfen jedoch – ähnlich wie die ein bis zwei Hochbegabten pro Klasse – einer besonderen Aufbereitung des Unterrichtstoffes und einer besonderen Anforderungshöhe der Leistungen.

Einzelarbeit ist in noch höherem Maße von der Persönlichkeit, dem Lernstil, der Motivation und dem Wissensstand des einzelnen Schülers abhängig und erfordert deshalb einen besonderen Aufwand an Vorbereitung und Begleitung durch den Lehrer. Nichtsdestoweniger ist diese Form der Wissensaneignung unerlässlich.

Dieser »Mix« von Unterrichtsformen, wie er auch von vielen Didaktikern empfohlen wird, ist die beste Form der primären Wissensvermittlung und -aneignung, denn schon allein durch seine Vielseitigkeit befördert er in besonderem Maß den Beginn der Konsolidierung des neuen Wissens. Klar ist, dass der an öffentlichen wie privaten Schulen weithin noch übliche 45-Minuten-Takt des Unterrichts damit nicht vereinbar ist. Er lässt keine Zeit zur notwendigen Kontrolle des Wissensstandes der Schüler und zur individuellen Ansprache und ist unvereinbar mit einem Wechsel zwischen Frontal- und Gruppenunterricht und mit dem Anspruch selbstständigen Lernens.

Die exemplarisch und nicht apodiktisch geschilderte Abfolge von Frontalunterricht, Gruppenarbeit und Einzelarbeit ist nur in einer Ganztagsschule oder zumindest in einer verlängerten Vormittagsschule zu verwirklichen. Am Ende des Unterrichts muss eine etwa halbstündige Zusammenfassung des Tagesstoffes im Zusammenwirken von Lehrenden und Lernenden stehen, am besten in Form des aktiven Erinnerns (s. o.), denn dies befördert stark die nach ca. sechs Stunden einsetzende Konsolidierung des Wissens. Wichtig ist, dass anschließend mit dem Lernen »Schluss« ist, damit sich Gehirn und Psyche entlasten können. Sehr schädlich sind stark negativ emotionalisierende Erlebnisse (wie z. B. das Betrachten eines Horrorvideos), die den Konsolidierungsprozess nachhaltig stören können. Für die Konsolidierung sind längere Ruhezeiten und insbesondere ein ruhiger Schlaf nötig, denn während des Schlafes werden nach jüngsten Erkenntnissen die neu erworbenen Erlebnis- und Wissensinhalte über den Hippocampus in die Gedächtnisnetzwerke der Großhirnrinde eingeschrieben.

Die Konsolidierung des neuen Wissens ist damit aber keineswegs abgeschlossen, sondern zieht sich über einen Zeitraum von Wochen und Monaten hin. Es empfehlen sich deshalb Wiederholungen des Stoffes in zunehmend längeren Abständen, nach drei bis vier Wochen und drei bis vier Monaten, wiederum in Form des aktiven Erinnerns. Erst dann kann man davon ausgehen, dass der Stoff einigermaßen sitzt. Es ist klar, dass dieses Vorgehen eine stark veränderte Unterrichtsstruktur erfordert.

TEIL 3

Der Umgang mit Intelligenz- und Begabungsunterschieden und mit Lern- und Verhaltensstörungen

A Erfahrungen aus der Schulpraxis

Michael Koop

Erste Einschätzung der Schüler einer neuen Lerngruppe

Wenn ich eine neue Klasse oder Lerngruppe übernehme, gebe ich mir in der Regel sechs bis neun Monate Zeit, um mir ein differenziertes Urteil über die Sozialkompetenzen, die Auffassungsgabe und die Leistungen der Lernenden zu bilden. Begabungs- und Intelligenzunterschiede im durchschnittlichen Bereich spielen dabei zunächst nur eine untergeordnete Rolle. In den ersten Monaten des Kennenlernens geht es mir vielmehr darum, Auffälligkeiten im Verhalten frühzeitig zu erkennen und darauf zu reagieren, da sie dem Lernklima schaden und den Lernerfolg negativ beeinflussen. Ich muss schnellstmöglich die Störfaktoren und ihre Ursachen erkennen und geeignete Maßnahmen einleiten.

Auffälligkeiten und Maßnahmen

Um eventuelle Auffälligkeiten früh wahrzunehmen, achte ich bei jedem einzelnen Schüler auf seine individuelle Aneignung des Lernstoffes, seine Mitarbeit und seine Zusammenarbeit mit anderen. Zwei weitere wichtige Indikatoren sind die Leistungserfassung in Form von Schulnoten und der Leistungsvergleich, d. h. die Beobachtung der Leistungsentwicklung über kürzere oder längere Zeitabschnitte hinweg. Hilfreich für die Einschätzung des Schülers sind aber auch Leistungen, die er außerhalb der Schule erbringt und die den schulischen Leistungen gegenübergestellt werden sollten. Auch Beobachtungen außerhalb der Unterrichtsstunden spielen hier eine wesentliche Rolle, ebenso wie die Aussagen der Lernenden selbst und die Informationen, die Eltern und Angehörige, Lehrer, Fachleute und Mitlernende geben. Die beiden nachfolgenden Tabellen geben einen Überblick darüber, welche Beobachtungen im Hinblick auf Begabung und Intelligenz und Verhalten als Auffälligkeiten zu werten sind.

Tabelle 7: Beobachtungskriterien in Bezug auf Begabung und Intelligenz

Beobachtungskriterien in Bezug auf Begabung und Intelligenz	Überdurchschnittliche Begabung oder Hochbegabung?	Unterdurchschnittliche Begabung oder Minderbegabung?
Lerntempo	hoch	sehr langsam
Auffassungsgabe	schnell	sehr langsam
Sprachliches Niveau	hoch	niedrig
Wortschatz	ausgeprägt	gering
Allgemeinwissen	ausgeprägt	sehr gering
Gedächtnisleistung	extrem hoch	niedrig
Abstraktionsvermögen	hoch	nicht vorhanden
Logisches Denken	ausgeprägt	nicht vorhanden
Transferleistung	ausgeprägt	nicht vorhanden
Nachfragen/Wissbegierde	hoch	nicht vorhanden
Entdecken komplexer Zusammenhänge	schnell	nicht zu beobachten
Arbeitswege/Lösungswege	außergewöhnliche	keine
Schulische/außerschulische Interessen	viele	keine
Vergleich schulischer und außerschulischer Leistungen	auffallend bessere außerschulische als schulische Leistungen	keine Unterschiede, falls überhaupt außerschulische Leistungen erbracht werden
Bewältigung unterrichtlicher Anforderungen	ja, trotz mangelnder Mitarbeit und/oder Desinteresse und/oder Einschränkungen	nein, trotz Bemühungen und/oder Hilfen
Digitale Kompetenzen	Umfängliche und souveräne Fähigkeiten bei der Nutzung von Smartphone, Tablet, Computer und Programmen	Keine oder sehr geringe Möglichkeiten, Geräte und Programme sinnvoll zu nutzen

Tabelle 8: Beobachtungskriterien in Bezug auf das Verhalten

Beobachtungskriterien in Bezug auf das Verhalten	**Auffälligkeiten, auf die ich reagiere und die zu Maßnahmen führen (können)**
Psychische Entwicklung	fortgeschritten, zurückgeblieben
Verhalten	unruhig, aggressiv, gewalttätig, Gewalt androhend, provozierend, unangemessen fordernd, kriminell, verweigernd, störend, überangepasst, stark zurückgenommen, gehemmt, teilnahmslos, übermüdet, kränklich, häufiges Zuspätkommen, häufiges Fehlen, wiederholtes Fehlen zu immer gleichen Zeiten, häufige Streitigkeiten, häufige Regelverletzungen, Schulvermeidung, häufiges Vergessen von Arbeitsmaterialien, Leistungsabfall, Gesprächsverweigerung, Suchtsymptome
Umgangssprache	vulgär, unverständlich, fehlerhaft

Wenn mir ein Schüler in einem oder mehreren der o. g. Punkte auffällt oder wenn Kollegen in Teambesprechungen von entsprechenden Beobachtungen berichten, entscheide ich – häufig gemeinsam mit dem Klassenteam – über Maßnahmen, die im jeweiligen Fall zu treffen sind.

Eine erste Maßnahme sollte immer das Gespräch mit den betroffenen Schülern und Schülerinnen und gegebenenfalls mit den Eltern sein. Indem ich im Gespräch vorrangig die Rolle des interessierten Zuhörers und Hinterfragers einnehme, kann ich die meisten Probleme schon früh identifizieren und habe die Möglichkeit, präventiv einzugreifen. Führen solche Gespräche nicht zum gewünschten Erfolg, was insbesondere bei Lern- und Verhaltensstörungen häufig der Fall ist, so kommen in einer nicht zwingend durchzuführenden Abfolge folgende Maßnahmen infrage:

- Förderung und Unterstützung innerhalb und außerhalb des Unterrichts;
- Angebote innerschulischer und außerschulischer Arbeitsgemeinschaften oder Kurse;
- Einbeziehen von Mitgliedern der Fach-, Jahrgangs-, Schulleitung und aus dem sozial- und sonderpädagogischen Bereich;
- Zurateziehen von Fachleuten und Vermittlung von Gesprächen mit Pädagogen oder Therapeuten;
- pädagogische Maßnahmen, die das Ziel haben, Einsicht in ein Fehlverhalten zu entwickeln;

- Verhaltensabsprachen und Verhaltensvereinbarungen;
- disziplinierende Schritte, die das Ziel haben, Einsicht in ein Fehlverhalten zu entwickeln; Ordnungsmaßnahmen, wenn präventiv-pädagogische Maßnahmen nicht zum Erfolg geführt haben.

Heterogenität von Lerngruppen

In heterogenen Lerngruppen stoße ich mit meinem Anspruch, allen Lernenden gerecht zu werden, schnell an Grenzen. Je unterschiedlicher das Leistungsvermögen und die Lerntypen sind, desto differenzierter und vielfältiger muss der Unterricht vorbereitet und durchgeführt werden. Wenn die Unterrichtsstunden auf 45 oder 90 Minuten begrenzt sind, kann ich den Unterricht lediglich auf zwei, maximal drei Anspruchsniveaus durchführen. Hinzu kommen die notwendigen individuellen Hilfen und Erklärungen für die Schwächeren und der eine oder andere zusätzliche Arbeitsauftrag für die Stärkeren. Eine über diese Form der Differenzierung hinausgehende individuelle Betreuung ist in den meisten Unterrichtsphasen nicht praktikabel – allerdings gibt es verschiedene Möglichkeiten, Unverstandenes in einem anderen Rahmen noch einmal zu erklären oder verständlich zu machen. Dazu eignen sich Unterrichtsmethoden wie Lehrervortrag, Einzel-, Partner- und Gruppenarbeit. Außerdem gibt es immer wieder leistungsstärkere Schüler, die gerne dort einspringen, wo Hilfe oder Tipps benötigt werden. Als Helfer können sie erforderliche Grundkenntnisse, Grundlagen und einfache Zusammenhänge erklären.

Tabelle 9: Spektrum der Heterogenität innerhalb einer »ganz normalen« Klasse im 8. und 9. Jahrgang

Anzahl der Schüler	Begabung, Auffassungsgabe, Intelligenz, Lernverhalten, Lern- und Verhaltensauffälligkeiten, sozialer Hintergrund, Maßnahmen
fünf Schüler	durchschnittlich begabt, schnelle Auffassungsgabe, große Lern-, Leistungs- und Anstrengungsbereitschaft, keine Lern- oder Verhaltensauffälligkeiten
vier Schüler	durchschnittlich begabt, langsame Auffassungsgabe, gute Lern-, Leistungs- und Anstrengungsbereitschaft, keine Lern- oder Verhaltensauffälligkeiten

Anzahl der Schüler	Begabung, Auffassungsgabe, Intelligenz, Lernverhalten, Lern- und Verhaltensauffälligkeiten, sozialer Hintergrund, Maßnahmen
drei Schüler	unterdurchschnittlich begabt, keine Lern-, Leistungs- und Anstrengungsbereitschaft, Konzentrationsschwierigkeiten, Lernauffälligkeiten (Schulvermeidung), Teilnahme am Förderunterricht in mehreren Fächern, große familiäre Probleme, Schüler- und Elterngespräche, Einbeziehung von Sozialpädagogik, Jahrgangsleitung, Schulleitung und schulpsychologischem Dienst, Schulwechsel
ein Schüler	überdurchschnittlich begabt, schnelle Auffassungsgabe, besonders in zwei Fächern, große Lern-, Leistungs- und Anstrengungsbereitschaft, geringe Deutschkenntnisse, Verständigungsschwierigkeiten, Beratungsgespräche, Teilnahme am Förderunterricht
ein Schüler	durchschnittlich begabt, in zwei Fächern sehr begabt, schnelle Auffassungsgabe, gute Lernbereitschaft, geringe Leistungs- und Anstrengungsbereitschaft, Schüler- und Elterngespräche, Verhaltensabsprachen, Einbeziehung der Sozialpädagogik
ein Schüler	überdurchschnittlich begabt, schnelle Auffassungsgabe, große Lern-, Leistungs- und Anstrengungsbereitschaft, Verhaltensauffälligkeiten (aggressiv, dominant, gewaltbereit, gewalttätig, kein Unrechtsbewusstsein), Schüler- und Elterngespräche, Einbeziehung von Sozialpädagogik, Jahrgangsleitung, Schulleitung und schulpsychologischem Dienst, Verhaltensabsprachen, Disziplinierungsmaßnahmen
ein Schüler	durchschnittlich begabt, langsame Auffassungsgabe, gute Lernbereitschaft, geringe Leistungs- und Anstrengungsbereitschaft, Lern- und Verhaltensauffälligkeiten (keine Gesprächsbeteiligung im Unterricht), Schüler- und Elterngespräche
ein Schüler	durchschnittlich begabt, gute Auffassungsgabe, geringe Lern-, Leistungs- und Anstrengungsbereitschaft, zeitweise große Konzentrationsschwierigkeiten, Verhaltensauffälligkeiten (Regelverletzungen, kein Unrechtsbewusstsein, überzogenes Selbstbewusstsein), inkonsistente elterliche Erziehung, Schüler- und Elterngespräche, Einbeziehung von Sozialpädagogik, Jahrgangsleitung und Schulleitung, Verhaltensabsprachen, Disziplinierungsmaßnahmen
ein Schüler	durchschnittlich begabt, langsame Auffassungsgabe, keine Lern-, Leistungs- und Anstrengungsbereitschaft, Konzentrationsschwierigkeiten, Leistungs- und Verhaltensauffälligkeiten (vorgetäuschte Lernbereitschaft, Regelverletzungen, vorgetäuschtes Unrechtsbewusstsein), inkonsistente elterliche Erziehung, Schüler- und Elterngespräche, Einbeziehung von Sozialpädagogik, Jahrgangsleitung und Schulleitung, Verhaltensabsprachen, Disziplinierungsmaßnahmen

Anzahl der Schüler	Begabung, Auffassungsgabe, Intelligenz, Lernverhalten, Lern- und Verhaltensauffälligkeiten, sozialer Hintergrund, Maßnahmen
ein Schüler	durchschnittlich begabt, langsame Auffassungsgabe, keine Lern-, Leistungs- und Anstrengungsbereitschaft, Konzentrationsschwierigkeiten, Verhaltensauffälligkeiten (aggressiv, Regelverletzungen, Mobbing, kein Unrechtsbewusstsein), inkonsistente elterliche Erziehung, Schüler- und Elterngespräche, Einbeziehung von Sozialpädagogik, Jahrgangsleitung, Schulleitung und schulpsychologischem Dienst, Verhaltensabsprachen, Disziplinierungsmaßnahmen
ein Schüler	durchschnittlich begabt, gute Auffassungsgabe, gute Lern-, Leistungs- und Anstrengungsbereitschaft, Verhaltensauffälligkeiten (viele Fehlzeiten, stark zurückgenommen), familiäre Probleme, Opfer von Mobbing, Schüler- und Elterngespräche, Einbeziehung der Sozialpädagogik und Jahrgangsleitung, außerschulische Therapie
ein Schüler	durchschnittlich begabt, langsame Auffassungsgabe, keine Lern-, Leistungs- und Anstrengungsbereitschaft, massive Konzentrationsschwierigkeiten, Verhaltensauffälligkeiten (Schulvermeidung, Arbeitsverweigerung, sehr häufige Unterrichtsversäumnisse), massive familiäre Probleme, Eltern mit Erziehung überfordert, Schüler- und Elterngespräche, Einbeziehung von Sozialpädagogik, Jahrgangsleitung, Schulleitung, schulpsychologischem Dienst, Verhaltensabsprachen, außerschulische Therapie, Schulwechsel
ein Schüler	durchschnittlich begabt, langsame Auffassungsgabe, geringe Lern-, Leistungs- und Anstrengungsbereitschaft, Konzentrationsschwierigkeiten, Verhaltensauffälligkeiten (Unterrichtsvermeidung, Mobbing, Regelverletzungen), große familiäre Probleme, inkonsistente elterliche Erziehung, Schüler- und Elterngespräche, Einbeziehung der Sozialpädagogik und Jahrgangsleitung, Verhaltensabsprachen
ein Schüler	durchschnittlich begabt, in einem Fach sehr begabt, schnelle Auffassungsgabe, geringe Lern-, Leistungs- und Anstrengungsbereitschaft, teilweise große Konzentrationsschwierigkeiten, Verhaltensauffälligkeiten (Arbeitsverweigerungen, Unterrichtsvermeidung, gewaltbereit und gewalttätig, Regelverletzungen, kein Unrechtsbewusstsein), massive familiäre Probleme, Eltern mit Erziehung überfordert, Schüler- und Elterngespräche, Einbeziehung von Sozialpädagogik, Jahrgangsleitung, Schulleitung und schulpsychologischem Dienst, Verhaltensabsprachen, Disziplinierungsmaßnahmen
ein Schüler	minderbegabt, langsame Auffassungsgabe, lernschwach, keine Leistungs- und Anstrengungsbereitschaft, Verhaltensauffälligkeiten (Suchtverhalten, starke Selbstüberschätzung, Regelverletzungen, aggressiv), keine erkennbare elterliche Erziehung, Schüler- und Elterngespräche, Einbeziehung der Sozialpädagogik und Jahrgangsleitung, Verhaltensabsprachen, Disziplinierungsmaßnahmen, Ordnungsmaßnahmen

Anzahl der Schüler	Begabung, Auffassungsgabe, Intelligenz, Lernverhalten, Lern- und Verhaltensauffälligkeiten, sozialer Hintergrund, Maßnahmen
ein Schüler	minderbegabt, langsame Auffassungsgabe, lernschwach, keine Leistungs- und Anstrengungsbereitschaft in fünf Lernfächern, Verhaltensauffälligkeiten (starke Selbstüberschätzung, Regelverletzungen, gewaltbereit und aggressiv gegenüber Schülern, lügt), inkonsistente elterliche Erziehung, Schüler- und Elterngespräche, Einbeziehung der Sozialpädagogik, Jahrgangsleitung und Schulleitung, Verhaltensabsprachen, Teilnahme an einem außerschulischen Projekt, Disziplinierungsmaßnahmen, Ordnungsmaßnahmen
ein Schüler	durchschnittlich begabt, langsame Auffassungsgabe, große Lern-, Leistungs- und Anstrengungsbereitschaft, Verhaltensauffälligkeiten (Suchtverhalten, Selbstüberschätzung, Regelverletzungen, unterschwellig aggressiv), massive familiäre Probleme, Eltern mit Erziehung überfordert, Schüler- und Elterngespräche, Einbeziehung der Sozialpädagogik und Jahrgangsleitung, Verhaltensabsprachen, innerschulische Sozialbetreuung
ein Schüler	durchschnittlich begabt, in einem Fach sehr begabt, teilweise schnelle Auffassungsgabe, geringe Lern-, Leistungs- und Anstrengungsbereitschaft, Verhaltensauffälligkeiten (Unterrichts- und Schulvermeidung von den Eltern gedeckt), inkonsistente elterliche Erziehung, Schüler- und Elterngespräche, Einbeziehung der Sozialpädagogik und Jahrgangsleitung
ein Schüler	durchschnittlich begabt, schnelle Auffassungsgabe, große Lern-, Leistungs- und Anstrengungsbereitschaft, massive Konzentrationsschwierigkeiten, Verhaltensauffälligkeiten (unruhig, vorlaut, störend, impulsiv, starkes Gerechtigkeitsempfinden), massive familiäre Probleme, Schüler- und Elterngespräche, Einbeziehung der Sozialpädagogik, Jahrgangsleitung, Verhaltensabsprachen, Schulwechsel

Ergänzende Hinweise: Die Klassenstärke lag im Durchschnitt bei 23 Schülern. Durch Ab- und Zugänge haben insgesamt 28 Lernende die Klasse besucht.

Von 28 Lernenden waren damit meiner Einschätzung nach 21 durchschnittlich begabt, drei unterdurchschnittlich begabt, zwei minderbegabt, zwei überdurchschnittlich begabt, zwei mit einer »Inselbegabung« in einem Fach, sieben aggressiv, gewalttätig, impulsiv, fünf Unterrichts- oder Schulvermeider, fünf mit sonstigen Verhaltensauffälligkeiten, 15 eher lern-, leistungs- und anstrengungsbereit, 13 eher lern-, leistungs- und anstrengungsunwillig, neun in schwierigen familiären Verhältnissen aufgewachsen, acht unter antiautoritärer oder nicht konsistenter Erziehung aufgewachsen, fünf in einem oder mehreren Unterrichtsfächern auf Förderung angewiesen, neun auf außerschulische psychologische oder behördliche Hilfe angewiesen.

Diese Auflistung macht deutlich, wie inhomogen die Lerngruppe war, wie differenziert das Klassenteam auf die verschiedenen Lernenden mit ihren Fähigkeiten, Schwächen, Einschränkungen und Störungen eingehen musste und welche speziellen Maßnahmen die meisten Auffälligkeiten erforderten.

Erkennen von Intelligenz- und Begabungsunterschieden

Es ist eine wichtige pädagogische (und psychologische) Aufgabe, Intelligenz und Begabung der Lernenden auf respektvolle und nichtdiskriminierende Weise festzustellen und zu berücksichtigen. Nur durch das rechtzeitige Erkennen, die gezielte Förderung und das Herausfordern der Lernenden kann ich eine Über- oder Unterforderung verhindern und die Lernmotivation, die Anstrengungsbereitschaft und damit den Lernerfolg erhöhen.

Ob jemand begabt ist, besondere Leistungsstärken zeigt, eine schnelle Auffassungsgabe hat, lernschwach oder minderbegabt ist, kann ich in einer neuen Lerngruppe erst dann abschätzen, wenn ich ausreichend Zeit hatte, den Lernenden bei den unterschiedlichen Unterrichtsthemen zu beobachten und sein Denken und Handeln zu erfassen. Die in der Regel im Laufe eines halben Jahres gesammelten Eindrücke bilden dann die Grundlage für unterstützende Maßnahmen, die in Ergänzung zum normalen Unterricht erfolgen sollten.

In einer neuen Lerngruppe erlebe ich häufig, dass sich Lernende, die bisher nicht so gut zurechtgekommen waren, in meinem Unterricht besonders anstrengen, erfolgreich mitarbeiten, aber nicht immer auch sofort ihre Leistungen verbessern können, insbesondere wenn die Lücken im Vorwissen groß sind. Andererseits gibt es Lernende, die den Wechsel von einer »geliebten« Lehrkraft als Verlust ansehen und sich ablehnend und abweisend verhalten. Ihnen gebe ich Zeit und versuche aufmerksam und sensibel mit ihnen umzugehen, damit sie sich an mich und meinen Unterrichtsstil gewöhnen können. Eine erste aussagekräftige Leistungsbeurteilung ist daher erst zeitversetzt möglich, auch die ersten Klassenarbeiten spiegeln nicht unbedingt die wirkliche Leistungsstärke wider, ein Umstand, den ich Eltern immer wieder zu erklären versuche.

Wichtig ist, aus bestimmten Beobachtungen nicht vorschnell Leistungs-, Begabungs- oder Verhaltensbeurteilungen abzuleiten:

- Schwache Leistungen und Lernschwierigkeiten können ein Ausdruck außerunterrichtlicher und außerschulischer, meist familiärer Probleme sein; entsprechend sollten sie nicht vorschnell als Leistungs- oder Lernschwäche interpretiert werden.
- Schwache Leistungen müssen nicht unbedingt im Zusammenhang mit einer Leistungs- oder Lernschwäche stehen, sondern können insbesondere bei sehr kreativen Lernenden ein Ausdruck fehlender Motivation sein.
- Hyperaktivitäten, Auffälligkeiten im Sozialverhalten, Desinteresse, Beschäftigung mit anderen Dingen und Leistungsverweigerung im Unterricht können ein Anzeichen einer Verhaltensstörung, aber auch einer Unterforderung von Hochbegabten sein.
- Angepasste Lernende können trotz durchschnittlicher Leistungen hochbegabt sein. Sie möchten jeden Eindruck vermeiden, begabt zu sein, um nicht aufzufallen oder gar als Streber gemobbt zu werden, und stellen sich daher unwissender, als sie eigentlich sind. In diesem Zusammenhang sind mir mehr Schülerinnen als Schüler mit besonderen mathematischen Begabungen aufgefallen, die übertrieben bescheiden waren.
- Auch sehr leistungsschwache Lernende können bei entsprechender Spezialförderung innerhalb weniger Jahre leistungsstärker werden.

Fallbeispiel 25: Jarek, ein anfangs im Sozialverhalten auffälliger, aber hochbegabter Schüler

Jarek fiel seinem Klassenlehrer und mir als seinem Sportlehrer auf, weil er nach der Aufnahme in die 6. Klasse häufig seine Mitschüler ärgerte, indem er sie kniff oder anstieß und ohne ersichtlichen Grund im Sportunterricht und in den Pausen mit Gegenständen gegen Wände und Zäune schlug. Trotz unserer Ermahnungen ließ er nicht davon ab und machte daraus sogar ein Spiel. Er agierte so versteckt, dass wir ihm sein Verhalten nie richtig nachweisen konnten. Er beeinflusste seine Mitschüler so, dass sie ihn nicht verpetzten. Nach etwa einem halben Jahr ließen diese Auffälligkeiten nach. Jarek erzählte uns später, dass er mit dem Wechsel in die neue Schule und den vielen neuen Menschen nicht zurechtgekommen sei. Statt erst alle und alles kennenzulernen, habe er sich lieber gleich mit den Unterrichtsinhalten auseinandersetzen wollen. Jarek schloss die Mittelstufe in fast allen Fächern mit der Note sehr gut ab und brillierte ebenso an der gymnasialen Oberstufe.

Fallbeispiel 26: Oda, eine unauffällige, aber hochbegabte Schülerin

In der 8. Jahrgangsstufe übernahm ich eine Lerngruppe im Fach Mathematik. Im Laufe der Zeit stellte sich heraus, dass eine Schülerin dieser Lerngruppe, Oda, hochbegabt war und den Anforderungen spielend gerecht wurde. Dem Unterricht folgte sie unauffällig, machte regelmäßig ihre Hausaufgaben, beteiligte sich aber so gut wie nie an den Unterrichtsgesprächen. In den Klassenarbeiten fehlte meist eine Aufgabe, die sie angeblich aus Zeitnot nicht mehr geschafft hatte. Beim Gehen durch die Schülerreihen stellte ich fest, dass sie immer sehr schnell und mit zum Teil überraschenden Lösungswegen einen Teil der Aufgaben der Arbeitsblätter bearbeitete. Darauf angesprochen, war sie eher verlegen und tat sich schwer, mit mir darüber zu reden. Ihre Nachbarinnen erzählten mir, Oda wolle nicht so gerne im Mittelpunkt stehen und halte sich deshalb lieber zurück. Später erfuhr ich, dass sie in der gymnasialen Oberstufe den Leistungskurs Mathematik mit 15 Punkten abgeschlossen hat.

Fallbeispiel 27: Klara, eine Spätentwicklerin

Klara kam in der Grundschule mit den Leistungsanforderungen in den Fächern Lesen/Schreiben und Mathematik nicht zurecht und hatte große Schwierigkeiten, sich in den Klassenverband zu integrieren. Den Eltern wurde daher Klaras Besuch eines Förderzentrums angeraten. Obwohl dort als sehr lernschwach und nur gering begabt eingestuft, entwickelte sie sich so positiv, dass sie zu Beginn der 5. Jahrgangsstufe zurück in die Regelschule und in meinen Unterricht kam. Wir stellten relativ schnell fest, dass sie lernbereit und interessiert war und über eine deutliche Begabung in den mathematisch-naturwissenschaftlichen Fächern und in Arbeitslehre verfügte. Defizite zeigte sie allerdings in den sprachlichen Fächern und bei der Arbeitshaltung. Zudem hatte sie Wissenslücken, konnte sich nur schwer konzentrieren, war unruhig und störte oft den Unterricht.
Eine sozialpädagogische Kraft und ich führten in den ersten Wochen wiederholt Gespräche mit ihr. Wir hoben ihre guten Leistungen hervor und bestärkten sie darin, nicht nachzulassen. Zusammen mit Klara suchten wir nach Wegen, wie sie ihre Defizite aufarbeiten konnte. Dazu verabredeten wir die Teilnahme an einer schulinternen zweistündigen Hausaufgabenbetreuung

pro Woche, um mit der Unterstützung von Studierenden an den Wissenslücken arbeiten zu können. Außerdem wurden regelmäßige Treffen zur sozialen Begleitung und psychologischen Unterstützung mit der sozialpädagogischen Kraft vereinbart. In regelmäßigen Gesprächen mit den Eltern warben wir um ihre Mitarbeit bei der Erstellung und Kontrolle der Hausaufgaben.
Sowohl die Teilnahme an der Hausaufgabenbetreuung als auch die Treffen bei der Sozialbetreuung konnten über drei Jahre aufrechterhalten werden. Klara konnte in dieser Zeit ihre Leistungen in den sprachlichen Fächern deutlich verbessern und ihr Wissen dem altersgemäßen Stand anpassen. Sie entwickelte sich zu einer durchschnittlichen, in Mathematik überdurchschnittlichen Schülerin, mit deren Fleiß und Anstrengungsbereitschaft wir allerdings nie so richtig zufrieden waren.
Trotz ihrer eingeschränkten Leistungen in den sprachlichen Fächern erhielt sie wegen ihrer guten mathematischen Kenntnisse und ihrer handwerklichen Fähigkeiten und Fertigkeiten frühzeitig einen Ausbildungsplatz.

Fallbeispiel 28: Edna, eine Einwanderin mit geringen Deutschkenntnissen
Edna war eine überdurchschnittlich begabte Schülerin mit schneller Auffassungsgabe insbesondere in den naturwissenschaftlichen Fächern. Als sie in der 8. Jahrgangsstufe in die Klasse kam, lebte sie erst kurze Zeit in Deutschland und hatte daher nur sehr geringe Deutschkenntnisse. Trotz der Verständigungsschwierigkeiten nahm sie am regulären Unterricht teil. Durch die Teilnahme an einem wöchentlichen, mehrstündigen Deutsch-Förderunterricht holte sie ihre Sprachdefizite enorm schnell auf und schaffte den Übergang in die gymnasiale Oberstufe.

Berücksichtigen von Intelligenz- und Begabungsunterschieden

Intelligenz- und Begabungsunterschiede scheinen bei heutigen Lernenden stärker vorhanden zu sein als in früheren Jahren. Eine Ursache dafür könnten die größer werdenden Unterschiede bei der Motivation und der Anstrengungsbereitschaft sein. So ist es in meinem Schulalltag nicht ungewöhnlich, in Lerngruppen eine breite Streuung von Minderbegabten bis zu Hochbegabten und von hoch Motivierten bis zu völlig Desinteressierten zu haben. Merkbare Intelligenz- und Begabungsunterschiede zwischen den Geschlechtern sind mir dabei nicht aufgefallen, allerdings gibt es Unterschiede zwischen ihnen in Bezug auf Fleiß und Lernmotivation: Diese sind bei Schülerinnen deutlich häufiger anzutreffen.

Im Umgang mit Intelligenz- und Begabungsunterschieden berücksichtige ich die folgenden Grundsätze:

- Den Lernschwächeren gebe ich mehr Zeit für die Bewältigung der Arbeits- und Lösungswege, was bei Unterrichtsstunden von 45 oder 90 Minuten Länge allerdings nur schwer zu realisieren ist.
- Wenn es schulorganisatorisch möglich ist, bekommen die Lernschwächeren zusätzliche Förderstunden pro Woche.
- Ich bestärke die Lernenden immer wieder darin, dass sich der Einsatz und die Anstrengung des Lernens für sie lohnt.
- Ich gebe den schlechter Lernenden immer wieder eine Chance, sei es durch das Nachholen von Haus- und Übungsaufgaben oder durch das Anfertigen von zusätzlichen Beiträgen oder Ausarbeitungen. So haben sie immer die Möglichkeit, sich (wieder) zu verbessern.
- Ich bemühe mich, die Lernenden nicht vorschnell einzuordnen, sondern sie immer individuell zu betrachten und breit zu beurteilen. Meiner Erfahrung nach gibt es viele, die sich erst spät entwickeln und mit Einsatz und Interesse zu lernen beginnen.
- Maßnahmen bespreche ich mit den Eltern und hoffe so auf ihre Unterstützung und Mitarbeit.
- Neben Begabung und Intelligenz spielen Leistungs-, Lern- und Anstrengungsbereitschaft, Fleiß, Wissensverarbeitung, kulturelles Verständnis, digitale Kompetenzen und die Präsentation von Gelerntem eine wichtige Rolle.
- Ich bemühe mich, den Lernenden vielfältige Anregungen zu geben, so dass ihnen das Lernen auch Freude bereitet.
- Eine Bereicherung für den Unterricht ist das intensive Interesse an Lernthemen oder anderen nicht im Lehr- bzw. Bildungsplan vorgesehenen Inhalten.
- Die von mir vorgestellten Arbeits- und Lösungswege sind für die Lernenden nicht zwingend. Sie können selbstverständlich auch eigene Lösungswege finden und benutzen. Doch hierzu fehlt im herkömmlichen Unterricht mit einen Stundendauer von 45 oder 90 Minuten oft die Zeit.

Intelligenz- und Begabungsunterschieden kann ich im schulischen Alltag durch eine Unterrichtsvermittlung auf maximal vier Niveaus begegnen. Das *erste Niveau* umfasst die Förderung von minderbegabten, lernschwachen oder extrem langsam arbeitenden und lernenden Schülern. Sie erhalten von mir zusätzliches Fördermaterial und spezielles, auf ihr Leistungsniveau abgestimmtes Arbeitsmaterial, soweit sie nicht an einem gesonderten Förderunterricht teilnehmen. Zudem erhalten sie deutlich mehr Zeit zum Erlernen des Lernstoffs und zum Bewältigen von Aufgaben.

Auf dem *zweiten Niveau*, der Grundstufe (G-Niveau der Fachleistungsdifferenzierung), unterrichte ich eher leistungsschwache oder langsam arbeitende und lernende Schüler, die aber durchaus in Teilgebieten zu besseren Leistungen fähig sind. Das *dritte Niveau* ist die Erweiterungsstufe (E-Niveau der Fachleistungsdifferenzierung) und erfasst die Lernenden, die mit erweiterten Anforderungen arbeiten oder schnell lernen können. Bei ihnen können durchaus Schwächen in Teilgebieten vorkommen.

Auf dem *vierten Niveau* arbeite ich mit denjenigen, die im Ganzen oder in Teilbereichen auf sehr hohem Niveau arbeiten können oder sehr schnell lernen können. Sie erhalten von mir Freiraum für eigenständiges Arbeiten und genießen mit Einverständnis ihrer Mitschüler Freiheiten, zum Beispiel im Hinblick auf die Anfertigung von Hausaufgaben, die Beteiligung an den Unterrichtsgesprächen oder das Vorziehen von Aufgaben und Lerninhalten. Sie müssen dafür aber vermehrt komplexe, problembeschreibende und Transferaufgaben bearbeiten und deren Arbeitswege und Lösungswege verständlich vermitteln. Zum anderen müssen sie bereit sein, den Mitlernenden zu helfen und sie zu unterstützen.

Zusätzlich zu den vier Niveaus gibt es in meinem Unterricht eine *Ebene der niveauübergreifenden Zusammenarbeit*. Langsam und schnell Lernende kooperieren auf dieser Ebene. Die Langsameren profitieren von dem Wissen und Können der Schnelleren. Anderseits erfüllen die Schnelleren eine wichtige soziale Aufgabe, indem sie verständliche und nachvollziehbare Arbeits- und Lösungswege aufzeigen. Ein Nebeneffekt dieser Zusammenarbeit besteht darin, dass die helfenden und unterstützenden Mitschüler oftmals eine Sprache verwenden, die für Lernschwächere verständlicher ist als meine. Ich staune dann immer wieder und freue mich über die so erzielten Erfolge.

Fallbeispiel: Differenzierung auf vier Niveaus in einer Lerngruppe in der 8. Jahrgangsstufe

Im schulischen Unterricht wird zwischen zwei Formen der Leistungsdifferenzierung unterschieden. Die erste Form ist die *äußere Differenzierung*. Hier werden die Schüler mehrerer Klassen nach ihrem Leistungsniveau in Gruppen zusammengefasst und getrennt unterrichtet. Eine Gruppe arbeitet auf dem grundlegenden, eine andere auf dem erweiterten *Anforderungsniveau*. Die *innere Differenzierung* oder *Binnendifferenzierung* als zweite Form belässt die Schüler der Gruppen im Klassenverband. Die Differenzierung findet innerhalb der Lerngruppe statt. Es lernen also alle Leistungsstärken gemeinsam.

In einem 8. Jahrgang stand ich im Fach Mathematik vor der Situation, Schüler binnendifferenziert zum Thema »Funktionale Zusammenhänge« zu unterrichten. Aufgrund der Unterschiede innerhalb der Lerngruppe in Bezug auf Begabung, Lerntyp, Vorkenntnisse sowie Stärken und Schwächen musste ich den Unterricht in dieser Lerngruppe für vier Niveaus vorbereiten und durchführen. Laut dem von der bremischen Schulbehörde zum damaligen Zeitpunkt (Der Senator für Bildung und Wissenschaft, 2006) vorgegebenen *Grundanforderungsniveau* sollten die Schüler funktionale Zusammenhänge mit eigenen Worten, in Wertetabellen und Graphen darstellen, zwischen den Darstellungen wechseln und Graphen verschiedener funktionaler Zusammenhänge interpretieren. Sie sollten proportionale Zusammenhänge und Eigenschaften proportionaler Funktionen erkunden und Vermutungen aufstellen. Zur Bearbeitung von Problemstellungen sollten sie proportionale und antiproportionale Funktionen nutzen. Etwa ein Drittel der Lerngruppe konnte diese Grundanforderungen bewältigen.

In dem von der bremischen Schulbehörde vorgegebenen *erweiterten Anforderungsniveau* sollten die Schüler funktionale Zusammenhänge in Termen darstellen und die Vorteile, Nachteile und Grenzen der Darstellungen benennen und Terme linearer Funktionen interpretieren. Sie sollten Eigenschaften nicht-linearer Funktionen erkunden und Vermutungen aufstellen. Zur Bearbeitung von Problemstellungen sollten sie lineare und nicht-lineare Funktionen nutzen. Die erweiterten Anforderungen wurden neben den Grundanforderungen verlangt. Etwa die Hälfte der Lerngruppe konnte das erweiterte Anforderungsniveau bewältigen.

In der Lerngruppe befanden sich darüber hinaus *drei Schülerinnen und Schüler mit erhöhtem Förderbedarf*, die zwar an einer zweistündigen gesonderten

Fördermaßnahme pro Woche außerhalb des Fachunterrichts teilnahmen, denen ich das Thema aber nur ansatzweise näherbringen konnte. Ihnen mussten zunächst einmal Grundkenntnisse wie Koordinaten, Achsenkreuz, Tabellen, Linearität und Proportionalität vermittelt werden, darüber hinaus bedurften sie einer ständigen Begleitung in Form von Erklärungen, Hilfestellungen und Korrekturen, die ich ihnen aber im Rahmen der 45- oder 90-minütigen Unterrichtsstunden oft nicht zukommen lassen konnte.
Es gab in der Lerngruppe auch einen *hochintelligenten* Schüler mit einem nachweislichen IQ von 130, mit dem ich Fragestellungen, Probleme und technische Anwendungen zu nicht-linearen und quadratischen Zusammenhängen und Funktionen erörtern konnte und dem ich entsprechendes Material bereitstellte. In einem großen Teil der Unterrichtsstunden stellte er sich den Mitschülern für Erklärungen und Hilfestellungen zur Verfügung, was für mich angesichts der Zeitknappheit eine große Entlastung darstellte.

Lern- und Verhaltensstörungen

In der Regel unterrichte ich Lerngruppen über einen Zeitraum von sechs Jahren. In dieser Zeit durchleben die Schülerinnen und Schüler wichtige Entwicklungsphasen, innerhalb derer sich Lern- und Verhaltensweisen verändern können – zum Positiven wie auch zum Negativen. Daher ist es wichtig, einmal getroffene Einschätzungen durch die kontinuierliche Beobachtung der Schüler immer wieder kritisch zu hinterfragen, gegebenenfalls zu revidieren und die Schüler durch ein entsprechendes Feedback zu motivieren und zu bestärken.

Leider sind in der Schule den Möglichkeiten, auf positive Lern- und Verhaltensänderungen hinzuwirken, Grenzen gesetzt. Es gibt Störungen beim Lernen und im Verhalten, auf die mein Klassenteam und ich bei allen Bemühungen und schulisch-erzieherischen Maßnahmen nicht oder nur wenig einwirken können.

Im Laufe der Zeit bin ich zu der Erkenntnis gelangt, dass bei vielen Lern- und Verhaltensstörungen die Familie eine wesentliche Rolle spielt. Deshalb zählen zu den ersten Schritten bei der Analyse der Lern- und Verhaltensauffälligkeiten Gespräche mit den auffälligen Schülern selbst und im Anschluss daran mit ihren Eltern. Zur Vorbereitung auf diese Gespräche ziehe ich oftmals die sozial- oder sonderpädagogische Kraft zu Rate. In den Elterngesprächen schildere ich als Erstes meine Beobachtungen und eventuelle Maßnahmen, die ich getroffen habe. Um nicht auf Konfrontation zu gehen, erbitte ich von den Eltern eine Stellungnahme und frage nach Parallelen im häuslichen Verhalten des Kindes, aber auch nach ihren Erwartungen an ihr Kind. Erst dann benenne ich konkret, welche Schlussfolgerungen sich aus meinen Beobachtungen ergeben, und versuche, gemeinsame Handlungs- und Lösungswege zu finden.

Wichtig ist hier, vorsichtig zu agieren und Schuldzuweisungen zu vermeiden, um einer Blockadehaltung der Eltern entgegenzuwirken. Ziel des Gesprächs ist, dass die Eltern die pädagogischen Maßnahmen, die ich in der Folge in Absprache mit dem Klassenteam treffe, unterstützen, indem sie belohnend auf positiv verändertes Verhalten einwirken. Schlagen diese Maßnahmen fehl, so suche ich in Absprache mit der Jahrgangs- und Schulleitung nach anderen Wegen der Hilfe und Unterstützung. So benachrichtigen wir in der Regel das regionale Beratungs- und Unterstützungszentrum in Bremen (ReBUZ) und stellen auf diesem Wege einen ersten Kontakt zwischen den Eltern und den Fachleuten dieser Einrichtung her (www.rebuz.bremen.de). Das weitere Vorgehen wird dann zwischen dem ReBUZ, den Eltern und mir abgesprochen.

Zu den Ursachen von Lern- und Verhaltensstörungen zählen häufig Beziehungskonflikte, Trennung und Scheidung der Eltern (insbesondere mit Sorgerechtsstreitigkeiten), Tod, Krankheit (insbesondere Alkoholerkrankungen), psychische Erkrankungen und Arbeitslosigkeit von Familienangehörigen, inkonsistentes Erziehungsverhalten sowie autoritäre und antiautoritäre Erziehungsstile der Eltern, eine negative Vorbildfunktion der Erziehenden, eine zu hohe Erwartungshaltung sowie unerfüllte Ansprüche und daraus resultierende Versagensängste der Eltern.

Andere Störungen wie Legasthenie, Dyskalkulie, Aufmerksamkeitsdefizit-Hyperaktivitäts-Syndrom (ADHS) und Autismus werden in der Regel bereits in vorangegangenen Schuljahren erkannt (vgl. Landerl, Kaufmann 2013). Die durch das ReBUZ eingeleiteten Maßnahmen werden dann an der weiterführenden Schule fortgesetzt. Darüber hinaus werden die Lernenden in der 5. Jahrgangsstufe im Rahmen des Deutschunterrichts auf eine LRS-Schwäche getestet und bei einem positiven Ergebnis mit speziellen Förderstunden über mehrere Jahre unterstützt. Dabei können auch Notenschutz und Nachteilsausgleiche gewährt werden. Beim Notenschutz kann im Fach Deutsch und in den Fremdsprachen von den Bestimmungen zur Leistungserhebung und Leistungsbewertung abgewichen werden. Die Nachteilsausgleiche umfassen individuelle Leseübungen, den Einsatz digitaler Hilfsmittel zur Textverarbeitung, bei schriftlichen Arbeiten und Übungen die Gewährung von mehr Zeit, eine geringere Anzahl von Aufgaben und die Bearbeitung von zur Feststellung des individuellen Lernfortschritts geeigneteren Aufgaben.

Die nachfolgenden Fallbeispiele geben einen kleinen Einblick in die Art des Umgangs mit Schülern mit besonderen Auffälligkeiten. Besonderes Augenmerk liegt hier auf die meist im familiären Kontext zu sehenden Ursachen und die individuellen Maßnahmen, die von den Kollegen und mir bzw. der Schule getroffen wurden.

Fallbeispiel 29: Scheidung der Eltern mit Sorgerechtsstreitigkeiten

Zarina, eine durchschnittlich begabte und fleißige Schülerin, war das Opfer psychischer und physischer Gewalt von Mitschülern geworden, hatte sich aber nicht dagegen gewehrt. Um die Ursachen dieses passiven Verhaltens zu ergründen, trat der Sozialpädagoge der Klasse in Kontakt zu Zarina und führte einige Gespräche mit ihr und ihrem Vater. Es stellte sich heraus, dass Zarina kurz vor der Aufnahme im 7. Jahrgang unserer Schule die Trennung ihrer Eltern hatte miterleben müssen. Dabei war es zu heftigen Auseinandersetzungen der Eltern um das Sorge- und Besuchsrecht gekommen, und Zarina wurde als Ersatzpartnerin eines Elternteils missbraucht und von ihm parentifiziert. Der Sozialpädagoge stellte die Verbindung zu einem Verein her, der ein Programm für solche Mädchen anbot. Außerdem führte er über mehrere Jahre regelmäßige Gespräche mit dem Vater und riet ihm den Besuch von familien- bzw. psychotherapeutischen Einrichtungen an. In der Folgezeit verbesserte sich das Verhalten von Zarina in der Schule deutlich. Sie trat selbstbewusster auf, ließ sich von Mitschülern nicht mehr drangsalieren und setzte sich auch zur Wehr.

Fallbeispiel 30: Alleinerziehender Vater und kranke Mutter

Bent, ein durchschnittlich begabter Schüler mit deutlich abnehmender Lern- und Anstrengungsbereitschaft, den ich in der 8. Klasse kennenlernte, war durch die Erlebnisse mit seiner kranken Mutter traumatisiert. Sein Vater, der

ihn allein versorgte, war durch eine neue auswärtige berufliche Tätigkeit so in Anspruch genommen, dass er seinen Sohn vernachlässigte. Bent flüchtete täglich bis in den späten Abend in die Welt seines Computers, der Vater wusste das zwar, unternahm aber nichts. So kam Bent jeden Morgen unausgeschlafen und ohne gefrühstückt zu haben zur Schule und konnte dem Unterricht kaum folgen. Er entwickelte in der Folge ein übertriebenes Verlangen nach Bevorzugung in der Klasse – auch auf Kosten anderer Schüler. Der Sozialpädagoge, die Klassenlehrerin und ich führten mit Bent ein Gespräch, in dem wir ihm unsere Beobachtungen mitteilten und er uns daraufhin seine Probleme schilderte. Aus familiären Gründen durfte Bent seine Mutter, an der er sehr hing, nicht besuchen, und er empfand das Zusammenleben mit seinem Vater als extrem belastend. Hin und wieder widersetzte er sich dem Besuchsverbot, was dazu führte, dass er ein schlechtes Gewissen wegen der heimlichen Besuche bei der Mutter hatte. Diese Besuche waren wegen der Erkrankung der Mutter nicht immer erfreulich und zufriedenstellend.
Der Sozialpädagoge verabredete mit Bent mehrere Treffen in der Schule, um nach Lösungswegen für seinen Konflikt zu suchen. Die Gespräche entlasteten Bent im Hinblick auf seine Enttäuschung, seinen Schmerz und seine Zukunftssorgen. Parallel baten wir den Vater zu einem Gespräch in die Schule. Auf die Schilderung unserer Beobachtungen reagierte er sehr offen: Ihm war bewusst, dass er Bent aufgrund der schwierigen Situation durch die berufliche Veränderung vernachlässigte, und er stimmte zu, sich wieder mehr um seinen Sohn zu kümmern und wegen des Besuchsrechts mit der Mutter von Bent zu sprechen. Es dauerte über ein halbes Jahr, bis sich eine Verbesserung in der familiären Situation einstellte. Bent konnte seine Mutter nun regelmäßig alle zwei Wochen besuchen und fühlte sich von seinem Vater wieder wahrgenommen. Weitere Umstände führten etwa ein Jahr später dazu, dass sich sein Vater wieder ohne Einschränkungen um seinen Sohn kümmern konnte. Wir merkten dies insbesondere daran, dass Bent mit großer Anstrengung und Lernbereitschaft einen guten Schulabschluss anstrebte. Sein Verlangen nach besonderer Beachtung konnte er allerdings nie ablegen. Zwischen Bent und dem Sozialpädagogen baute sich in den Jahren ein Vertrauensverhältnis auf: Die beiden trafen sich nach Bedarf und Gefühlslage.

Fallbeispiel 31: Psychische Erkrankung der Mutter

Lucia kam als leistungsschwache Schülerin im 10. Schuljahr von einer anderen Schule in meinen Sportunterricht. Aufgrund ihres angeblich kranken Bruders war sie an ihrer alten Schule wiederholt nicht zum Unterricht erschienen und erfuhr dort disziplinarische Maßnahmen. Sie war eine freundliche Schülerin, mit der ich schnell ins Gespräch kam. Dabei fiel mir auf, dass ihre Aussagen nicht der Realität entsprachen. So erzählte sie, dass man sie an der alten Schule eigentlich nicht gehen lassen wollte und ihr die Rolle der Klassensprecherin angeboten hatte, wenn sie nur bliebe. Mit der Zeit mied sie auch den Unterricht an der neuen Schule. Sie reichte von der Mutter unterschriebene Entschuldigungen wegen Krankheit nach. Durch ihre Vorgeschichte gewarnt, vereinbarten wir mit ihr, dass sie sich bei jedem Schulversäumnis sofort in der Schule meldete. Trotz wiederholter Versicherungen, sich bessern zu wollen, häuften sich die Fehlzeiten und Fehltage im Lauf der Zeit.

Mit der Jahrgangsleitung lud die Klassenlehrerin die Mutter zu einem Gespräch in die Schule ein. Uns wurde relativ schnell klar, dass sie mit der Erziehung ihrer Tochter völlig überfordert war und aufgrund ihrer Familiensituation und ihrer psychischen Probleme keine Zeit und Kraft hatte, sich um Lucia zu kümmern. Wir schalteten daraufhin das ReBUZ ein. Wenige Zeit später kam Lucia, die aus Verantwortungsgefühl ihre Mutter nicht alleine lassen wollte, gar nicht mehr zur Schule.

Während die Mutter die Angebote des ReBUZ zur familiären Unterstützung und psychologischen Hilfe annahm, konnte Lucia zu einem Besuch eines außerschulischen Projekts bewegt werden. Lucia kam nicht mehr zurück in die Klasse.

Fallbeispiel 32: Inkonsequentes Verhalten des Vaters

Bele war eine lernschwache, minderbegabte und verhaltensauffällige Schülerin. Wegen ihrer fehlenden Lernbereitschaft und ihrer schwachen Leistungen hatten wir mit ihr und ihrem Vater schon einige Gespräche geführt. Wir hatten uns auf ihre Teilnahme am Förderunterricht in mehreren Fächern und an einer schulinternen Hausaufgabenhilfe geeinigt. Dies führte jedoch nicht zur gewünschten Leistungsverbesserung, nicht zuletzt, weil sie an diesen Maßnahmen nicht regelmäßig teilnahm. Wiederholt kam es darüber hinaus zu Unterrichtsversäumnissen, die von dem Vater wegen Krankheit entschuldigt wurden. Im Gespräch mit dem Vater erzählte dieser offen von seinen Pro-

blemen mit Bele. So komme es immer wieder vor, dass er auf Beles Forderung hin eine Entschuldigung wegen Unwohlseins schreibe, obwohl sie gesund wirkte und durchaus zur Schule gehen konnte. Wir vereinbarten daraufhin, dass Bele bei Fehlzeiten aus Krankheitsgründen immer ein ärztliches Attest vorlegen sollte.
Beles Versäumnisse reduzierten sich nur kurzzeitig, weshalb ich Kontakt zum ReBUZ aufnahm. Die angebotenen schulischen und außerschulischen Hilfen lehnte der Vater ab. Schließlich vermittelte ich Beles Wechsel zu einer Schule mit weiteren Ausbildungsmöglichkeiten.

Fallbeispiel 33: Autoritärer Erziehungsstil des Bruders
Orlanda war eine unterdurchschnittlich begabte Schülerin mit sehr geringer Lern- und Anstrengungsbereitschaft und großen Konzentrationsschwierigkeiten, die ich in der 7. Klasse in meinen Sportunterricht bekam. Neben ihren Lernauffälligkeiten waren eine körperliche Frühentwicklung und eine frühe geschlechtsspezifische Orientierung zu beobachten. Orlanda setzte sich über Schul- und Klassenregeln hinweg und zeigte gegenüber den Lehrkräften ein provozierendes Verhalten mit verbalen Entgleisungen. Die Klassenlehrerin und der Sozialpädagoge der Klasse führten mit Orlanda einige Gespräche, die durchaus angenehm und vertrauensvoll waren. Es wurde deutlich, dass sie sehr unter den strengen Vorgaben ihres sehr viel älteren Bruders litt, der nach dem Tod des Vaters und wegen der physischen und psychischen Erkrankung der Mutter die Erzieherrolle übernommen hatte. Ihr Bruder untersagte ihr vieles, was andere Mädchen in ihrem Alter tun durften. Wir bezogen den schulpsychologischen Dienst ein, der neben den Gesprächen mit Orlanda und der Mutter auch Kontakt zum Bruder aufnahm. Im Laufe der Zeit verbesserte sich das Verhalten, an der Lernschwäche und den schwachen Leistungen änderte sich aber kaum etwas. Schließlich wechselte sie nach der 9. Klasse zu einer anderen Schule.

Fallbeispiel 34: Antiautoritärer Erziehungsstil des Vaters
Robert war ein durchschnittlich begabter Schüler mit deutlichen Verhaltensstörungen. Er zeigte ein überzogenes Selbstbewusstsein und beachtete Klassenregeln und die Schulhausordnung nur dann, wenn er sie für richtig hielt. In Gesprächen betonte er immer wieder, er wisse am besten, was für ihn richtig sei. Wie der Austausch mit dem Vater zeigte, genoss Robert eine regelfreie

Erziehung. Seine in häuslicher Gemeinschaft lebende Mutter, die wir nie zu Gesicht bekamen, spielte dabei überhaupt keine Rolle. Sein Vater bestärkte ihn in all seinen Aktivitäten, Rauchen, Fernbleiben vom Unterricht und dem Verlassen des Schulgeländes während der Unterrichtszeit. Er war der Meinung, dass er sich nur dann entwickeln könne, wenn er die notwendige Freiheit dazu hätte. Unsere Bemühungen, Robert zum Einhalten von Schul- und Klassenregeln zu bewegen, waren ebenso erfolglos wie die Maßnahmen des schulpsychologischen Dienstes. Nach wiederholten Verstößen und Disziplinierungsmaßnahmen mussten wir Robert über eine Ordnungsmaßnahme der Klasse verweisen, denn es bestand die Gefahr, dass Mitschüler sein Verhalten übernahmen. Robert wurde später von dem Vater an einer anderen Schule angemeldet.

Fallbeispiel 35: Negative Vorbildfunktion der Mutter
Milan war ein ausgesprochen freundlicher und unterdurchschnittlich begabter Schüler. Er kam in der zweiten Hälfte der 10. Jahrgangsstufe in meinen Unterricht. Er fiel durch seine geringe Anstrengungs- und Lernbereitschaft und seine grundsätzlich nicht erledigten Hausaufgaben auf. Zusagen, sie zum nächsten Mal nachzuholen, hielt er nicht ein. Gespräche mit ihm führten zu keiner Veränderung. Im Gespräch mit der Mutter machte diese deutlich, dass sie wohl Verständnis für mein Anliegen habe und mit Milan sprechen wolle, andererseits könne sie ihren Sohn auch gut verstehen, denn auch sie habe in ihrer Schulzeit eine ähnliche Arbeitsauffassung gehabt und sei dennoch gut zurechtgekommen. Auf meinen Hinweis, dass Milans Leistungen für einen Abschluss nicht reichten, ging sie nicht näher ein und wies lediglich darauf hin, dass er ein patenter Junge sei und ich mir keine Sorgen machen solle. Milan wiederholte später die 10. Klasse an unserer Schule.

Fallbeispiel 36: Eltern mit zu hoher Erwartungshaltung
Frederic, ein lernwilliger und anstrengungsbereiter Schüler, hatte große Probleme mit seinen sehr schwachen Leistungen. Diese versuchte er durch Lügen, laute und plumpe Redebeiträge und eine großtuerische Art zu kompensieren. Er neigte zu körperlicher Gewalt, wenn ihn Mitschülerinnen oder Mitschüler provozierten, und forderte insbesondere seine Lehrerinnen durch unangemessenes Verhalten heraus. Seine Eltern, mit denen wir wiederholt Gespräche führten, redeten die Probleme klein oder sahen die Gründe dafür immer bei

anderen. Frederics schwache Leistungen werteten sie als Fehleinschätzung der Lehrenden und erwarteten von ihrem Sohn, mit dem bestmöglichen Abschluss die Mittelstufenzeit zu beenden. Das Angebot, Frederic therapeutische Hilfe zukommen zu lassen, lehnten sie strikt ab.

Mehrere Klassenkonferenzen und pädagogische Maßnahmen hatten das Ziel, Frederic sein Fehlverhalten zu verdeutlichen und ihm den hohen Erwartungsdruck zu nehmen, der durch die Eltern erzeugt wurde. Er sollte dann, vermittelt durch die Klassenlehrerin und den Sozialpädagogen in der Klasse, über einen längeren Zeitraum an einem außerschulischen Projekt teilnehmen. Die Eltern waren damit nicht einverstanden und brachen den Kontakt zu den Lehrern und dem Sozialpädagogen für einen längeren Zeitraum ab. In der Folgezeit übte Frederic zumindest keine verbale und körperliche Gewalt mehr aus und schüchterte seine Mitschülerinnen und Mitschüler nicht mehr ein.

Fallbeispiel 37: Mutter sieht sich in ihrer Erziehung als Versagerin

Mario war ein überdurchschnittlich intelligenter und lernstarker Schüler. Er zeigte deutliche Störungen im Sozialverhalten, die sich darin äußerten, dass er übermäßig dominant, überheblich und aggressiv gegenüber ängstlichen Mädchen auftrat. Er suchte gerne Streit und neigte zu körperlicher Gewalt. In Gesprächen mit ihm und in getrennten Gesprächen mit der Mutter und dem Vater versuchten die sozialpädagogische Kraft in meiner Klasse und ich auf die Probleme einzuwirken. Wir fanden die Ursachen in der familiären Situation, nämlich in einer übergriffigen alkoholabhängigen Mutter und einem Vater, der kein Interesse an seinem Sohn zeigte und den Kontakt zu uns später mied. Ich bat die Mutter immer wieder wegen der chronischen Verhaltensstörung ihres Sohnes zu Gesprächen in die Schule und erlebte sie als zunehmend abwehrend. Sie schien die Probleme mit ihrem Sohn nur auf sich zurückzuführen und reagierte selbst dann ablehnend, als wir positive Eigenschaften von Mario ansprachen.

Wegen einer gewalttätigen Auseinandersetzung mit einem Mitschüler mussten wir eine Ordnungsmaßnahme beschließen und Mario zu einer Therapie verpflichten. Er nahm daraufhin an einem Jungenchoaching-Projekt teil, mit dem Ziel, das Selbstbewusstsein und das Selbstbild zu stärken. Seine Gewalttätigkeit ließ dann nach. Seine dominante und überhebliche Art legte er nie ganz ab, schaffte aber den Übergang in die gymnasiale Oberstufe.

Fallbeispiel 38: Nicola kam mit traumatischen Schulerfahrungen zu uns

Nicola war eine durchschnittlich begabte Schülerin. Durch einen Wohnortwechsel war sie in der 7. Jahrgangsstufe in eine meiner Klassen gekommen, nachdem sie zuvor an einem Gymnasium eines anderen Bundeslandes nicht zurechtgekommen war. Ihre schwachen Leistungen und ihre stille Art hatten dort dazu geführt, dass sie von den Mitlernenden als unfähig und dumm beleidigt und drangsaliert wurde. Sie litt unter somatischen Störungen und zeigte ein deutliches Vermeidungsverhalten.

Nicola kam verschüchtert zu uns. Sie sprach kaum, beteiligte sich nicht an den Unterrichtsgesprächen und wurde sehr schnell verlegen. Das erste Gespräch führte ich mit Nicola zusammen mit ihren Eltern. Wir verabredeten eine längere Eingewöhnungsphase, in der Nicola nicht zur Teilnahme an Gesprächen oder zu Antworten gezwungen wurde. Sie sollte sich aber bemühen, bei Problemen eine Vertrauensperson anzusprechen, die sich um ihre Belange kümmern sollte. Als Vertrauensperson wählte sie die Sozialpädagogin der Klasse aus. Auf familiärer Seite wurde Nicola mehrere Jahre über eine Psychotherapie unterstützt.

Im Laufe der 4 Jahre in der Klasse entwickelte sich Nicola zu einer guten und fleißigen Schülerin. Sie redete auch weiterhin nicht viel, konnte sich aber mit kurzen Redebeiträgen an den Unterrichtsgesprächen beteiligen und hatte einen großen Freundeskreis an der Schule gefunden.

Fallbeispiel 39: Gernot fiel früh durch eine Verhaltensstörung auf

Gernot war ein unterdurchschnittlich begabter Schüler. Er saß lustlos, fast apathisch und desinteressiert im Unterricht und war durch keine Gespräche und Anregungen zu einer Verhaltensänderung zu bewegen. Auf alle Bemühungen seiner Lehrer und Mitlernenden reagierte er gereizt und unwillig. Einer Kollegin, die in der Klasse oft die ersten Stunden zu geben hatte, fiel auf, dass Gernot häufig übermüdet wirkte. Bei weiteren Nachforschungen berichteten seine Mitschüler von seinem Interesse an Computerspielen, die er angeblich bis tief in die Nacht spielte. Im Gespräch mit den Eltern gaben wir diese Information der Mitschüler weiter. Sie wussten davon offensichtlich nichts und konnten sich das bei ihrem Sohn auch überhaupt nicht vorstellen. Dennoch sagten sie uns zu, verstärkt darauf zu achten und uns auf dem Laufenden zu halten.

Etwa eine Woche später erfuhren wir von ihnen, dass Gernot wohl schon über viele Monate heimlich nachts am Computer spielte. Einige dieser Spiele waren für sein Alter nicht freigegeben und zeigten Gewalt- und Kriegsszenarien. Er hatte sich die Spiele über den Onkel besorgt.
In den folgenden Jahren wurde das Arbeiten mit Gernot nicht leichter. Er kam zwar nicht mehr so oft übermüdet in den Unterricht, zeigte aber die meiste Zeit nur wenig Interesse am Lernen und tat sich mit sozialen Kontakten in seiner Klasse schwer.

Fallbeispiel 40: Frances mobbte ihre Mitschülerinnen
Frances kam als unterdurchschnittlich begabte, arbeitsunwillige und aggressive Schülerin in der 10. Jahrgangsstufe in eine meiner Klassen, nachdem sie in einer anderen Schule mehrere Mitschülerinnen gemobbt hatte. In einem ersten Gespräch unseres Klassenteams mit ihr unterhielten wir uns über unsere Vorstellungen von einer gemeinsamen Arbeit in der neuen Klasse und legten gemeinsame Ziele fest. Diese sahen eine wöchentliche Betreuungsstunde bei einer sozialpädagogischen Kraft, eine Vereinbarung über einzuhaltende Regeln in der Klasse und ein besseres Lernverhalten vor. Frances sollte durch Förderstunden in ihren schwächeren Fächern und durch den Besuch einer schulinternen Hausaufgabenbetreuung unterstützt werden. Wir verabredeten uns zu weiteren regelmäßigen Gesprächen in kurzen Abständen, um über Frances' Lernfortschritte und eventuelle Probleme zu sprechen. In einem Gespräch mit der alleinerziehenden Mutter versuchten wir uns einen Einblick in die familiäre Situation zu verschaffen. Da die Mutter keine Probleme im Verhalten ihrer Tochter sah, die Anschuldigungen aus der Schüler- und Lehrerschaft der vorherigen Klasse als völlig abwegig beschrieb und die Ordnungsmaßnahmen als ungerecht empfand, beließen wir es erst einmal bei ihrer Stellungnahme und sahen vorerst keine Möglichkeit einer engeren Zusammenarbeit mit ihr.
In den ersten Wochen gab es mit Frances keine größeren Probleme. Sie arbeitete relativ gut mit, nahm ihre Termine wahr und wir konnten sie in unseren Gesprächen loben. In der Folgezeit ließ allerdings ihre Konzentration im Unterricht nach, sie machte die Hausaufgaben nur noch unregelmäßig und nahm die Termine bei der Hausaufgabenhilfe nicht mehr wahr. Auf kleinste Auseinandersetzungen mit ihren Mitschülerinnen reagierte sie zunehmend aggressiv und attackierte sie verbal. Zu einem verabredeten Gespräch mit

dem Sozialpädagogen kam sie nicht, so dass er sie aus dem Unterricht holen musste. Nach Gesprächen mit den Klassenkameradinnen stellte sich heraus, dass Frances heimlich Schülerinnen aus einer anderen Klasse ohne ihr Wissen gefilmt und diesen Film verbreitet hatte.
Wir schalteten daraufhin die Jahrgangsleitung und die Schulleitung ein, informierten die Mutter und luden sie kurzfristig zu einem Gespräch in der Schule ein. Die Mutter sah in dem Verhalten ihrer Tochter kein Vergehen und betonte, dass sie, egal was komme, zu ihrer Tochter halten werde. Die Klassenkonferenz beschloss eine Ordnungsmaßnahme und es wurde eine Verhaltensregelung vereinbart. Die Mutter mied daraufhin bis zum Ende der 10. Klasse jeden weiteren Kontakt mit der Schule.

Fallbeispiel 41: Jonathan stritt sich ständig mit einem befreundeten Mitschüler und attackierte ihn körperlich

Jonathan kam als ein in sich gekehrter und kluger Schüler zusammen mit seinem befreundeten Mitschüler Niklas aus einer benachbarten Grundschule in eine Klasse der 5. Jahrgangsstufe, in der ich die Fächer Sport und Mathematik unterrichtete. Jonathan fiel nach nur wenigen Schultagen dadurch auf, dass er häufig ohne sichtbaren Grund seine Mitschüler verbal angriff, beleidigte und mit körperlicher Gewalt drohte. Ziele seiner Angriffe waren in der Nähe befindliche Schüler und insbesondere Niklas, obwohl die beiden schon seit der Grundschulzeit miteinander befreundet waren.
Im Sportunterricht wurde deutlich, dass Jonathan mit Niederlagen oder körperlichem Misslingen überhaupt nicht zurechtkam und seinen Frust an seinem Freund ausließ. Frühzeitig versuchte das gesamte Klassenteam daraufhin, Jonathan und Niklas voneinander fernzuhalten, was aber von beiden abgelehnt bzw. immer wieder umgangen wurde. So kam es zu einer körperlichen Attacke gegenüber Niklas mit der Folge, dass er Niklas verletzte und wir Jonathan vom Unterricht ausschließen mussten.
Der Klassenlehrer benachrichtigte die Eltern, worauf Jonathans Vater zu einem Gespräch in die Schule kam. Da Jonathan keine Änderung im Verhalten zeigte, folgten viele weitere Gespräche der Klassenführung, der Sonderpädagogin, des Sonderpädagogen und einer Mitarbeiterin des ReBUZ mit dem Vater von Jonathan.
Es stellte sich heraus, dass die Eltern mit dem älteren, behinderten Bruder von Jonathan so beschäftigt waren, dass sie ihrem jüngeren Sohn nicht die

notwendige Aufmerksamkeit zukommen lassen konnten. Außerdem zeigten seine Eltern inkonsistentes Verhalten, indem sie ihm Vorgaben machten, die er dann aber nicht einhalten musste.

Da sich Jonathans Verhalten in den folgenden Monaten nicht veränderte und wir ihn immer wieder wegen der Gefährdung seiner Mitschüler vom Unterricht ausschließen mussten, wurde nach vielen Beratungsgesprächen die zeitweise Beschulung in einer psychiatrisch betreuten Schuleinrichtung vorgenommen. Jonathan wurde später an einer anderen allgemeinbildenden Schule in einem benachbarten Stadtteil beschult.

Einsichten aus dem Umgang mit Verhaltensstörungen

Um auf Verhaltensstörungen positiv Einfluss zu nehmen, ist es notwendig, mit den betroffenen Schülern ins Gespräch zu kommen. Die Gespräche sollten stets in angenehmer und vertraulicher Atmosphäre und ohne Zeitdruck stattfinden und einen offenen und ehrlichen Meinungsaustausch ermöglichen. Stellt sich im Lauf dieser Gespräche Verständnis für die jeweils andere Seite ein und kann man sich auf ein gemeinsames Angehen des problematischen Verhaltens einigen, so sind die Aussichten auf die Bewältigung des Problems sehr gut. Ziel der Gespräche sollte es immer sein, über die gegenseitige Wertschätzung und das Vertrauen in den Gesprächspartner einen kooperativen Prozess einzuleiten, der auf die Veränderung des kritischen Verhaltens abzielt. Wichtig ist dabei auch, dass ich als Lehrender mir meiner Verantwortung innerhalb dieses Prozesses bewusst bin.

Das oben Gesagte gilt auch für die Gespräche mit den Eltern bzw. mit Elternteilen oder den für die Erziehung zuständigen Personen. Diese Gespräche zielen ebenfalls auf die Einsicht in eine beiderseitige Verantwortung und die Bereitschaft zu einem gemeinsamen erzieherischen Wirken ab. Während die Eltern die Basis für die emotionale, soziale und kognitive Entwicklung des Lernenden schaffen und seine Persönlichkeit und damit auch sein Sozial- und Lernverhalten beeinflussen, sind Pädagogen während der Schulzeit in der Pflicht, diese Aufgaben in Kooperation mit den Eltern wahrzunehmen und so das Verhalten der Lernenden positiv zu lenken. Wichtig ist in diesem Zusammenhang, dass alle am schulischen

Erziehungsprozess beteiligten Personen, d.h. Personen aus dem Klassenteam, der Jahrgangs- oder Schulleitung, der Sozialarbeit oder der Sonder- und Sozialpädagogik, das Vertrauen der Lernenden und ihrer Eltern genießen.

Auch wenn diese Gespräche oft zunächst abgelehnt werden oder erfolglos verlaufen, ist es wichtig, die Gesprächsbereitschaft aufrechtzuhalten: Ein wiederholt formuliertes Angebot an die Lernenden und die Eltern wird erfahrungsgemäß irgendwann doch angenommen. Sind die Lernenden und/oder ihre Eltern trotz aller Bemühungen nicht zu erreichen, so liegen die Gründe meist in der Weigerung der Lernenden, ihr Fehlverhalten wahrzunehmen und Verantwortung dafür zu übernehmen. Dies ist oft die Folge negativer Schulerfahrungen der Eltern und zu hoher Erwartungen an ihr Kind. Beeinflusst durch ihr negatives Bild von der Schule oder den Lehrkräften, gehen die Eltern oft in eine Verteidigungshaltung und suchen die Schuld bei der Schule oder den Lehrkräften. Schließlich wollen oder können manche Eltern nicht die Verantwortung für die Erziehung ihres Kindes übernehmen und treten dann oft als »Freunde« ihres Kindes auf.

In solchen Fällen sowie bei eher selten vorkommenden schweren Persönlichkeitsstörungen, die durch schulinterne Maßnahmen allein nicht behoben werden können, ist die Unterstützung von Fachleuten erforderlich. In der Regel erfolgt die Kontaktaufnahme über die Jahrgangs- oder Schulleitung zu Beratungsstellen wie dem Schulpsychologischen Dienst, regionalen Beratungsstellen und staatlichen Einrichtungen. Diese Fachleute haben die Möglichkeit, dort Kontakte (wieder-)herzustellen, wo wir Lehrende die Lernenden und die Eltern nicht mehr erreichen können, spezifische Unterstützung und Hilfe anzubieten und im Notfall zum Schutze und zum Wohlergehen der Betroffenen auch tiefgreifende Maßnahmen zu treffen. Auch wenn die Anstrengungen dieser Einrichtungen nicht in allen Fällen erfolgreich waren, habe ich mit ihnen immer positive Erfahrungen gemacht.

Letztendlich gilt: Jede auf Wertschätzung, Respekt und Vertrauen basierende Anstrengung, die dem Wohle und der Persönlichkeitsentwicklung der Schüler dient, lohnt sich!

B Wissenschaftliche Grundlagen

Gerhard Roth

Nicht alle Kinder sind hochbegabt bzw. hochintelligent, wie einige »Neurodidaktiker« wie Hüther und Hauser (2012) uns weismachen wollen, sondern Intelligenz ist *normalverteilt*, d. h., es gibt deutliche »angeborene« Begabungs- und Intelligenzunterschiede, von deren Ursachen wir gleich erfahren werden. Deshalb muss eine Lehrperson in der Lage sein, Intelligenz- und Begabungsunterschiede bei den Schülern zu erkennen und zu berücksichtigen. Zudem treten bei einem nicht unbeträchtlichen Teil der Schüler Lernstörungen wie Lese-Rechtschreib-Schwäche (Legasthenie, Dyslexie) oder Rechenschwäche (Dyskalkulie), Lernbehinderungen bzw. geistige Behinderungen, Störungen wie Autismus oder das Aufmerksamkeitsdefizit-Hyperaktivitäts-Syndrom (ADHS) oder Verhaltensstörungen auf, die den Schulunterricht erheblich behindern können. Umso wichtiger ist es, dass Lehrer hinreichende Kenntnisse über die unterschiedlichen Formen von Lernstörungen besitzen, um ihren Unterricht auf Begabungsunterschiede einzustellen, frühzeitig Lernstörungen und psychische Störungen sowie Verhaltensstörungen zu erkennen und Fachleute zu Rate zu ziehen, wie in den oben geschilderten Beispielen geschehen.

Intelligenz

Über den Begriff der Intelligenz und die Brauchbarkeit von Intelligenztests im Bildungs- und Schulbereich ist viel Kritisches geschrieben und gestritten worden. Eine solche Skepsis ist aber unbegründet, denn in der Persönlichkeitspsychologie ist nichts so gut untersucht wie das Merkmal »Intelligenz«, und dieses Merkmal ist mindestens so genau zu messen wie die individuelle Persönlichkeitsausprägung. Man muss nur verstehen, was der IQ-Test misst und was nicht.

Was ist Intelligenz, und wie misst man sie?

Zum Begriff »Intelligenz« gibt es lange Definitionen. Eine kurze Definition lautet »erfolgreiches Problemlösen unter Zeitdruck«. Der Zeitdruck ist hierbei wichtig, denn es kommt bei Intelligenz vornehmlich auf die Schnelligkeit der Assoziationen an. Das zeigt, dass »intelligent« nicht unbedingt »klug« bedeutet und erst recht nicht »weise«, denn klug und weise wird man überwiegend aus Erfahrung. Ein intelligenterer Mensch kann in der Regel schneller Erfahrungen sammeln als andere Menschen, d. h. lernen, aber das hat erst einmal nichts mit den Inhalten zu tun, die gelernt werden.

Nach heutigem Verständnis setzt sich Intelligenz aus zwei grundlegenden Faktoren zusammen, nämlich aus einem allgemeinen Intelligenz-Faktor, der dem soeben genannten »schnellen Denken und Assoziieren« zugrunde liegt, und aus speziellen Bereichsfaktoren (zusammen auch »kristalline Intelligenz« genannt), die sich auf Erfahrungswissen beziehen.

Der erste Faktor, die allgemeine Intelligenz, beruht nach gängiger, auch neurobiologischer Sicht auf der Schnelligkeit und Effektivität der Informationsverarbeitung im Arbeitsgedächtnis und damit auch auf der generellen Lernfähigkeit. Die speziellen Bereichsfaktoren umfassen hingegen Wissen in unterschiedlichen sprachabhängigen und sprachunabhängigen Bereichen. Diese betreffen im sprachlichen Bereich etwa Allgemeinwissen und Wortschatz und im nichtsprachlichen Bereich etwa logisches bzw. abstraktes Denken und räumliches Vorstellungsvermögen. Dementsprechend besteht ein Intelligenztest wie der Hamburg-Wechsler-Test für Kinder (HAWIK) bzw. für Erwachsene (HAWIE) aus unterschiedlichen sprachlichen und sprachfreien Einzeltests. Die dabei gewonnenen Werte ergeben zusammengefasst den »Intelligenzquotienten« (IQ). Der IQ ist immer auf eine bestimmte Altersgruppe bezogen und gibt an, in welchem Maße die getestete Person über oder unter oder genau auf dem Intelligenz-Durchschnitt liegt, der definitionsgemäß bei 100 liegt. Ein IQ-Test liefert immer nur Angaben relativ zur Vergleichsmenge, d. h. zu einer bestimmten Altersgruppe. Es wäre unfair, wenn man die Intelligenz eines Zehnjährigen, eines Vierzigjährigen und eines Achtzigjährigen direkt miteinander vergleichen würde.

Die mithilfe eines IQ-Tests gemessene Intelligenz ist in einer Alters-

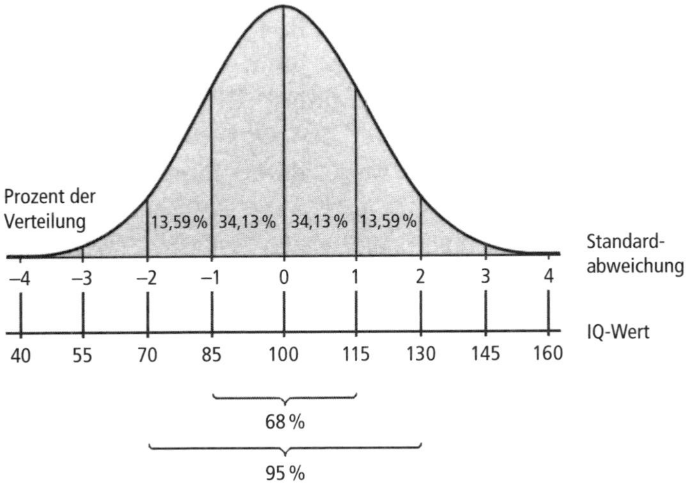

Abbildung 10: Normal- (Gauß-)Verteilung des Intelligenzquotienten (IQ) in der Bevölkerung. Ein IQ von 100 repräsentiert den statistischen Durchschnitt. Im Bereich von 85 bis 115 (+/– eine Standardabweichung) liegen rund 68 % der gemessenen IQs; dieser repräsentiert den Normalbereich der mit einem IQ-Test gemessenen Intelligenz, im Bereich von 70 bis 130 (+/– zwei Standardabweichungen) befinden sich 95 % der IQ-Werte. Personen mit einem IQ unter 70 gelten als deutlich minderbegabt, solche mit einem IQ über 130 als deutlich hochbegabt. Beide Gruppen umfassen jeweils 2 % der Bevölkerung.

gruppe nicht gleichmäßig, sondern »normalverteilt« bzw. »Gauß-« (oder »Glockenkurven-«) verteilt (vgl. *Abbildung 10*). Dies bedeutet statistisch gesehen, dass 68,2 % der Menschen, also rund zwei Drittel, einen IQ haben, der um den festgelegten Durchschnitt von 100 herum zwischen 85 und 115 liegt. Menschen mit einem IQ über 115 sind daher definitionsgemäß überdurchschnittlich, solche mit einem IQ unter 85 unterdurchschnittlich intelligent bzw. begabt. Als *minderbegabt* gelten definitionsgemäß Menschen mit einem IQ unter 70 und als *hochbegabt* solche mit einem IQ über 130.

Eine wichtige Rolle für die allgemeine Intelligenz und insbesondere für das generelle Problemlösen spielt das bereits erörterte Arbeitsgedächtnis, das im oberen Stirnhirn, dem dorsolateralen präfrontalen Cortex, lokalisiert ist. Es ist in seiner Fassungskraft und seiner Verarbeitungsgeschwindigkeit hochgradig beschränkt und stellt beim Problemlösen den kognitiven »Flaschenhals« dar. Zudem hat es beim Problemlösen zwei unterschiedliche Funktionen: Es muss zum einen das Problem erkennen, und zum anderen muss es aus den unterschiedlichen Inhalten des Wissensgedächtnisses diejenigen aufrufen, die zur Lösung des anstehenden Problems geeignet sind. Dabei ist die Geschwindigkeit wichtig, mit der ein Problem erkannt und geeignete Inhalte aufgerufen und zusammengesetzt werden. Außerdem muss genügend spezifisches Wissen vorhanden sein.

Dies bedeutet: Eine Person, die schnell denken kann, aber nur wenig weiß, ist in der Regel schlecht im praktischen Problemlösen, während eine Person, die langsamer denkt, aber in langer Berufserfahrung viel Expertenwissen gesammelt hat, beruflich durchaus erfolgreich sein kann. Am besten dran sind natürlich solche Menschen, die schnell Informationen verarbeiten können und zugleich viel wissen. Neurobiologische Untersuchungen zeigen, dass intelligente Menschen ein effektiver arbeitendes Arbeitsgedächtnis haben als weniger intelligente und deshalb nicht nur schneller denken und assoziieren, sondern auch schneller lernen können.

Die allgemeine Intelligenz als Grundfunktion des Arbeitsgedächtnisses lässt sich offenbar nicht wesentlich verbessern und scheint in hohem Maße genetisch-epigenetisch bedingt zu sein. Intelligente Personen sind besser befähigt, die typischen Beschränkungen des Arbeitsgedächtnisses durch intuitive oder erlernte Tricks, Denk- und Merkhilfen (»Eselsbrücken«) sowie Routinen im bereichsspezifischen Problemlösen auszugleichen.

Begabung

Über den Grundsockel der »allgemeinen Intelligenz« hinaus sind Menschen hinsichtlich ihrer kognitiven Fähigkeiten in der Regel verschieden. Die einen können sich räumlich und bildlich gut zurechtfinden, sind aber in der Sprachbeherrschung oder im abstrakten Denken nicht besonders gut – oder umgekehrt. Diese Unterschiede werden neben der Basis-Intelligenz im IQ-Test getrennt gemessen, und es wird auf dieser Grundlage ein *Begabungsprofil* erstellt, mithilfe dessen man jungen Menschen bestimmte Studien- und Berufsempfehlungen geben kann. Der Begriff der Begabung wird häufig synonym mit »Intelligenz« verwendet, wenn man etwa von jemandem sagt, es handle sich um einen begabten Menschen. Man spricht aber besser von Begabungen als sich andeutenden, aber noch nicht voll entwickelten Fähigkeiten einer bestimmten Art, etwa »er verspricht ein sehr begabter Mathematiker zu werden«. Es gilt, dass man Begabungen hinsichtlich ihrer Realisierung fördern kann, allgemeine Intelligenz jedoch nicht – von sehr frühen Entwicklungsphasen abgesehen. Anders ausgedrückt: Eine hohe allgemeine Intelligenz ist eine messbare Größe, eine Begabung ist eine vermutete Entwicklungsperspektive. Leider – so zeigt die Forschung – halten viele ehrgeizige Eltern irrtümlicherweise ihre Kinder für sehr begabt und behaupten bei eingetretenen Enttäuschungen, die Schule bzw. die Lehrpersonen seien daran schuld. Sogar bei den Hochbegabten erweisen sich bis 20 Prozent als solche, die den Erwartungen nicht gerecht wurden. Neben falsch eingeschätzter Begabung, aber auch familiären und psychischen Problemen handelt es sich hierbei um mangelnde Motivation und mangelnden Fleiß. Dies ist gerade bei solchen Schülerinnen und Schülern der Fall, denen in der Schule alles zuflog oder die von den Lehrpersonen ungerechtfertigt gelobt wurden.

Kreativität

Der Begriff der »Kreativität« betont die Fähigkeit, bei Problemen kognitiver oder praktischer Art oder bei der künstlerischen Tätigkeit *neuartige* Lösungen zu finden. Allgemein gilt, dass Kreativität eng mit Intelligenz verbunden ist, und die standardisierten Intelligenz-Tests können mit dem Faktor der »allgemeinen Intelligenz« Kreativität gut miterfassen. Allerdings steigert sich die Aussagekraft dieser Tests durch die Kombination mit einem Persönlichkeitstest.

Es gilt aber auch, dass kreative Menschen nicht unbedingt schnell denken können müssen, denn viele »Lösungen« wissenschaftlicher, künstlerischer oder praktisch-technischer Art stellen sich intuitiv, d. h. wie von selbst und oft mit einer gewissen zeitlichen Verzögerung ein. Umgekehrt sind intelligente Menschen nicht unbedingt kreativ. Sie können vorhandenes Wissen schnell zusammensetzen, aber nicht unbedingt ganz neue Wege gehen. Natürlich ist auch hier eine Kombination von hoher Intelligenz und hoher Kreativität besonders vorteilhaft.

Es werden viele Methoden zur Förderung von Kreativität angepriesen, allerdings handelt es sich bei der Kreativität wie auch bei der allgemeinen Intelligenz um eine hochgradig genetisch-epigenetisch bedingte Eigenschaft, die man nur in begrenztem Umfang trainieren kann. Förderung der Kreativität sollte daher eher darin bestehen, Kindern und auch Erwachsenen Angebote zu machen, mit denen sie ihre Fähigkeiten eigenständig entfalten können. Hierbei sind, besonders in Form elterlicher Ermutigung, die frühen, in der Regel familiären Entwicklungsbedingungen wichtig. Darüber hinaus muss alles daran gesetzt werden, Wissen kompetent zu vermitteln. Auch für kreative Menschen ist es vorteilhaft, viel zu wissen.

Hochbegabung

Ein in Schulen oft anzutreffendes Problem sind die Eigenheiten hochbegabter Schülerinnen und Schüler und der richtige Umgang mit ihnen. Viele Lehrerinnen und Lehrer sind hierbei ziemlich verunsichert. Aber was meint denn eigentlich »Hochbegabung«?

Entgegen populärer Darstellung sind gesagt keinesfalls alle Schüler hochbegabt. Das wäre auch logisch gar nicht möglich, denn dann gäbe es keine Hochbegabung. Rein statistisch gesehen, gelten nach Meinung vieler Psychologen Personen als hochbegabt, deren Intelligenz um mindestens zwei Standardabweichungen über dem Mittelwert von 100 liegt, deren IQ also mindestens 130 beträgt. Das ist natürlich eine reine Konvention und trifft auf rund 2 % der Bevölkerung zu. Einige Autoren setzen für Hochbegabung einen IQ von 135 voraus, was dann rund 1 % der Bevölkerung umfasst. In Deutschland dürften nach einer solchen Definition also rund 800.000 Menschen als im engeren Sinne hochbegabt gelten, was viele überraschen wird. Ab einem IQ von ungefähr 150 bis 160 kann man aus statistischen Gründen keine sinnvollen Aussagen über den IQ eines »Höchstbegabten« machen – die Normalverteilung der Intelligenz nähert sich hier asymptotisch dem Nullwert der Häufigkeit an. Man sollte also Behauptungen von Eltern, ihre Tochter habe einen IQ von 220, keine Bedeutung zumessen, denn solche Werte sind gar nicht mehr messbar.

Hochbegabung ist also – ebenso wie Intelligenz – ein psychologisches Konstrukt und als solches ein relativer Wert, der sich immer auf den

Durchschnitt einer Altersgruppe in einem bestimmten Land oder Kulturkreis bezieht. Da sich dieser Durchschnitt ändert und sich über lange Zeit kontinuierlich erhöht (»Flynn-Effekt« genannt), müssen IQ-Tests ständig neu geeicht werden. Insofern ist es unzulässig, Werte eines Intelligenztests von heute mit denen von vor 50 Jahren zu vergleichen. Die Gründe für den Flynn-Effekt sind unklar. Falls dieser Effekt kein Messartefakt ist, mag dieser Anstieg auf bessere Ernährung, eine bessere frühkindliche Bildung bzw. eine steigende Allgemeinbildung zurückzuführen sein. Es ist auch unklar, ob der IQ zurzeit weiter ansteigt oder inzwischen gleich bleibt. In keinem Fall aber kann begründet angenommen werden, dass die Intelligenz der jungen Leute im Vergleich zu früher absinkt, etwa aufgrund verstärkten Konsums digitaler Medien, wie häufig behauptet wird, etwa von Manfred Spitzer. Das würde große Längsschnittstudien von mindestens 10 Jahren erfordern, die bisher nicht durchgeführt wurden, weil sie sehr viel Geld und Aufwand kosten würden.

Aus der Tatsache, dass der IQ signifikant mit der »allgemeinen Intelligenz« übereinstimmt, folgt, dass Hochbegabte über eine hohe allgemeine Intelligenz verfügen. Schon dies widerspricht der verbreiteten Meinung, Hochbegabte zeichneten sich typischerweise nur in einem bestimmten Begabungsbereich aus, meist Mathematik, Musik oder Gedächtnisleistungen, verfügten also über eine »Inselbegabung« (s. unten). Nach Auskunft des Begabungsforschers Detlev Rost sind Hochbegabte im Durchschnitt vielmehr durch folgende Merkmale gekennzeichnet: Viele von ihnen können erstens früher laufen und sprechen, zweitens kommen sie früher in die Pubertät, drittens haben sie eine niedrigere Rate psychischer und physischer Auffälligkeiten, viertens zeigen sie deutlich höhere Schulleistungen, fünftens sind sie emotional ausgeglichener, sechstens sind sie an vielen Dingen deutlich interessierter, siebtens zeigen sie meist Mehrfachbegabungen und achtens sind sie in dem, was sie tun, hochkreativ. Befunde drei und fünf sind besonders wichtig, zeigen sie doch, dass mit Hochbegabung in der Regel eine reifere Persönlichkeit einhergeht. In der Schule haben Hochbegabte im engeren Sinne Bestnoten in den meisten oder gar allen Fächern, also auch in so verschiedenen Fächern wie Musik, Geschichte, Mathematik und Englisch, sonst kämen sie auch gar nicht im Abitur meist auf eine »glatte Eins«, sie beherrschen mindestens zwei Fremdsprachen, und oft sind sie auch in Sport gut bis sehr gut. Entgegen dem gängigen Vorurteil sind sie meist nicht besonders streberhaft und haben – insbesondere als Mädchen und junge Frauen – eher Scheu, ihre Hochbegabung sichtbar werden zu lassen.

Inselbegabung

Während die Mehrzahl der Hochbegabten durch das Vorliegen von Mehrfachbegabungen und eine recht ausgeglichene Persönlichkeit einschließlich eines guten Sozial- und Kommunikationsverhaltens gekennzeichnet ist, zeichnen sich Personen mit »Inselbegabungen« oft durch ein starkes Ungleichgewicht von außergewöhnlichen Fähigkeiten und Leistungen in eng umgrenzten Bereichen aus. Dies geht oft mit einem auffallenden Mangel an Fähigkeiten in den meisten anderen Bereichen intellektueller Leistungen einher, insbesondere aber bei sozialen Kompetenzen, was sie dann zu »Sonderlingen« macht. Für diese Menschen hat sich inzwischen der Begriff »Nerd« eingebürgert, insbesondere für jemanden, der am liebsten vor dem Bildschirm hockt, also ein »Computerfreak« ist und dabei alle sozialen Bindungen und Verpflichtungen vergisst, manchmal sogar die Verpflichtung, sich ausreichend und gesund zu ernähren und genügend zu schlafen.

Solche Inselbegabungen können unterschiedlichster Art sein. Oft handelt es sich um besondere mathematische Begabungen, hervorragende räumliche Orientierungsleistungen, aber auch weit überdurchschnittliche Gedächtnis- bzw. Erinnerungsleistungen, ein fotografisches Gedächtnis, auch musikalische oder malerische Sonderbegabungen, die oft allerdings rein rezeptiv und künstlerisch wenig kreativ sind. Besonders beeindruckend ist neben Meisterleistungen im Kopfrechnen das Beherrschen vieler Fremdsprachen. Der »Rekord« liegt bei dem deutschen Sinologen und Diplomaten Emil Krebs, der von 1867 bis 1930 lebte und 68 Sprachen perfekt beherrscht haben soll.

Wie angedeutet, sind die Leistungen der Inselbegabten meist rezeptiv, mit Ausnahme mathematischer Fähigkeiten bzw. verwandter Fähigkeiten im IT-Bereich, und werden oft als »bizarr« angesehen, so die »Kalenderrechner« oder Personen, die ganze Bücher oder Fahrpläne aller Bananendampfer der Welt auswendig kennen – also Fähigkeiten, die nur selten im täglichen Leben von Nutzen sind. Ein gut dokumentierter Fall von Inselbegabungen ist der russische Journalist Schereschowskij, der vom Neuropsychologen Alexander Lurija über viele Jahre untersucht wurde und über ein phänomenales Gedächtnis verfügte. Er selbst wurde durch Zufall auf seine einzigartige Fähigkeit aufmerksam, als ihm auffiel, dass sich seine Reporterkollegen Notizen über das Gesehene und Gehörte machten, was für ihn überflüssig war. Ein ähnliches Supergedächtnis ist von dem amerikanischen Restaurantbesitzer Jacques Scarella bekannt, der sich an alle Namen, Gesichter, Gespräche und Bestellungen seiner Gäste über Jahrzehnte erinnern konnte.

Lurija fand bei Schereschowskij heraus, dass das Supergedächtnis mit einer automatischen Verknüpfung von Sinnesmodalitäten, von einer Kombination von abstrakten Inhalten und bildhaften Vorstellungen, aber auch von abstrakten Inhalten einhergeht. Schereschowskij sagte von sich: »Ich kann nicht vermeiden, Farben zu sehen, wenn ich eine Stimme höre.« Lurija beschreibt, was sein Patient erlebte, wenn er sich eine lange Wortliste durchlas: »Jedes Wort rief ein anschauliches Bild hervor. Und da die Liste lang war, brachte er die Bilder in eine geistige Abfolge. Meist ›verteilte‹ er sie entlang einer Wegstrecke oder Straße, die er sich vorstellte […]. Oft ging er vom Majakovskijplatz im Geist die Gorkijstraße entlang und ›verteilte‹ seine Bilder auf Häuser, Tore und Schaufenster […]. Um sich zu erinnern, ging er dann einfach vorwärts oder rückwärts denselben Weg noch einmal und fand das Bild des in der Wortliste enthaltenen Gegenstandes.«

Oft gehen mit einer Inselbegabung Defizite in anderen kognitiven Bereichen einher, insbesondere aber im Bereich der sozialen Interaktion und Kommunikation. Rund die Hälfte aller Personen mit Inselbegabungen werden als Autisten bzw. Menschen mit einem Asperger-Syndrom bezeichnet, wovon noch die Rede sein wird. Bei bestimmten Tätigkeiten, etwa als Statistiker, IT- und Computerfachmann braucht man keine starke soziale Neigung wie im Gesundheits- und Bildungsbereich, im Marketing und in der Politik – um nur einige zu nennen. Dann sucht man sich eben die »Lücke«, in die man mit geringster Anstrengung und größtem Erfolg hineinpasst.

In der Schule sind solche »Inselbegabten« und »Sonderlinge« ein großes Problem, denn die Neigung, sie als »Fachidioten« und »Kalenderrechner« abzustempeln, ist immer noch verbreitet.

Intelligenz- und Begabungsunterschiede zwischen den Geschlechtern

Zu meiner Schulzeit in den fünfziger und sechziger Jahren des vorigen Jahrhunderts und noch lange danach galten Mädchen und Frauen als weniger intelligent im Vergleich zu Jungen und Männern, und fast niemand fand das seltsam – es gehörte zum damaligen »Weltbild«. In der »Studienstiftung des deutschen Volkes«, der bis heute größten Einrichtung zur Förderung hochbegabter junger Menschen, von der auch ich als Student gefördert wurde, gab es damals in den 60er Jahren des vorigen Jahrhunderts ein Verhältnis von 2 : 1 zugunsten der jungen Männer. Merkwürdig war, dass dieses Verhältnis keineswegs mit der Abitur-Durchschnittsnote oder den Studienleistungen in den ersten Semestern übereinstimmte, welche eine wichtige Grundlage der Vorschläge von Schulen und Professoren an die Studienstiftung waren. Schon damals hatten die jungen Frauen die Nase vorn oder unterschieden sich zumindest nicht von den jungen Männern. Jahrelange Untersuchungen von Fachleuten ergaben, dass sich die Überzahl der jungen Männer erst bei der Endauswahl ergab. Das war sehr beunruhigend, denn es zeigte sich, dass die jungen Männer sich oft in den Auswahlgesprächen vorteilhafter darstellten als junge Frauen. Es wurde dann viel unternommen, um diese Verzerrung zu beheben, zum Beispiel durch bessere Schulung der Mitglieder der Auswahlgremien, aber erst gegen Ende meiner Amtszeit als Präsident der Studienstiftung glich sich der Anteil der jungen Frauen an den der jungen Männer an.

Die jahrhundertelang verbreitete Meinung, Männer seien von ihrem Erbgut her intelligenter als Frauen, wurde auch lange von der Intelligenzforschung bestätigt, indem sich in Intelligenztests bis vor rund zehn Jahren ein relativ robuster Unterschied zwischen den Geschlechtern von 4–5 IQ-Punkten ergab, der aber statistisch eigentlich kaum ins Gewicht fallen kann. Inzwischen ist dieser Unterschied im IQ verschwunden – kein Mensch weiß, warum. Vielleicht sind die Tests objektiver geworden, vielleicht, wie manche Autoren behaupten, werden seit längerem Mädchen und Frauen viel stärker gefördert als Jungen und Männer – was andere wiederum bestreiten.

Selbst wenn zwischen den Geschlechtern hinsichtlich des IQ kein signifikanter Unterschied nachgewiesen wird, bleiben doch andere Unterschiede. So sind die Gauß-Kurven der IQ-Verteilung abgesehen von ungefähr demselben Mittelwert bei ihnen nicht deckungsgleich. Bei Jungen und Männern verläuft nämlich die Gauß-Kurve der Intelligenzverteilung flacher als bei den Mädchen und Frauen. Das bedeutet, dass es bei Jungen und Männern deutlich mehr Hochintelligente am rechten Rand und deutlich mehr Minderintelligente am linken Rand der Kurve gibt. Dass dies wohl kein statistisches Artefakt ist, zeigt sich an Untersuchungen an Hochbegabten innerhalb und außerhalb der Studienstiftung. Es ging dabei um »Höchstleistende«, d.h. Gewinner von Wettbewerben im Bereich von Mathematik, Physik, Biologie, aber auch Musik. Hier ergab sich ab einem sehr hohen IQ von 145 ein Verhältnis hochbegabter Jungen zu hochbegabten Mädchen von etwa 8:1.

Unklar ist, wie man diesen wiederum »robusten« statistischen Unterschied erklären kann. Es mag sein, dass die Wettbewerbe, um die es ging, den besonderen Fähigkeiten der Jungen und Männer entgegenkommen. Es bestätigte sich nämlich, dass Jungen und Männer im Bereich der Mathematik, der Naturwissenschaften, der Raumvorstellung und Technik den Mädchen und Frauen überlegen sind, die ihrerseits in den Verbalfähigkeiten, in Empathie, Geschicklichkeit usw. Jungen und Männer übertreffen. Diese Unterschiede im Begabungsprofil sind allerdings nicht groß und haben sich im Laufe der Jahrzehnte auch verringert – so ist bei der Studienstiftung des deutschen Volkes der Anteil der Mathematikerinnen und Naturwissenschaftlerinnen deutlich gewachsen, und das könnte auf veränderte psychosoziale Einflüsse zurückzuführen sein. Immerhin wurden noch vor 3 Jahrzehnten Mädchen entmutigt, Natur- und Technikwissenschaften zu studieren.

Der Vorsprung der männlichen »Höchstleister« ist – kombiniert mit elterlicher Ermutigung – vermutlich auf einen erhöhten Antrieb hinsichtlich Leistung, Vorwärtskommen, Dominanz usw. zurückzuführen, was sich auf eine charakteristische Kombination des Neuromodulators Dopamin und des Geschlechtshormons Testosteron zurückführen lässt. Ich habe als Hochschullehrer bei gleicher qualitativer Leistung im Durchschnitt bei meinen männlichen Doktoranden einen stärkeren und stärker egozentrierten Leistungswillen feststellen können als bei den Doktorandinnen, die viel stärker familiäre Belange als Partnerin, Ehefrau und Mutter berücksichtigten.

Das Fazit lautet: Jungen und Männer sind keineswegs intelligenter als

Mädchen und Frauen, aber sie zeigen Begabungs- und Motivationsunterschiede, die allerdings immer kleiner werden. Dies deutet auf einen erheblichen Anteil von Umwelteinflüssen auf Intelligenz und Leistung hin, von dem noch zu sprechen sein wird.

Die Entwicklung von Intelligenz

In welchem Maße ist Intelligenz ein stabiles Merkmal? Testpsychologisch formuliert: In welchem Maße kann man aufgrund der Testergebnisse bei bei einem jungen Menschen die Resultate weiterer Tests im Abstand von einem Jahr, von zehn, zwanzig usw. Jahren vorhersagen? Es zeigt sich, dass sich bei einem Individuum die Intelligenz mit zunehmendem Alter stabilisiert und deshalb immer genauer voraussagbar wird. Diese Tatsache kann über den sogenannten Korrelationskoeffizienten dargestellt werden, der angibt, in welchem Maße unterschiedliche Größen miteinander übereinstimmen. Ein Korrelationskoeffizient von 1 zeigt eine vollkommene Übereinstimmung an, ein Wert von 0 eine völlige Unabhängigkeit und ein Wert von minus 1 eine sogenannte »Anti-Korrelation«, d. h., zwei Merkmale verhalten sich entgegengesetzt.

Der Korrelationskoeffizient zwischen der Intelligenz einer Person im vierten und im vierzehnten Lebensjahr beträgt 0,65 und ist damit schon überraschend hoch. Die Korrelation zwischen der Intelligenz im vierzehnten und im neunundzwanzigsten Lebensjahr derselben Person beträgt trotz des längeren Zeitraums 0,85, ist also sehr hoch und zeigt an, dass die Intelligenz bereits mit vierzehn Jahren ziemlich stabil ist. Nach Aussage von Forschern korreliert die Intelligenz im Alter von sechs Jahren mit derjenigen im Alter von vierzig Jahren mit einem Koeffizienten von 0,6 (Neyer und Asendorpf 2018). Dies ist ein erstaunlich hoher Wert und bedeutet, dass man aufgrund der Kenntnis der Intelligenz einer sechsjährigen Person ihre Intelligenz im Alter von vierzig Jahren mit guter Annäherung vorhersagen kann.

Uns sagt dies, dass es sich bei der Entwicklung der Intelligenz um einen mehrheitlich *selbststabilisierenden* Prozess handelt. Dies bedeutet, dass eine hohe Intelligenz eines Menschen sich mit zunehmender Erfahrung verfestigt, weil sie neben einem angeborenen Anteil (s. nächsten Absatz) auch

Übung und Erfolg benötigt, während sie sinkt, wenn ihr Träger sie nicht übt. Übung fällt aber einem sehr intelligenten Menschen leichter, weil er Dinge schneller begreift, und er wird noch intelligenter. Umgekehrt bleibt eine niedrige Intelligenz auf unterem Niveau, wenn der Träger sie nicht trainiert. Tragischerweise fällt ein solches Training einem wenig Intelligenten schwer. Der Aufforderung »Gib dir doch Mühe!« folgt ein intelligenterer Mensch leichter als ein weniger intelligenter, wobei die Kopplung von Intelligenz und Motivation eine wichtige Rolle spielt.

In welchem Maße ist Intelligenz angeboren oder erworben?

Die Frage nach den genetischen Anteilen von Intelligenz war bis vor kurzem sehr umstritten. Eine der wichtigsten Untersuchungsmethoden zu dieser Frage war die Zwillingsforschung. Sie setzte bei den eineiigen Zwillingen an, also Personen mit vermutlich identischem Erbgut. Solche Zwillinge entstehen dadurch, dass sich eine befruchtete Eizelle (eine »Zygote«) noch einmal vollständig einschließlich des Erbguts teilt. Dies geschieht bei rund jeder 50. Schwangerschaft. Bei ihnen kann es sich um Ungeborene mit getrennten Gebärmuttern (Uterus) und Fruchtblasen (Chorion), mit einem Uterus und zwei Fruchtblasen sowie einem Uterus und einer Fruchtblase handeln. Bei eineiigen Zwillingen ging man bisher von einem identischen Erbgut und identischen vorgeburtlichen Bedingungen aus. Insofern musste alles an ihnen, was sich einschließlich des Temperaments bis zur Geburt entwickelte, identisch sein. Unterschiedliche Umwelteinflüsse hatten erst danach überhaupt eine Chance, wenn sie sich denn ergaben.

Es konnte aber sein, dass sie kurz nach der Geburt aufgrund von Kriegswirren oder Adoptionen getrennt wurden und dann getrennt aufwuchsen bei Adoptiveltern, mit denen sie in aller Regel nicht verwandt waren. Das waren und sind zwar wenige, aber über viele Jahre des Suchens von Forschern kamen doch einige hundert bis tausend Fälle zusammen. Nun konnte man Aussehen, Persönlichkeit und Verhalten von Zwillingen, die bei ihren biologischen Eltern aufwuchsen, sowohl untereinander und dann mit solchen vergleichen, die kurz nach der Geburt getrennt adoptiert wurden. Beide Gruppen konnte man schließlich auch mit normalen Geschwistern (die zu 50 % dieselben Gene haben) vergleichen.

Es stellte sich bei solchen Untersuchungen heraus, dass der IQ *eineiiger* Zwillinge, die in derselben Familie aufwachsen, mit einem Korrelationskoeffizienten von 0,86 hochgradig miteinander korreliert. Die Korrelation des IQ *zweieiiger* Zwillinge beträgt 0,6, während Geschwister, die keine Zwillinge sind, weil sie zu unterschiedlichen Zeiten geboren werden, in ihrem IQ durchschnittlich mit einem Korrelationskoeffizienten von 0,47 übereinstimmen. Dies kann man auf den ersten Blick dahingehend interpretieren, dass die hohe Korrelation zwischen den eineiigen Zwillingen durch identische Gene plus einer identischen vorgeburtlichen und früh nachgeburtlichen Umwelt verursacht sind. Zweieiige Zwillinge haben wie normale Geschwister zwar eine unterschiedliche Mischung mütterlicher und väterlicher Gene, aber eine mehr oder weniger identische vorgeburtliche und oft auch nachgeburtliche Umwelt, während normale Geschwister zusätzlich eine unterschiedliche vorgeburtliche und meist auch nachgeburtliche Umwelt haben. Es liegt bei ihnen also eine Kombination unterschiedlicher Gene und Umwelten vor.

Bei eineiigen Zwillingen, die *getrennt* voneinander bei unterschiedlichen Adoptiveltern aufwuchsen, fand man trotz unterschiedlicher Umwelten Korrelationen ihrer IQs zwischen 0,67 und 0,78. Die Korrelation des IQ von Kindern mit ihren biologischen Eltern lag bei 0,5, war also mittelhoch, diejenige zwischen dem IQ der Zwillinge und ihren jeweiligen Adoptiveltern lag bei 0,2, fiel also ziemlich niedrig aus. Experten fassten bis vor kurzem all diese Werte dahingehend zusammen, dass die Erblichkeit von Intelligenz zwischen 50 und 60 % liegt –Schätzungen mancher prominenter Genetiker gingen bis zu 70 %.

Solche Aussagen sind jedoch inzwischen mit Vorsicht zu genießen, denn man muss den Anteil der erwähnten epigenetischen Faktoren an der genetisch bedingten Intelligenz berücksichtigen. Es hat sich nämlich gezeigt, dass sich eineiige Zwillinge bei derselben »Stamm-DNA« in ihren epigenetischen Kontrollmechanismen, also den Promotor-Regionen der eigentlichen Gene, unterscheiden. Zudem stellte sich heraus, dass eineiige Zwillinge trotz einer gemeinsamen Plazenta nicht notwendig in demselben Maße mit Nährstoffen und Sauerstoff sowie Hormonen versorgt werden. Schon lange ist bekannt, dass es unter eineiigen Föten zu einem wahren Wettkampf um Nahrung kommen kann und nicht selten ein Fötus den anderen aufsaugt und dann als Schein-Einzelkind geboren wird. Dies bedeutet, dass eineiige Zwillinge vorgeburtlich Unterschiede aufgrund unterschiedlicher epigenetischer Kontrollmechanismen und Ernährung bzw. Sauerstoffversorgung aufweisen können, die sich dann auch in der Entwicklung von Intelligenz und anderen Persönlichkeitsmerkmalen niederschlagen, selbst wenn die frühe nachgeburtliche Erfahrung einschließlich der Betreuung durch die Eltern mehr oder weniger identisch ist.

Daraus folgt: Wenn wir von »angeborener« Intelligenz sprechen, so meinen wir diejenigen Merkmale und Anlagen, die bereits bei der Geburt vorhanden sind und die folglich eine Mischung zwischen Genen im engeren Sinne, epigenetischen Faktoren und vorgeburtlichen Einflüssen darstellen. Bei der »angeborenen« (im Sinne einer bei Geburt vorhandenen) Intelligenz verhält es sich also genauso wie bei dem Temperament, mit dem Menschen auf die Welt kommen.

Der Einfluss der Umwelt nach der Geburt

Nachgeburtliche Einflüsse können positiv oder negativ wirken. Bei einer negativen Wirkung auf die Intelligenz nach der Geburt müssen wir zwischen zwei Dingen unterscheiden: Einerseits kann es sich um schwere Defizite wie Unterernährung, schwere physische oder psychische Vernachlässigungen, Misshandlungen und Missbrauch handeln. Andererseits geht es um mangelnde emotionale und kognitive Anregung bei ansonsten normalen Entwicklungsbedingungen. Untersuchungen an russischen und rumänischen Waisenkindern, die sensorisch und emotional stark vernachlässigt worden waren, wiesen einen durchschnittlichen Unterschied von minus 20 IQ-Punkten gegenüber normal aufgewachsenen Kindern auf, und dieser Unterschied konnte selbst durch massive kompensatorische Maßnahmen nur mit mäßigem Erfolg oder gar nicht verringert werden.

Eine deutliche Häufung der genannten Risikofaktoren kann also zu einer erheblichen Intelligenzminderung führen. Umgekehrt wirken sich ein freundlich-fürsorglicher Umgang, ein warmherziger und toleranter Erziehungsstil und insbesondere die Ermutigung zu intellektuellen und künstlerischen Leistungen förderlich auf die Intelligenzentwicklung des Kindes aus. Man schätzt, dass eine positive oder negative frühkindliche Erfahrung eine Steigerung oder Minderung einer angeborenen Intelligenz um jeweils 15–20 IQ-Punkte herbeiführen kann. Spätere Fördermaßnahmen, aber auch negative Einflüsse haben hingegen eine zunehmend geringere Wirkung. Dies bedeutet, dass eine Förderung durch Betreuungspersonen und gesellschaftliche Institutionen sowie das Vermeiden negativer Einflüsse möglichst früh einsetzen müssen.

Schätzt man nun insgesamt den Anteil angeborener Merkmale der Intelligenz im oben genannten Sinne ab, so kommt man auf rund 50 %, oder statistisch korrekter ausgedrückt: Rund die Hälfte der Unterschiede in der Intelligenz, also ihre *Varianz*, zwischen allen bisher untersuchten Personen ist durch angeborene Merkmale erklärbar. Dieser Anteil der Intelligenz ist beträchtlich höher als bei den meisten anderen Persönlichkeitsmerkmalen, bei denen dieser Anteil meist bei 20–30 % Varianzaufklärung liegt. Nachgeburtliche Umwelteinflüsse haben nach Neubauer und Stern auf die Intelligenz einen verstärkenden oder mindernden Einfluss, der in der Kindheit ganz grob geschätzt bei +/– 20, im Jugendalter bei +/– 10 und im Erwachsenenalter bei +/– 5 IQ-Punkten liegt. Der Rest ist testpsychologisch meist nicht weiter genau aufklärbar, weil abhängig von der Tagesform, Unsicherheiten des Tests usw.

Dies könnte nun so verstanden werden, dass der Einflussbereich der Umwelt auf die Intelligenz verhältnismäßig gering ist, was jedoch nicht der Fall ist. Nehmen wir beispielsweise eine Person an, die angeborenermaßen eine durchschnittliche Intelligenz besitzt und durchschnittlich gefördert wird. Diese Person wird im Erwachsenenalter definitionsgemäß einen IQ um 100 haben. Wächst sie unter sehr ungünstigen kognitiv-emotionalen Bedingungen auf, so weist sie später einen IQ von rund 80 auf, bei dem ein Mensch in seiner geistigen Leistungsfähigkeit schon etwas eingeschränkt ist. Bei optimaler Förderung kann die Person hingegen einen IQ von rund 120 erreichen, der bereits über dem Durchschnitt der deutschen Abiturienten liegt. Relativ geringe Abweichungen vom Mittelwert ergeben also bereits deutlich wahrnehmbare Unterschiede in der Intelligenz.

Dies hängt damit zusammen, dass die Masse der Individuen einen IQ zwischen 85 und 115 hat. Was wir unter »normaler Intelligenz« verstehen, bewegt sich also in einem ziemlich engen Bereich. Dies bedeutet auch, dass Umwelteinflüsse und Erziehung bei der geistigen Entwicklung durchaus eine Chance haben, auch wenn Intelligenz höhere angeborene Anteile hat als andere Persönlichkeitsmerkmale. Dies bedeutet schließlich, dass eine Intelligenzförderung dann am effektivsten ist, wenn sie bereits in ganz jungen Jahren beginnt. Besonders negativ wirkt sich Unterernährung in Kombination mit psychischer Vernachlässigung (»Hospitalisierung«) auf die Intelligenzentwicklung aus – hier kann es Einbußen von bis zu 30 IQ-Punkten geben.

Die Bedeutung für den Unterricht

Der sorgfältige und einfühlsame Umgang mit Intelligenz- und Begabungsunterschieden muss jeder Lehrperson vertraut sein. Was in Teil 2 über den »hirngerechten« Unterricht gesagt wurde, gilt auch hier: Die Vermittlung des Stoffes sollte den individuellen Eigenheiten des Arbeitsgedächtnisses und damit der individuellen Intelligenz eines jeden Schülers angepasst werden. Das ist bei etwa 70 % der Kinder, die im weiteren Sinne »normal intelligent« sind, kein Problem. Ein Problem stellen hingegen zum einen die meist ein bis zwei hochbegabten Kinder pro Klasse dar, denen der Unterricht oft nicht schnell genug geht bzw. die sich schnell langweilen. Auch wenn es gut ist, solche Kinder im Klassenverband zu halten, so müssen ihnen mehr oder anspruchsvollere Aufgaben gestellt werden. Vorteilhaft ist es, sie beim Unterrichten von lernschwächeren Klassenkameraden einzubinden. Bei lernschwachen Kindern müssen entsprechend der Umfang des Unterrichtsstoffs bzw. die Geschwindigkeit der Unterrichtsprogression reduziert werden, d. h., bei gleichen Aufgaben gibt man den weniger Begabten doppelt so viel Zeit. In vielen Fällen erreicht man dadurch beeindruckende Erfolge, denn eine Intelligenzminderung geht oft einher mit einer verringerten Grundgeschwindigkeit des Arbeitsgedächtnisses, wie oben geschildert. Alternativ oder zusätzlich kann man auch den Umfang der Aufgaben reduzieren. Es können aber auch spezifische Begabungsdefizite vorliegen, d. h., eine Schülerin oder ein Schüler können unter Störungen im Verbalteil der Intelligenz, etwa in Form einer Schreib-Lese-Schwäche (Legasthenie, Dyslexie) oder im Nichtverbalteil, etwa in Form einer Dyskalkulie leiden. Darauf sowie auf ADHS und Autismus werde ich weiter unten ausführlicher eingehen.

Wie fördert man Intelligenz und Begabung?

Nach wie vor umstritten ist die Frage, was man machen kann, um die Intelligenz von Kindern und Jugendlichen langfristig zu steigern. Die Intelligenzforschung hat gezeigt, dass ab dem späteren Kindesalter – entgegen vielen vollmundigen Versprechungen – die üblichen Denk- und Intelligenztrainings nur einen kurzfristigen Effekt von wenigen IQ-Punkten haben. Diese Zugewinne verschwinden in der Regel, sobald das Lernprogramm abgeschlossen ist. Auch haben nach Detlev Rost Vorschulprogramme für benachteiligte Kinder nur dann einen messbaren längerfristigen Effekt im Bereich von ca. 5 IQ-Punkten, wenn sie täglich sechs Stunden über mehrere Jahre andauern und in der Grundschule mindestens drei Jahre lang fortgesetzt werden.

Demgegenüber haben positive frühkindliche Bindungserfahrungen und frühe sensorische, kognitive und kommunikative Erfahrungen einen hohen Effekt. Gezielte Förder- und Trainingsmaßnahmen in den ersten drei Lebensjahren durch ehrgeizige Eltern nach Art der »chinesischen Mutter« oder »Tiger-Mütter« sind dagegen schädlich, weil sie das ganz unreife Gehirn zu sehr unter Stress setzen. Auch können in sehr frühen Jahren weder der Intelligenzquotient noch spezifische Begabungen hinreichend genau festgestellt werden, so dass man gar nicht genau weiß, was man denn fördern sollte.

Die größte positive Auswirkung hat ein langjähriger Schulbesuch, verbunden mit vielseitiger kognitiver, musischer und körperlicher Anregung und nachhaltigem Üben.

»Soziale« und »emotionale« Intelligenz

Aufgrund der verbreiteten Annahme, dass die von den IQ-Tests erfasste Intelligenz im Wesentlichen nur die sprachliche und nichtsprachliche kognitive Intelligenz betrifft, werden seit längerem eine hiervon unterschiedene »soziale Intelligenz« und eine »emotionale Intelligenz« propagiert. Leider umfassen diese vermeintlichen Arten von »Intelligenz« sehr heterogene Merkmalsbereiche und besitzen über die vorliegenden – meist mit einem Persönlichkeitstest kombinierten – Intelligenztests hinaus keinerlei zusätzlichen Aussagewert.

Im Fall der »sozialen Intelligenz« sollte besser von »sozialer Kompetenz« gesprochen werden. Diese setzt sich aus zwei unabhängigen Merkmalsbereichen zusammen, nämlich erstens aus der Durchsetzungsfähigkeit hinsichtlich eigener Interessen und zweitens aus der Beziehungskompetenz, d.h. der Fähigkeit zum Eingehen auf die Interessen anderer. Soziale Kompetenz besteht daher aus einer Balance zwischen beiden Merkmalsbereichen und umfasst (1) den Respekt vor der Autorität und Kompetenz anderer Personen, (2) Offenheit gegenüber anderen Personen, (3) psychologische Feinfühligkeit, (4) Hilfsbereitschaft und (5) Kontaktfreudigkeit. Diese Merkmale korrelieren mit dem IQ, d.h., höher intelligente Menschen verfügen – entgegen einem weit verbreiteten Vorurteil – im Durchschnitt über höhere soziale Kompetenzen. Soziale Kompetenzen lassen sich daher gut über eine Kombination von Persönlichkeitstests und IQ-Tests erfassen.

Lernstörungen

Zu den häufigsten Lernstörungen gehören die Lese-Rechtschreib-Störung, Legasthenie oder Dyslexie genannt, und die Rechenschwäche (Dyskalkulie).

Legasthenie

Das Störungsbild der Legasthenie (Dyslexie, Schreib-Lese-Störung) ist komplex. Lesestörungen können eine generell verlangsamte visuelle Verarbeitung, Startschwierigkeiten beim Vorlesen, Auslassungen, Ersetzungen und ein geringes Leseverständnis umfassen; Rechtschreibstörungen können Buchstabenverdrehungen und Reihenfolgenfehler, Grammatikfehler, Auslassungen und Fehlerinkonstanz beinhalten.

Legasthenie ist eine teils genetisch bedingte, teils erworbene Störung im schriftsprachlichen Bereich. Sie tritt bei ca. 4 % der Bevölkerung auf, und zwar vermehrt bei Jungen und Männern. Bei eineiigen Zwillingen tritt sie mit einer Wahrscheinlichkeit von rund 68 % auf, was auf eine hohe genetisch-epigenetische Determination hinweist. Neue Forschungen haben ergeben, dass die genetische Beeinträchtigung vor allem auf einem Defekt auf dem Chromosom 6 beruht; es sind aber auch Defizite auf anderen Chromosomen beteiligt. Das heißt, dass wie bei nahezu allen Beeinträchtigungen der kognitiven und emotionalen Leistungen Legasthenie polygenetisch, also durch viele verschiedene Gene verursacht ist.

Der genaue Störungseffekt im Gehirn ist unklar. Wahrscheinlich liegt innerhalb des frühen Wachstums der Großhirnrinde ein gestörtes Wanderungsverhalten (Migration) von Nervenzellen im Übergangsgebiet des Schläfen- und des Scheitellappens vor, genauer im späteren Schreib-Lese-Zentrum (Brodmann-Areal BA 39–40), sowie im präfrontalen Cortex als Sitz des Arbeitsgedächtnisses. Dort ist wahrscheinlich auch das Verknüpfungs- und Interaktionsmuster zwischen den Neuronen beeinträchtigt. Die Defizite im Arbeitsgedächtnis könnten eine Verlangsamung der Verarbeitung von sprachlichen Reizen beim Hören und Lesen bedingen. Für eine Störung der Hirnentwicklung spricht, dass die Defizite, die Legastheniker zeigen, vorübergehend auch bei normal sich entwickelnden Kindern auftreten, aber nur bei Ersteren lange andauern, eventuell ein Leben lang.

Es ist unklar, ob es sich bei der Legasthenie überhaupt um eine einheitliche Störung handelt oder nicht eher um eine Kombination einer separaten Schreibstörung mit einer separaten Lesestörung. Für letztere Anschauung spricht, dass beide Störungen auch unabhängig voneinander auftreten können. So können einige Defizite mit einer verlangsamten auditorischen Informationsverarbeitung und in diesem Zusammenhang auf eine Beeinträchtigung der Sprachlauterkennung zurückgehen, d. h., die Betroffenen können die gehörten Wörter nicht genügend schnell voneinander trennen (»segmentieren«) und daher auch nicht verstehen, wie dies bei Nicht-Legasthenikern auch auftritt, wenn sie eine Fremdsprache hören, die sie nicht hinreichend gut beherrschen. Hier wie dort ist ein deutlich verlangsamtes Sprechen des Lehrenden von großer positiver Wirkung.

Es liegt oft auch eine kombinierte Blickbewegungs- und Aufmerksamkeitsstörung vor. Das Lesen eines Textes erfolgt normalerweise so, dass der Blick in Leserichtung in kleinen Sprüngen, sogenannten »Sakkaden«, voranschreitet, für rund 250 Millisekunden auf einer Buchstabengruppe ruht, wobei das Schriftbild erfasst und vom Gehirn analysiert und gespeichert wird, und dann weiterspringt. Je geübter und je intelligenter ein Leser ist, desto kürzer ist diese Fixationsphase, weil die Buchstaben und ihre

Bedeutung schneller erkannt werden. Wenn ein Wort schwer lesbar oder verstehbar ist, dann verringern sich die Fixationssprünge und einzelne Buchstaben werden »abgescannt«, was das Lesen deutlich verlangsamt. Auch Nicht-Legastheniker haben solche Schwierigkeiten, wenn sie nicht mehr gut sehen können oder zu müde zum Lesen sind. Kommt es beim normalen Lesen von Wörtern zu Verständnisschwierigkeiten, so springt das Auge gegen die Leserichtung zurück und erfasst kleine Teile des Textes von neuem, um mehr Informationen zu sammeln. Die Blicksteuerung bei Legasthenikern ist gegenüber normalen Lesern deutlich verlangsamt bzw. zielloser – bei vielen Betroffenen irrt der Blick auf dem Text hin und her. Sie sagen dann: »Ich kann die Zeile nicht richtig halten«. Dies deutet auf Defizite in der prämotorischen Kontrolle der Blickbewegungen hin, die durch das sogenannte »frontale Augenfeld« im Stirnhirn ausgeübt wird.

Legasthenie kann schließlich auch auf einen gestörten Zugriff auf das sprachliche (»lexikalische«) Bedeutungsgedächtnis hindeuten, d. h., den Betroffenen gelingt es nicht, das Gesehene mit einer Wortbedeutung zu verbinden. Das kann ganz spezifisch das visuelle Erfassen von Wörtern betreffen, denn bei vielen Legasthenikern tritt dieses Defizit nicht beim Hören von Worten auf, und das Umgekehrte ist auch möglich.

Für die Schule und den Unterricht ist die Tatsache wichtig, dass bei Legasthenikern in der Mehrzahl der Fälle keine Beeinträchtigung der allgemeinen Intelligenz vorliegt. Legasthenie ist gut früh erkennbar und deutet sich häufig durch eine Verzögerung der Sprachentwicklung an. Etwa die Hälfte der sprachverzögerten Kinder *(late talkers)*, die ihrerseits 15–20 % der Kinder ausmachen, zeigt deutliche Sprachentwicklungsstörungen, die sich wiederum zur Hälfte in einer Legasthenie manifestieren – bei der anderen Hälfte beheben sich die Störungen von selbst. Es gilt, dass von Kindern, welche im Alter von 24 Monaten noch keine 50 Wörter verwenden und noch in Zwei-Wort-Sätzen sprechen, etwa ein Viertel zu Legasthenikern wird, wenn nicht frühzeitig eingegriffen wird.

Aufgrund dieser Erkenntnisse kann Legasthenie je nach Schweregrad durch frühzeitige Förderung abgeschwächt oder gar geheilt werden. Unterstützungsmaßnahmen beziehen sich insbesondere auf das Training des Hörens und Sprechens von einzelnen Lauten (»Phonem-Bewusstsein«) sowie der Blicksteuerung. Allerdings erweist sich ein beträchtlicher Teil derjenigen Kinder, die sehr früh Fördermaßnahmen erhalten, als behandlungsresistent. In meinem Umfeld gibt es hochintelligente Personen, die trotz jahrzehntelanger Übung und Behandlung keine oder kaum Fortschritte zeigten. Hier muss die Förderung den massiven Sekundärproblemen wie leistungsbezogenen Ängsten, Einnässen usw. entgegenwirken sowie die Einübung von Bewältigungsstrategien unterstützen. Setzen die Fördermaßnahmen erst im späteren Jugendalter oder im Erwachsenenalter ein, haben sie meist wenig Erfolg.

Intensiv wird zur Zeit diskutiert, ob und in welchem Maße Legasthenie durch frühe problematische Umwelteinflüsse verstärkt oder gar erst hervorgerufen wird. *Gegen* eine solche Annahme spricht die offensichtliche starke genetisch-epigenetische Veranlagung (Prädisposition). *Für* eine solche Annahme spricht die Korrelation zwischen Legasthenie und problematischen sozialen Verhältnissen der Herkunftsfamilie. Dabei ist allerdings unklar, was die Henne und was das Ei ist, denn bis heute beeinträchtigt Legasthenie oft den sozialen Aufstieg. Ebenso wird von einigen Autoren ein Zusammenhang zwischen erhöhtem Fernsehkonsum im frühen Kindesalter und Legasthenie gesehen, was jedoch statistisch nicht abgesichert ist. Hier mag auch der deutliche Zusammenhang zwischen einem niedrigen sozioökonomischen Status und erhöhtem Fernsehkonsum den verbindenden Faktor bilden.

Dyskalkulie

Dyskalkulie tritt bei 4–6 % der Weltbevölkerung auf, wiederum vermehrt beim männlichen Geschlecht. Hier liegen Schwierigkeiten mit dem Zahlenbegriff vor, d. h. der Zuordnung von Menge und Zahl bzw. Ziffer/Zahlsymbol. Im Einzelnen ergeben sich Schwierigkeiten bei komplexeren Rechenoperationen und beim Verständnis von Gleichungen. Die Betroffenen sind nicht in der Lage, Rechenfehler zu erkennen, und zeigen bei Rechenoperationen ein wahlloses Vorgehen. Oft liegt eine Unfähigkeit vor, von konkreten Objekten und Ereignissen abzugehen und Zahlen rational oder intuitiv als Abstraktion zu verstehen. Auch bei der Dyskalkulie liegt in der Regel keine Beeinträchtigung der Intelligenz vor.

Die Ursachen der Dyskalkulie sind noch weniger geklärt als die der Legasthenie. Auch hier findet man eine beträchtliche Vorbelastung durch genetisch-epigenetische und vorgeburtliche Defizite. Als neurologische

Ursache vermutet man auch hier eine Fehlentwicklung des linken Scheitellappens, die teilweise genetisch, teilweise umwelt- bzw. stressbedingt sein kann. Oft wird ein Zusammenhang mit Verhaltensauffälligkeiten in Form von Vermeidungs- und Versagensangst beobachtet. Ob dies auf einer gekoppelten Hirnschädigung beruht oder psychische Defizite eine Folge der Lernstörung sind, ist nicht bekannt. Im Hinblick auf die Bedeutung negativer Umwelteinflüsse und die Möglichkeiten der Therapierung gilt im Allgemeinen, was zuvor über die Legasthenie gesagt wurde.

Eine Frühbehandlung der Dyskalkulie wird dadurch erschwert, dass die Störung, wenn überhaupt, meist erst in den ersten Schuljahren erkannt wird. Nötig dagegen wären eine Diagnostik im Kindergartenalter und eine sehr frühe individuelle Behandlung. Nur so lassen sich ebenso wie bei der Legasthenie erhebliche psychische und motivationale Folgeschäden vermeiden.

Aufmerksamkeitsdefizit-Hyperaktivitäts-Störung (ADHS)

Unter der Aufmerksamkeitsdefizit-Hyperaktivitäts-Störung (oder -Syndrom, ADHS) leiden 3–10 % der Schüler, und zwar je nach Schwere der Symptome zwei- bis fünfmal so viele Jungen wie Mädchen. Bei ADHS liegt mehrheitlich bei Jungen eine Kombination von drei »Leitstörungsbildern« vor: erstens eine Störung der Aufmerksamkeit und Konzentration, zweitens eine hohe Impulsivität, die sich in einer ausgeprägten Ungeduld, einer geringen Toleranz eines Belohnungsaufschubs, einer geringen Fehlerkontrolle, einer geringen Anstrengungsbereitschaft und einem schlechten »Zeitmanagement« äußert, und drittens eine große motorische Unruhe, die sich in vorlautem Verhalten, dem »Zappelphilipp-Syndrom« oder – vornehmlich bei Jungen – in erhöhter körperlicher Aggressivität äußert. Bei Mädchen und jungen Frauen zeigen sich eher Symptome wie Vergesslichkeit, mangelnde Selbstorganisation, Tagträumerei, langsames Arbeitstempo, niedriges Selbstbewusstsein, Ängstlichkeit und Mutlosigkeit.

Allerdings ist die Diagnostik von ADHS, insbesondere die Abgrenzung von Erkrankungen mit ähnlicher Symptomatik (Differentialdiagnose) schwierig bzw. umstritten. Diese Schwierigkeiten rühren zum großen Teil daher, dass einzelne Symptome bei rund einem Drittel der Schulkinder auftreten. Dies führt dazu, dass ADHS in der Schule oft weit überdiagnostiziert wird.

Insgesamt gilt, dass im Kindesalter die Hyperaktivitätssymptome dominieren, aber zum Erwachsenenalter hin abnehmen, wo dann die Aufmerksamkeitsdefizite im Vordergrund stehen. Etwa ein Drittel derer, die im Kindesalter unter ADHS leiden, zeigt dies auch im Erwachsenenalter.

Aus neurowissenschaftlicher Sicht liegt auch hier ein multifaktorielles Störungsbild vor. Man geht auch hier von genetisch-epigenetischen Faktoren und Entwicklungsstörungen aus, die vorranging die Entwicklung der beiden Aufmerksamkeitszentren im Stirn- und Scheitellappen (s. oben) betreffen. Die Übereinstimmung zwischen eineiigen Zwillingen liegt bei 50–80 %, und 15 Gene sind bisher als relevant beschrieben worden. Hierüber könnten die Störungen von Funktionen des Arbeitsgedächtnisses besonders in Bezug auf die Aufmerksamkeitsdefizite erklärt werden.

Als Ursache der motorischen Unruhe (Hyperaktivität) wird eine Störung der Basalganglien angenommen. Die geringe Toleranz gegenüber einem Belohnungsaufschub sowie die geringe Anstrengungsbereitschaft sieht man in einer Beeinträchtigung des Nucleus accumbens als wichtigem Belohnungs- und Motivationszentrum begründet. Aber auch Defizite im Serotoninsystem als Grund für mangelnde Selbstberuhigung sowie ein unnatürlich hoher Dopamin-Spiegel, der zu impulsivem und vorlautem Verhalten führt, können vorhanden sein. All dies kann zumindest teilweise die Folge vorgeburtlicher oder früh nachgeburtlicher negativer Einflüsse (z. B. Alkohol-, Nikotin- oder Drogengenuss der Mutter während der Schwangerschaft) sowie einer Traumatisierung der werdenden Mutter sein. Insgesamt ist unklar, ob und inwieweit es sich um separate, d. h. auch unabhängig auftretende oder um genetisch bzw. funktional gekoppelte Störungen handelt.

Von ADHS betroffene Kinder, besonders Jungen, haben aufgrund der Störung der Impulskontrolle, der »Neuigkeits- und Abwechslungssucht« *(sensation-seeking)*, der Störung der Selbstkontrolle und des Sozialverhaltens ein hohes Risiko für späteres Suchtverhalten und Kriminalität (s. unten). Ein Zusammenhang mit »Schrei-Babys« wird ebenfalls diskutiert, denn bei vielen solcher Babys vermutet man eine erhebliche Störung des serotonergen Selbstberuhigungssystems kombiniert mit einer erhöhten »Reizsucht«.

Therapiemöglichkeiten von ADHS sind ebenso vielfältig wie umstritten und umfassen Pharmakotherapie, Elterntraining, Psychotherapie, Coaching und psychosoziale Maßnahmen. In mittelschweren bis schweren Fällen wird in der Regel Methylphenidat (MPH – z. B. »Ritalin«) verabreicht. MPH verzögert die Wiederaufnahme insbesondere von Dopamin und in geringerem Maße von Noradrenalin in die Präsynapse und trägt dadurch zur längeren Verweildauer dieser Stoffe im synaptischen Spalt bei. MPH wirkt anregend und aufregend, unterdrückt wie die Amphetamine allgemein Müdigkeit und Hemmungen und steigert kurzfristig die körperliche Leistungsfähigkeit. Die bei körperlicher Überlastung normalerweise auftretenden Warnsignale wie Schmerz und Erschöpfungsgefühl werden vermindert. Methylphenidat hemmt auch den Appetit.

Während die typische kurzfristige Wirkung von MPH in Form einer Aufmerksamkeits- und Konzentrationssteigerung erwiesen ist, sind die Folgen einer langfristigen Verabreichung umstritten, jedoch gibt es bisher keine belastbaren Hinweise auf eventuelle Spätschäden. Bekannt sind hingegen die bei allen Psychopharmaka auftretenden Symptome nach dem Absetzen (dem »Entzug«), welche die negative Symptomatik vor Eintritt der Behandlung verstärken. Deshalb raten viele Experten von einer *Langzeitbehandlung* durch MPH ab und empfehlen zumindest längerfristig eine psychotherapeutische Behandlung.

Für Schule und Unterricht bedeutet dies alles, dass man sich streng davor hüten sollte, als Lehrperson selbst ADHS zu diagnostizieren. Wie erwähnt, liegt der jahrzehntelang beobachtete Durchschnitt von klinisch festgestellten Kindern und Jugendlichen bei 3 bis maximal 10 Prozent, während besorgte Lehrerinnen und Lehrer oft die halbe Klasse als »ADHS-Patienten« ansehen. Das ist leicht dadurch zu erklären, dass man diejenigen, die unaufmerksam sind, diejenigen mit einem vorlauten Verhalten und diejenigen mit einer motorischen Unruhe aufsummiert und so zu einer stattlichen Zahl kommt, dabei aber vergisst, dass solche Auffälligkeiten in der Regel getrennt voneinander auftreten und nur in ausgeprägter Form und in Kombination das ADHS-Bild abgeben. Im Gegensatz zu ständigen Behauptungen angeblicher Experten gibt es keinerlei seriöse Nachweise dafür, dass der Anteil von tatsächlich ADHS aufweisenden jungen Leuten zugenommen hat. Vorstellbar wäre ein Anstieg aufgrund stark erhöhten Medienkonsums, aber dafür gibt es keinerlei gesicherte Belege.

Antisoziale oder dissoziale Persönlichkeitsstörung

Gewalt an den Schulen gegen Mitschüler, Sachen und zunehmend auch Lehrer ist ein Dauerthema. Viele Schulleiter und Lehrer sehen einen klaren Zusammenhang zwischen einer Steigerung von Schulgewalt und den durch die Corona-Pandemie verursachten Veränderungen im Schulbetrieb. Es gibt dazu leider bisher keinerlei belastbare Untersuchungen.

Eine Neigung zu Gewalt, klinisch-diagnostisch »antisoziale oder dissoziale Persönlichkeitsstörung« genannt, drückt sich bei Kindern, Jugendlichen und Erwachsenen als fortlaufende Missachtung gesellschaftlicher Normen und als eklatant mangelndes Einfühlungsvermögen in die Gefühls- und Gedankenwelt anderer aus. Diese Störung ist bei rund dreimal mehr Jungen bzw. Männern als bei Mädchen bzw. Frauen zu finden. Bei Kindern und Jugendlichen zeigt sich eine deutliche Überlappung mit ADHS – man schätzt, dass rund die Hälfte der Betroffenen mit einer diagnostizierten ADHS in Wirklichkeit unter einer antisozialen Persönlichkeitsstörung leidet.

Eine Gewaltneigung von jungen Leuten, meist Jungen, zeigt sich außerhalb und selbstverständlich auch innerhalb der Schule, wie im Praxisteil dargestellt. Rund 5 % der Jungen zeigen Formen antisozialen Verhaltens, indem sie sich unangemessen laut und rüpelhaft aufführen, sich impulsiv verhalten und ständig dazwischenreden, über Tisch und Bänke springen, zu chronischem Lügen neigen und Klassenkameraden körperlich bedrohen oder angreifen, sie schikanieren, verleumden, erpressen. Gleichzeitig sind viele von ihnen typischerweise unbelehrbar und unerziehbar, haben deutliche Bindungsschwächen, eine geringe Frustrationstoleranz und eine erhöhte Reizbarkeit.

Allerdings muss man innerhalb der Gruppe verhaltensauffälliger Kinder solche unterscheiden, die vornehmlich ein auffälliges Verhalten zeigen, um die Aufmerksamkeit des Lehrers und der Mitschüler auf sich zu ziehen, aber nicht im eigentlichen Sinne psychisch gestört sind, außer dass sie ein erhöhtes Bedürfnis nach Beachtung besitzen. Hier gibt es gute Verfahren, mit solchen Kindern im Unterricht umzugehen. Eine Lehrperson darf nämlich weder diese Kinder völlig ignorieren, was ihre Bemühungen um Aufmerksamkeit nur steigern würde, noch darf sie ihr Verhalten mit Ermahnungen und Abstrafungen beantworten, was die Betroffenen nur in ihrer Auffassung bestärken würde, dass ihr Verhalten erfolgreich war. In aller Regel zeigt ein ruhiges, disziplinierendes und zugleich einfühlsames Vorgehen der Lehrenden relativ schnelle Erfolge, wie Michael Koop gezeigt hat.

Besonders wichtig ist es, diejenigen Kinder, die motorisch unruhig sind oder besonders auf die Zuwendung der Lehrperson aus sind, von denjenigen zu unterscheiden, die bisher unerkannte ernsthafte psychische Störungen aufweisen. Die psychiatrisch-psychologische und neurobiologische Forschung der letzten Jahre konnte zeigen, dass diese Störungen auf Defizite in der Stressverarbeitung, der Selbstberuhigung und der Bindungserfahrung zurückgehen, die wiederum zum Teil genetisch-epigenetischen Ursprungs sind und zum Teil durch vorgeburtliche oder früh nachgeburtliche Traumatisierung und mangelnde Bindungssicherheit verursacht sind. Sie machen etwa die Hälfte der »Störenfriede« aus.

Eine Lehrperson sollte entsprechend dem zuvor Gesagten ruhig und sachlich mit den »Störenfrieden« umgehen und etwa androhen, sie bei weiteren Störungen für eine »Auszeit« vor die Klasse zu schicken. Ist sie dann genötigt, dies zu tun, so wird sie feststellen, dass insbesondere bei mehreren »Auszeiten« ein gewisser Teil der Störenfriede ruhiger wird. Der kurzzeitige Ausschluss aus der Klassengemeinschaft wirkt bei ihnen als Entzug sozialer Belohnung – sie sind nicht mehr »mit dabei«! Wirken derartige Maßnahmen aber *nicht*, verhält sich der Störenfried auf dem Gang aber verhältnismäßig ruhig, so sollte wegen Verdachts auf ADHS ein Psychologe konsultiert werden. Tritt der Störenfried aber gegen die Tür, schreit oder entfernt sich, so muss man ebenfalls einen Psychologen konsultieren, diesmal aber aufgrund des Verdachts auf eine beginnende oder bereits vorhandene antisoziale Persönlichkeitsstörung. Auf keinen Fall sollte eine Lehrperson sich zutrauen, mit solchen Schülern – selten, aber vielleicht doch zunehmend Schülerinnen – selbst fertigzuwerden.

Aus den Berichten von Schulen, mit denen ich zu tun habe, scheint tatsächlich eine coronabedingte Zunahme an Gewalt gegenüber Mitschülern, Einrichtungen und auch Lehrern vorzuliegen. Eine ganz allgemeine »Verrohung« des Umgangs miteinander scheint um sich zu greifen, was auch vom Verhältnis der Lehrer zu den Eltern der Schüler berichtet wird. Psychologisch gesehen ist dies nichts Neues, denn eine generelle Verunsicherung des gesellschaftlichen Denkens und Handelns führt in der Regel zu einer Senkung der »Hemmschwelle« gegenüber Verhaltensweisen, die zuvor als sozial unakzeptabel angesehen wurden. So wird von Schülerinnen und Schülern berichtet, die vor Corona offenbar ein Musterbeispiel an gutem Benehmen waren und sich nun an mutwilligen Sachbeschädigungen und an Mobbing im Netz beteiligen. So etwas geht schnell, verfestigt sich ebenfalls sehr schnell, ist jedoch nur durch langwierige Maßnahmen rückgängig zu machen.

Autismus

Der Begriff Autismus bezeichnet eine eher diffuse Kombination von Beeinträchtigungen in den Bereichen Wahrnehmung, Kognition, sozialemotionale Kommunikation und Sprache, die sich bei rund 1 % der Bevölkerung findet, auch hier wieder vermehrt beim männlichen Geschlecht. Man spricht deshalb allgemein von einer »Autismus-Spektrum-Störung« (ASS) und unterscheidet u. a. zwischen einem frühkindlichen Autismus (auch *Kanner-Syndrom* genannt) und dem *Asperger-Syndrom*, das oft erst nach Ende des dritten Lebensjahres auftritt bzw. erkannt wird. Kerndefizite beider Typen betreffen die Fähigkeit, mit anderen Menschen zu kommunizieren, ihre Gedanken, Gefühle und Absichten adäquat zu verstehen bzw. sich empathisch oder kognitiv in sie hineinzuversetzen. Blick- und Körperkontakte und Nähe zu Menschen werden von Autisten meist vermieden, soziale Beziehungen nicht ausgebaut. Hinzu kommen stereotype und ritualisierte Vorgehensweisen in nahezu allen Lebensbereichen bis hin zu zwanghaftem Fixieren von (aus Sicht der anderen) irrelevanten Details, dem starren Festhalten an sprachlichen Formulierungen, an Objektgebrauch oder an Handlungsabläufen. Auf Störungen solch starrer Abläufe und Situationen reagieren die Betroffenen oft mit panikartigen Reaktionen.

Beim frühkindlichen Autismus stehen das völlige Ausbleiben oder die stark verzögerte Entwicklung des Sprachvermögens im Vordergrund, was typischerweise *nicht* durch einen erhöhten Gebrauch nonverbaler Kommunikation wie Blickkontakte, Stimmtönung, Mimik und Gebärden ausgeglichen wird. Oft beklagen sich Mütter darüber, dass ihre Kleinkinder auf ihre Zuwendungen überhaupt nicht reagieren, d. h. nicht zurücklächeln, sie nicht anschauen oder durch sie hindurchschauen. Auch sind deutliche Formen geistiger Behinderung zu beobachten. Hinzu kommen oft bizarre Körperbewegungen wie stereotypes Schaukeln mit dem Oberkörper und Tendenzen zur Selbstverletzung.

Demgegenüber erscheinen Personen mit einem Asperger-Syndrom anfangs oft als normal, und Defizite im sozial-kommunikativen Bereich wie das Vermeiden zu großer Nähe, unterentwickeltes Blick-, Mimik- und Gebärdenverhalten, Verletzungen sozialer Regeln werden oft erst nach und nach evident und werden meist fälschlich als Egozentrik, Rücksichtslosigkeit und Gefühlskälte interpretiert. Entsprechenden Vorwürfen begegnen diese Personen meist mit Schweigen, was den negativen Gesamteindruck weiter verstärkt. Gespräche werden meist auf das Notwendige oder besonders Nützliche beschränkt. Allerdings gelingt es manchen Patienten mit einem Asperger-Syndrom, ihre Defizite durch Übung schauspielernd zu überdecken. Insgesamt herrscht weniger mangelnde Empathie vor als die Unfähigkeit, sich auf das Denken und Handeln der Mitmenschen einen Reim zu machen, also der Mangel an *Theory of Mind*. Auch hier herrscht als Bewältigungsmittel für diese Probleme ein Leben in stereotypen Denk- und Handlungsgewohnheiten vor, oft kombiniert mit Inselbegabungen (s. oben).

Eine ganze Reihe von Merkmalen des Asperger-Syndroms findet sich auch bei anderen Behinderungen wie ADHS, Zwangserkrankungen, Borderline-Persönlichkeitsstörung, schizoider Persönlichkeitsstörung, Schizophrenie, Deprivationssyndrom bzw. Hospitalismus usw. Deshalb ist eine Differentialdiagnose oft schwierig.

Die Ursachen von Autismus sind noch nicht ganz geklärt. Zwillingsstudien und sonstige genetische Untersuchungen legen eine hohe Erblichkeit nahe, und es wird auch hier ein polygenetisches Geschehen vermutet, d.h., mindestens mehrere Gene oder epigenetische Faktoren sind daran beteiligt. Die Funktion dieser Faktoren liegt meist im Bereich der Steuerung der Hirnentwicklung, insbesondere im Hinblick auf die Zellwanderung bei der Ausbildung der verschiedenen Areale des Stirnhirns oder im Hinblick auf die spezifische Verknüpfung von Nervenzellen in diesen Arealen. Hier dürften einerseits kognitive Bereiche wie der dorsolaterale präfrontale Cortex, andererseits limbisch-emotionale Areale wie der anteriore cinguläre Cortex und der insuläre Cortex betroffen sein. Die limbisch-emotionalen Areale sind spezifisch am Erkennen der Intentionen von Mitmenschen (also der *Theory of Mind*) und an der Fähigkeit zur Empathie beteiligt. Das früheste Anzeichen eines sich entwickelnden Autismus ist eine Störung der sozial-kommunikativen Augenbewegung, d. h. eine zunehmende Vermeidung des Blickkontakts und eine zeitliche Verkürzung. Bei nichtautistischen Kindern liegt im Alter von 2 Monaten die Zeit der Augenfixation während der Betrachtung von Gesichtern bei rund 30 % der Gesamtbetrachtungszeit und steigt im Laufe der nächsten 4 Monate auf ca. 50 % an. Bei Kindern, die später Autismus-Symptome entwickeln, liegt sie anfangs mit 50 % sogar höher und sinkt in den nächsten Monaten auf 30 % ab. Diese Entwicklung sagt mit hoher Wahrscheinlichkeit die Entwicklung eines frühkindlichen Autismus sowie eines Asperger-Syndroms vorher.

Einige Autoren sehen als eine wichtige Ursache von Autismus-Erkrankungen eine Beeinträchtigung der kognitiven Fähigkeit des Gehirns, einzeln wahrgenommene Inhalte zu einem bedeutungsvollen Ganzen zu integrieren. In Wahrnehmungstests, bei denen es auf die Genauigkeit des Erfassens von Details ankommt, schneiden Personen mit Autismus-Spektrum-Störungen entsprechend besser ab als nichtautistische Personen, während ihnen der »große Zusammenhang« verborgen bleiben. Hier wird auch vermutet, dass die langreichweitigen Verbindungen in der Großhirnrinde, etwa zwischen dem Stirnlappen und dem Scheitel- und Schläfenlappen, gestört sind.

Personen mit Autismus-Symptomen wirken im Allgemeinen unempathisch und scheinen sich nicht für die Befindlichkeit anderer zu interessieren. Neue Untersuchungen zeigen, dass bei Personen mit ASS die »Empathie-Zentren« des Gehirns in der Tat beim Anblick anderer und insbesondere leidender Menschen nicht normal aktiviert wird. Dies scheint jedoch nicht vornehmlich ein emotionales Defizit mangelnden Mitleidens zu sein, sondern eine Schwierigkeit, die Zeichen des Leidens und generell der Emotionen anderer überhaupt zu erkennen.

Insgesamt gesehen, handelt es sich bei Autismus um ein breites Spektrum unterschiedlicher Störungen der psychosozialen und emotionalen Kommunikation, der Sprache und der Motorik, die in unterschiedlicher Stärke und in unterschiedlichem Alter auftreten können. Neurobiologisch handelt es sich um Störungen »assoziativer« Hirnzentren im Stirn-, Scheitel- und Schläfenlappen, vornehmlich in der rechten Hemisphäre, die auf eine Störung der Entwicklung dort lokalisierter Netzwerke (Verknüpfung, Myelinisierung der Axone) zurückgehen. Eine primäre Verursachung durch Bindungsdefizite, wie früher oft angenommen wurde und bei Eltern zu schweren Schuldgefühlen führte, liegt offenbar nicht vor.

Es gibt bisher noch keine effektiven Behandlungsformen bei Autismus-Spektrum-Störungen. Therapien mildern im Allgemeinen die Sekundärsymptome. Insbesondere geht es dabei darum, die Nachteile eines gestörten Sozialverhaltens durch Aufklärung sowohl bei den Betroffenen als auch bei der sozialen Umgebung zu mildern.

Lernbehinderung und geistige Behinderung

Zwischen Lernbehinderung und geistiger Behinderung wird üblicherweise aufgrund eines Intelligenztests unterschieden. Auch wenn eine solche rigide Einteilung problematisch ist, spricht man bei einem IQ von 70 bis 85 von Lernbehinderung, bei einem IQ unter 70 von geistiger Behinderung. Rein statistisch machen Lernbehinderte ca. 13 Prozent und geistig Behinderte rund 2 Prozent aller Schülerinnen und Schüler aus.

Lernbehinderungen äußern sich in aller Regel in Lernschwierigkeiten in der Schule, etwa in einer generellen Verzögerung der kognitiv-intellektuellen Entwicklung, in einem reduzierten Abstraktionsvermögen (die Kinder bleiben an nebensächlichen Details hängen), in Sprachentwicklungsschwierigkeiten, in autistischen Merkmalen und in motorischen Störungen. Innerhalb der *geistigen Behinderungen* unterscheidet man (1) leichte Behinderungen (IQ von 50 bis 69) mit einem Intelligenzalter von 9 bis 12 Jahren und guten Integrationsmöglichkeiten, (2) mittelgradige Behinderungen (IQ von 35 bis 49) mit einem Intelligenzalter von 6 bis 9 Jahren und starkem Angewiesensein auf Unterstützung, (3) schwere Behinderungen (IQ von 20 bis 34) mit einem Intelligenzalter von 3 bis 6 Jahren mit der Unfähigkeit, Lesen und Schreiben zu lernen oder eine allgemeinbildende Schule zu besuchen, und einem weitgehenden Angewiesensein auf fremde Hilfe, sowie (4) schwerste Behinderungen (IQ unter 20) mit einem Intelligenzalter unter 3 Jahren und einem völligen Angewiesensein auf Versorgung.

Während Lernbehinderungen vielerlei Ursachen haben können (s. oben), gehen geistige Behinderungen meist auf das Down-Syndrom zurück, das durch die »Trisomie 21« gekennzeichnet ist. Hierbei liegt das 21. der insgesamt 46 Chromosomen in der Regel in allen Körperzellen nicht in der üblichen doppelten Ausführung, sondern dreifach vor. Hintergrund ist eine Störung der sogenannten Reifeteilung (*Meiose*), deren Ursachen nicht genau bekannt sind. Die Wahrscheinlichkeit eines solchen genetischen Defizits steigt dramatisch mit dem Alter der Mutter an, und zwar von weniger als 0,1 % im Alter von 25 Jahren auf 0,3 % im Alter von 35, auf 1 % im Alter von 40 und auf 9 % im Alter von 48 Jahren. Dieser Anstieg deutet darauf hin, dass die Eizellen, die bekanntlich bereits bei der Geburt der Frau vorhanden sind, in ihren Zellteilungsmechanismen altern. Die allgemeine Häufigkeit des Down-Syndroms beträgt 0,2 %. Weitere mögliche Ursachen für geistige Behinderung sind Alkoholkonsum, Hirnhautentzündung, Unterernährung während der Schwangerschaft, was zu einem abnorm geringen Geburtsgewicht führt, sowie radioaktive Bestrahlung der Schwangeren oder Sauerstoffmangel während der Geburt.

Die Art körperlicher und geistig-psychischer Beeinträchtigungen ist vielfältig, und die jeweiligen Beeinträchtigungen können in allen erdenklichen Abstufungen auftreten, von Personen mit kaum erkennbaren Merkmalen des Down-Syndroms bis hin zu Personen mit schwersten Symptomen. Sensorische Defizite betreffen vornehmlich das Seh- und Hörsystem: Mehr als zwei Drittel leiden unter verschiedensten Sehstörungen, rund die Hälfte leidet unter Hörstörungen. Daneben gibt es Störungen in der Körpersensorik und der Bewegungskontrolle. Dagegen sind emotionale Störungen selten, die Betroffenen zeigen – oft deutlicher als andere Kinder – ein »freundliches Gemüt«, sind offen und anhänglich und durch Musik positiv beeinflussbar; manche zeigen sogar einen ziemlich distanzlosen Umgang mit anderen Personen, etwa mit dem Betreuungspersonal.

Das Sprachverständnis ist meist gut entwickelt, während das Sprechen sowohl in der Lautbildung, dem Wortschatz, der Grammatik wie der Syntax deutlich beeinträchtigt ist. Kinder mit Down-Syndrom neigen wie bei einer Broca-Aphasie zum »Telegramm-Stil« und zu einfachem Satzbau. Sie lernen im Gegensatz zu autistischen Kindern jedoch schnell, diese Schwierigkeiten durch Gebärdensprache zumindest teilweise zu kompensieren. Sie sind jedoch auch in allen nonverbalen Kommunikationsweisen einschließlich des Blickkontaktes verlangsamt.

Inzwischen gibt es zahlreiche Therapiemethoden für Kinder mit Down-Syndrom, auf die hier nicht eingegangen werden kann. Besonders wichtig ist das möglichst frühe Sprachtraining einschließlich des Systems der gebärdenunterstützten Kommunikation. Wegen der großen Bandbreite in der Ausprägung der einzelnen Behinderungsformen ist für Kinder mit Lernbehinderungen und leichten geistigen Behinderungen die Teilnahme am Unterricht in einer Regelschule durchaus zweckmäßig.

Teil 4

Fortbildung und Schulung für das Lehrpersonal

Gerhard Roth

Eine systematische Fortbildung und Schulung der Lehrerinnen und Lehrer auf wissenschaftlicher Grundlage ist an den meisten deutschen Schulen noch ein Fremdwort. Dies hat viele Gründe. Zum einen fehlen dafür oft die Zeit und auch das Geld, aber am wichtigsten ist die mangelnde Einsicht in die Notwendigkeit solcher Maßnahmen. Wie bereits zu Beginn dieses Buches erwähnt, sind viele Lehrerinnen und Lehrer der Ansicht, dass jeder(r) für sich selbst – also durch »Versuch und Irrtum« – herausfinden muss, wie ein guter Unterricht auszusehen hat. Wozu braucht man dazu noch irgendeine Orientierung an empirischen Untersuchungen und an wissenschaftlichen Erkenntnissen? Erschwert wird dieser Umstand dadurch, dass immer mehr Lehrpersonen »Quereinsteiger« sind, die großenteils keinerlei pädagogisch-didaktische Ausbildung an den Hochschulen erfahren haben, so unzulänglich diese auch oft ausfällt.

An der Gesamtschule Bremen-Ost sowie an der Leibniz-Privatschule Elmshorn und Kaltenkirchen haben Michael Koop und ich regelmäßig Lehrerfortbildungen und Schulungsseminare für das Lehrpersonal durchgeführt. Wie im vorliegenden Buch dargelegt, sind zwei große Wissensbereiche unabdingbar für eine erfolgreiche Tätigkeit einer Lehrperson, nämlich erstens die Bedeutung der Persönlichkeit der Lehrenden und der Lernenden und ihrer Beziehung untereinander, und zweitens die psychologischen und neurowissenschaftlichen Grundlagen schulischen Lehrens und Lernens. Dieses Wissen lässt sich nicht einfach durch die einmalige Lektüre von Büchern wie dem unsrigen erwerben, sondern nur durch systematisches und aktives Aneignen unter Anleitung, also durch eine regelmäßige Schulung mit entsprechenden Wiederholungen.

Grundlage der zweitägigen Lehrerfortbildung an der Leibniz-Privatschule sind die Themenkomplexe »Schule und Persönlichkeit« und »Wie sieht ein ›hirngerechter Unterricht‹ aus?«. Es wurden darüber hinaus Workshops durchgeführt zu den Themen »Einsatz digitaler Medien in der Schule«, »Frühkindliche Erziehung: Welche Beobachtungen wurden gemacht, welche Konsequenzen ergeben sich daraus?« und »Die Notwendigkeit des Wiederholens: Warum legen wir dabei Wert auf das aktive Erinnern?«.

Als drittes und neues Gebiet hat sich die Schulung für das *Lehrer-Schüler-Gespräch* wie auch das *Lehrer-Eltern-Gespräch* ergeben. Anlass für eine vertiefte Schulung in beiden Gesprächsformen war der Bericht vieler Lehrerinnen und Lehrer über Schwierigkeiten und Unsicherheiten in Hinblick auf solche Gespräche, insbesondere angesichts der deutlich gestiegenen Fälle von psychischen Problemen und Verhaltensauffälligkeiten einschließlich Mobbing und Gewalt gegen Personen und Sachen. Hierbei geht es, wie von Michael Koop exemplarisch geschildert, in einem ruhigen Lehrer-Schüler-Gespräch um eine Klärung der Vorfälle und das Identifizieren der Anlässe und schließlich der vermutlichen Ursachen für die aufgetretenen Probleme und um die Entscheidung darüber, in welchem Maße die Lehrer und die Schulleitung diese Probleme innerschulisch lösen können, oder ob fachlicher Rat von Schulpsychologen bzw. Psychotherapeuten außen nötig ist.

Hierfür wurde vom Roth-Institut Bremen und Bern (Schweiz) das diagnostische Verfahren »adPersonam« für die Schule entwickelt.

Ziele des Gesprächs sind

1. Eine genauere Abklärung des Sachverhalts und des Anlasses (was passierte wie, mit welchen Personen, wann bzw. seit wann, wo, unter welchen Umständen?)
2. Erörterung der Sichtweise des Schülers/der Schülerin
3. Auffinden eines dahinter liegenden Konfliktes oder einer Persönlichkeitseigenschaft des Schülers/der Schülerin (impulsiv, ängstlich, zurückhaltend, dominierend, rechthaberisch, arrogant …)
4. Abklärung, welche weiteren Personen damit zu tun haben: Mitschüler, Lehrer, Eltern?
5. Gemeinsame Erörterung möglicher Lösungen des Konfliktes

Grundlage des diagnostischen adPersonam-Gesprächs ist die weiter oben bereits genannte Erkenntnis, dass sich die Persönlichkeit eines Menschen und damit die Art zu denken, zu fühlen und zu handeln auf drei kommunikativen Ebenen manifestiert, nämlich erstens auf der Ebene der verbalen Kommunikation, d. h., *was* eine Person über sich erzählt; zweitens auf der Ebene der paraverbalen Kommunikation, d. h., *in welcher Weise* die Person spricht; und drittens auf der Ebene der nonverbalen Kommunikation, d. h. der Körperhaltung, der vegetativen Reaktionen, der Mimik, Gestik und Stimmlage. Es ist notwendig, Informationen auf allen drei Ebenen zu sammeln, um herauszufinden, welche Art von Problemen und Konflikten tatsächlich beim befragten Schüler vorliegt. Dabei werden grundsätzlich nur »offene« Fragen gestellt, d. h. solche, deren Beantwortung für den Befragten nicht auf der Hand liegt bzw. nicht für ihn aus irgendeinem Grund günstig ist, sondern die ihn dazu veranlassen, über seine Antwort nachzudenken. Ein solches Nachdenken setzt wichtige Signale der paraverbalen und nonverbalen Kommunikation voraus.

Die Vorgehensweise besteht dann in folgenden Schritten:

1. Genau festlegen, um welches Problem es geht und was man erfragen will. Keine allgemeinen Fragen oder Bemerkungen!
2. Den Schüler bzw. die Schülerin in ihrem nonverbalen Kommunikationsverhalten beobachten (Gestik, Mimik, Augen- und Handbewegungen, Körperhaltung, vegetative Reaktionen wie Schwitzen, Räuspern, rote Flecke, Unruhe)
3. Mit freundlich-sachlichem Verhalten in das Gespräch gehen, die Chance zu einer Verständigung betonen
4. Den Anlass für das Gespräch klar schildern, keine Vorwürfe machen, bei Fehlverhalten die Unrechtmäßigkeit aber klar benennen
5. Dem Schüler ausreichend Zeit zu eigener Stellungnahme geben
6. Mögliche Anlässe und Hintergründe erfragen, den Schüler zum Nachdenken über sich und sein Verhalten bringen, seine Vorstellungen und Gefühle kennenlernen
7. Sich von einem Schüler auf keinen Fall provozieren lassen. Öfters nachfragen, z. B. »habe ich dich/Sie richtig verstanden …?« Dies kann innere Widersprüche aufdecken.
8. Frage: Wie würdest du/würden Sie ein solches Verhalten bei anderen finden?
9. Abschließende Frage: Wie sollten wir deiner/Ihrer Meinung nach jetzt vorgehen?

Meine jahrelangen Erfahrungen und die meiner Kolleg*innen und Mitarbeiter*innen zeigen, dass ein derartiges ca. 30-minütiges Gespräch, in einer ruhigen und sachlichen Weise geführt, in der Regel zu wichtigen Erkenntnissen über die Gründe der Probleme führt, die das Gespräch nötig machten. Bei Hunderten solcher Gespräche in Schulen und anderen Ausbildungsstätten hat sich bisher niemand der befragten jungen Menschen über mangelnde Fairness beklagt. Vielmehr haben viele von ihnen festgestellt, sie hätten durch das Gespräch viel über sich selbst gelernt.

Zitierte und weiterführende Literatur

Amelang, M. und Bartussek, D. (2001): Differentielle Psychologie und Persönlichkeitsforschung. Kohlhammer, Stuttgart.

Becker, N. (2006): Die neurowissenschaftliche Herausforderung der Pädagogik. Verlag Julius Klinkhardt, Bad Heilbrunn.

Berridge, C.W. und Kringelbach, M.L. (2015): Pleasure systems in the brain. Neuron 86: 646–664.

Binder, J.R. und Desai, R.H. (2011): The Neurobiology of semantic memory. TiCS 15: 527–536.

Bocchio, M., Navabi, S. und Capogna, M. (2017): Synaptic plasticity, engrams, and network oscillations in amygdala circuits for storage and retrieval of emotional memories. Neuron 94: 731–743.

Böer, H. et al. (2014): mathe live 5. Ernst Klett, Stuttgart, S. 119–146.

Borkenau, P. und Ostendorf, F. (2008): NEO-Fünf-Faktoren Inventar nach Costa und McCrae (NEO-FFI). Manual (2. Aufl.). Hogrefe, Göttingen.

Bowlby, J. (1975): Bindung. Eine Analyse der Mutter-Kind-Beziehung. Kindler, München.

Caspi, A., Sugden, K., Moffitt, T.E., Taylor, A., Craig, I.W., Harrington, H., McClay, J. et al. (2003): Influence of life stress on depression: moderation by a polymorphism in the 5-HTT gene. Science 301: 386–389.

Cattell, R.B. (1963): Theory of fluid and crystallized intelligence: A critical experiment. J. Educational Psychology 54: 1–22.

Christophel, T.B., Klink, P.C., Spitzer, B., Roelfsema, P.R. und Haynes, J.D. (2017): The distributed nature of working memory. TiCS 21: 111–124.

Cierpka, M. (1999): Kinder mit aggressivem Verhalten. Ein Praxismanual für Schulen, Kindergärten und Beratungsstellen. Hogrefe, Göttingen.

Cloninger, C.R. (2000): Biology of personality dimensions. Current Opinions in Psychiatry 13: 611–616.

Dicke, U. (2020): Die funktionelle Neuroanatomie des limbischen Systems. In: Roth, G., Heinz, A. und Walter, H. (Hrsg.), Psychoneurowissenschaften. Springer Spektrum, Heidelberg, S. 16–62.

Die Senatorin für Bildung und Wissenschaft (Hrsg.) (2010): Mathematik – Bildungsplan für die Oberschule. Landesinstitut für Schule, Freie Hansestadt Bremen.

Die Senatorin für Bildung, Wissenschaft und Gesundheit (Hrsg.) (2012): Sport – Bildungsplan für die Oberschule. Landesinstitut für Schule, Freie Hansestadt Bremen.

Dollase, R. (2015): Was ist guter Unterricht? Antworten der internationalen empirischen Unterrichtsforschung. In: Roth, G. (Hrsg.), Zukunft des Lernens. Schöningh, Paderborn, S. 25–34.

Duncan, J. (2003): Intelligence tests predict brain response to demanding task events. Nature Neuroscience 6: 207–208.

Duncan, J., Seitz, R.J., Kolodny, J., Bor, D., Herzog, H., Ahmed., A., Newell, F.N. und Emslie, H. (2000): A neural basis for general intelligence. Science 289: 457–460.

Edelmann, W. (2000): Lernpsychologie. Beltz, Weinheim.
Ekman, P. (2010): Gefühle lesen. Wie Sie Emotionen erkennen und richtig interpretieren. Spektrum-Elsevier, München.
Eliot, L. (2001): Was geht da drinnen vor? Die Gehirnentwicklung in den ersten fünf Lebensjahren. Berlin Verlag, Berlin.
Eliot, L. (2010): Wie verschieden sind sie? Die Gehirnentwicklung bei Mädchen und Jungen. Berlin-Verlag, Berlin.
Fingerhut, N. (2013): Kritische Untersuchung selbstregulierten Lernens als Wegweiser für eine zukunftsorientierte Entwicklung von Schule und Unterricht. Bachelorarbeit im Fach Biologie, Universität Bremen.
Förstl, H. (Hrsg.) (2012): Theory of Mind – Neurobiologie und Psychologie sozialen Verhaltens. Springer, Heidelberg.
Frankland, P.W., Josselyn, S.A. und Köhler, S. (2019): The neurobiological foundation of memory retrieval. Nature Neurosci 22(10): 1576–1585.
Friederici, A.D. (2017): Language in Our Brain. The Origins of a Uniquely Human Capacity. MIT Press, Cambridge, Mass., London.
Gardner, H. (2002): Intelligenzen. Die Vielfalt des menschlichen Geistes. Klett-Cotta, Stuttgart.
Göckel, D. et al. (2015): mathe live 6. Ernst Klett, Stuttgart, S. 131–164.
Grabner, R.H., Neubauer, A.C. und Stern, E. (2006): Superior performance and neural efficiency: The impact of intelligence and expertise. Brain Research Bulletin 69: 422–439.
Gunnar, M.R., van Dulmen, M.H.M. und International Adoption Project Team (2007): Behavior problems in postinstitutionalized internationally adopted children. Development and Psychopathology 19: 129–148.
Hattie, J.G. (2013): Lernen sichtbar machen. Schneider Verlag Hohengehren GmbH, Baltmannsweiler.
Hattie, J. (2014): Lernen sichtbar machen für Lehrpersonen. Baltmannsweiler, Schneider-Verlag Hohengehren.
Helmke, A. und Weinert, F.E. (1997): Bedingungsfaktoren schulischer Leistungen. In: Weinert, F.E. (Hrsg.), Psychologie des Unterrichts und der Schule Bd. 3. Göttingen, Hogrefe, S. 71–176.
Herrmann, U. (2009): Neurodidaktik – die Kooperation von Neurowissenschaften und Didaktik. In: Gasser, P. und Schratz, M. (Hrsg.), Neurowissenschaften in der LehrerInnenbildung. Journal für LehrerInnenbildung 9: 8–21.
Herrmann, U. (Hrsg.) (2009): Neurodidaktik. Grundlagen und Vorschläge für ein gehirngerechtes Lehren und Lernen. Beltz, Weinheim.
Hüther, G. und Hauser, U. (2012): Jedes Kind ist hoch begabt: Die angeborenen Talente unserer Kinder und was wir aus ihnen machen. Knaus, München.
Jank, W. und Meyer, H. (2009): Didaktische Modelle. Cornelsen, Berlin.
Karnath, H.O. und Thier, P. (Hrsg.) (2006): Neuropsychologie. Springer, Heidelberg, S. 117–127.
Klauer, K.J. (2006): Anlage und Umwelt. In: Rost, D.H. (Hrsg.), Handwörterbuch pädagogische Psychologie, 3. Aufl., Beltz, Weinheim, S. 8–14.
Knop, A., Spengler, S. und Heim, C. (2020): Neurobiologische Folgen früher Stresserfahrung. In: Roth, G., Heinz, A. und Walter, H. (Hrsg.), Psychoneurowissenschaften. Springer Spektrum, Heidelberg, S. 181–202.

Koll, K. und J. Rudolph (2013): Wenn es mit Schülern, Eltern und Kollegen mal schwierig wird. Mühlheim an der Ruhr, Verlag an der Ruhr.

Kraft, S. (1999): Selbstgesteuertes Lernen. Problembereiche in Theorie und Praxis. Oldenbourg Verlag, München.

Kringelbach, M. L. und Rolls, E. T. (2004): The functional neuroanatomy of the human orbitofrontal cortex: Evidence from neuroimaging and neuropsychology. Progress in Neurobiology 72: 341–372.

Kröger, C. (2014): Zusammenhang zwischen Schüler-Motivation, Bezugsnormen und Elementen des selbstregulierten Lernens. Masterarbeit FB Biologie der Universität Bremen.

Kucklick, C. (2013): Wie das Lernen besser gelingt. GEO (grün) 5/2013: 82–100.

Landerl, K. und L. Kaufmann (2013): Dyskalkulie. Ernst Reinhardt Verlag, München.

Lurija, A. R. (1968): The Mind of a Mnemonist. Basic Books, New York, London.

Marois, R. und Ivanoff, J. (2005): Capacity limits of information processing in the brain. TiCS 9: 296–305.

Meyer, H. (2004/2016): Was ist guter Unterricht? Cornelsen, Berlin.

Meyer, H. (2007/2010): Leitfaden Unterrichtsvorbereitung. Cornelsen, Berlin.

Myers, D. (2014): Psychologie. Springer, Berlin, Heidelberg.

Neubauer, A. C. und Stern, E. (2007): Lernen macht intelligent – Warum Begabung gefördert werden muss. DVA, München.

Neyer, F. J., und Asendorpf, J. (2018): Psychologie der Persönlichkeit. Springer, Heidelberg, Berlin.

Pauen, S. (2000): Wie werden Kinder selbstbewußt? Frühkindliche Entwicklung von Vorstellungen über die eigene Person. In: Vogeley, K. und Newen, A. (Hrsg.), Selbst und Gehirn: Menschliches Selbstbewußtsein und seine neurobiologischen Grundlagen. Mentis, Paderborn.

Paulmann, S. (2015): The neurocognition of prosody. In: Hickok, G. und Small, G. (Hrsg.), Neurobiology of Language. Elsevier/Academic Press, Amsterdam u. a.

Puca, R. M. und Langens, T. A. (2002): Motivation. In: Müsseler, J. und Prinz, W. (Hrsg.), Allgemeine Psychologie. Spektrum Akademischer Verlag, Heidelberg, Berlin, S. 225–269.

Robert Bosch Stiftung GmbH (Hrsg. 2018): »Der Deutsche Schulpreis – Die Preisträger 2018« unter https://www.bosch-stiftung.de/sites/default/files/publications/pdf/2018-05/Deutscher_Schulpreis_2018_Broschuere_WEB_DS.pdf (Stand 26.02.2022)

Rost, D. H. (2008): Multiple Intelligenzen, multiple Irritationen. Z. pädagog. Psychol. 22: 97–112.

Rost, D. H. (2009): Intelligenz. Fakten und Mythen. Beltz, Weinheim.

Rost, D. H. (2013). Handbuch Intelligenz. Fakten und Mythen. Beltz, Weinheim.

Roth, G. (2003): Fühlen, Denken, Handeln. Wie das Gehirn unser Verhalten steuert. Suhrkamp, Frankfurt a. M.

Roth, G. (2009): Die Bedeutung von Motivation und Emotionen für den Lernerfolg. In: R. Messner (Hrsg.): Schule forscht. Hamburg, edition Körber-Stiftung, S. 57–74.

Roth, G. (2012): Möglichkeiten und Grenzen von Wissensvermittlung und Wissenserwerb. In: R. Caspary (Hrsg.): Lernen und Gehirn. Nikol Verlag, Hamburg, S. 54–69.

Roth, G. (2013): Welchen Nutzen haben die Erkenntnisse der Hirnforschung für die Pädagogik? Zeitschrift für Pädagogische Psychologie 27 (3): 123–133.

Roth, G. (2021): Warum es so schwierig ist, sich und andere zu ändern. 4. Aufl., Klett-Cotta, Stuttgart.
Roth, G. (2021): Über den Menschen. Suhrkamp, Berlin.
Roth, G. (2021): Bildung braucht Persönlichkeit. Wie Lernen gelingt. Klett-Cotta, Stuttgart.
Roth, G. und Koop, M. (2011): Projektskizze »Reform des Schulunterrichts an der GSO« unter https://www.gsobremen.de/index.php/unsere-schule/konzept/34-reform-des-schulunterrichts-an-der-gesamtschule-bremen-ost [Stand: 26.02.2022].
Roth, G. und Strüber, N. (2019): Wie das Gehirn die Seele macht. 4. Aufl., Klett-Cotta, Stuttgart.
Roth, G. und Strüber, N. (2020): Emotion, Motivation, Persönlichkeit und ihre neurobiologischen Grundlagen. In: Roth, G., Heinz, A. und Walter, H. (Hrsg.), Psychoneurowissenschaften. Springer Spektrum, Heidelberg. S. 147–180.
Sauer, J. und Gamsjäger, E. (1996): Ist Schulerfolg vorhersehbar? Hogrefe, Göttingen.
Schacter, D.L. (1996): Searching for Memory. The Brain, the Mind, and the Past. Basic Books, New York.
Schultz, W. (2016): Reward functions of the basal ganglia. J. Neural Transm. 123: 679–693.
Schulz, M. (2017): Kompetenzen in der digitalen Welt. Kompetenzbereiche. Beschluss der Kultusministerkonferenz KMK vom 08.12.2016.
Spitz, R. (1967): Vom Säugling zum Kleinkind. Klett-Cotta, 12. Aufl. 2004, Stuttgart.
Spitzer, M. (2002): Lernen. Gehirnforschung und die Schule des Lebens. Spektrum Akademischer Verlag, Heidelberg, Berlin.
Spitzer, M. (2013): Digitale Demenz. Wie wir uns und unsere Kinder um den Verstand bringen. Droemer, München.
Stern, E. und Neubauer, A. (2013): Intelligenz. Große Unterschiede und ihre Folgen. DVA, München.
Strüber, N. (2016): Die erste Bindung: Wie Eltern die Entwicklung des kindlichen Gehirns prägen. Klett-Cotta, Stuttgart.
Strüber, N. (2019): Risiko Kindheit: Die Entwicklung des Gehirns verstehen und Resilienz fördern. Klett-Cotta, Stuttgart.
Strüber, N. und Roth, G. (2020): Entwicklungsneurobiologie. In: Roth, G., Heinz, A. und Walter, H. (Hrsg.), Psychoneurowissenschaften. Springer Spektrum, Heidelberg. S. 119–145.
Terhart, E. (2002): Fremde Schwestern. Zum Verhältnis von Allgemeiner Didaktik und empirischer Lehr-Lern-Forschung. Zeitschrift für Pädagogische Psychologie 16: 77–86.
Weiner, B. (1994): Motivationspsychologie. 3. Aufl., Beltz, Weinheim.
Zuckerman, M. (2005): Psychobiology of Personality. Cambridge University Press, New York.

Die Autoren

© privat

Gerhard Roth wurde 1942 in Marburg/Lahn geboren. Er studierte ab 1963 Philosophie, Germanistik und Musikwissenschaft in Münster und Rom. 1969 erfolgte die Promotion in Philosophie. Danach studierte er Biologie in Münster und Berkeley/Kalifornien und promovierte 1974 in Zoologie. Er ist seit 1976 Professor für Verhaltensphysiologie und Entwicklungsneurobiologie an der Universität Bremen im Institut für Hirnforschung. Von 1997 bis 2008 war er Gründungsrektor des Hanse-Wissenschaftskollegs, von 2003 bis 2011 Präsident der Studienstiftung des deutschen Volkes. Seine Publikationsliste umfasst rund 220 Veröffentlichungen auf den Gebieten Kognitive Neurowissenschaften, Persönlichkeitsforschung und Neurophilosophie, darunter 15 Bücher. Roth erhielt für seine ehrenamtliche Tätigkeit im Bildungsbereich das Bundesverdienstkreuz 1. Klasse sowie den Verdienstorden des Landes Niedersachsen.

© privat

Michael Koop wurde 1958 in Bremen geboren. Er studierte Mathematik und Sport auf Lehramt an der Universität Bremen und schloss das Referendariat an der Heinrich-Heine-Gesamtschule in Bremerhaven mit dem zweiten Staatsexamen ab. Dreieinhalb Jahre arbeitete er als Sportlehrer in der Sporttherapie, bevor er 1990 als Lehrer für die Sekundarstufe I in den bremischen Schuldienst eintrat. Seitdem unterrichtet er an der Gesamtschule Bremen-Ost und war 25 Jahre als Klassenlehrer tätig. Gemeinsam mit Gerhard Roth leitete er bis 2016 das 2008 an der Gesamtschule Bremen-Ost initiierte Projekt »Reform des Schulunterrichts an der GSO«.